制度主义视角下我国海关通关便利化法律制度研究

王海龙／著

ZHIDU ZHUYI SHIJIAO XIA
WOGUO HAIGUAN TONGGUAN BIANLIHUA
FALǙ ZHIDU YANJIU

法律出版社
LAW PRESS · CHINA
北京

图书在版编目（CIP）数据

制度主义视角下我国海关通关便利化法律制度研究 / 王海龙著. -- 北京 : 法律出版社, 2024. -- ISBN 978-7-5197-9681-5

Ⅰ. D922.221.4

中国国家版本馆 CIP 数据核字第 2024VG0880 号

制度主义视角下我国海关通关便利化法律制度研究
ZHIDU ZHUYI SHIJIAO XIA WOGUO HAIGUAN TONGGUAN BIANLIHUA FALÜ ZHIDU YANJIU

王海龙 著

策划编辑 徐 菲
责任编辑 徐 菲
装帧设计 鲍龙卉

出版发行 法律出版社
编辑统筹 法律出版社
责任校对 王 丰
责任印制 胡晓雅
经　　销 新华书店

开本 710 毫米×1000 毫米 1/16
印张 19.75 **字数** 300 千
版本 2024 年 11 月第 1 版
印次 2024 年 11 月第 1 次印刷
印刷 北京新生代彩印制版有限公司

地址:北京市丰台区莲花池西里 7 号(100073)
网址:www.lawpress.com.cn
投稿邮箱:info@lawpress.com.cn
举报盗版邮箱:jbwq@lawpress.com.cn

销售电话:010-83938349
客服电话:010-83938350
咨询电话:010-63939796

书号:ISBN 978-7-5197-9681-5
定价:78.00 元

凡购买本社图书,如有印装错误,我社负责退换。电话:010-83938349

本书系河北省社会科学基金项目“河北自贸区跨境电商通关便利化的法治保障研究”（HB22FX019）资助的研究成果

序

应本书作者王海龙博士的邀请，谨在此对本书作一篇序。在这里，感谢王海龙博士邀请，也感谢法律出版社对本书出版工作的大力支持与认可。本书是一部跨学科研究我国海关通关便利化法律制度的学术专著，我将从以下几方面交流一下我对本书的理解和体会。

首先，本书选题新颖，契合时代发展的主题。当今世界正经历百年未有之大变局，市场性与非市场性因素不断向世界经贸体系和国际经贸秩序发起挑战；传统国际经贸规则面临重塑，以数字经济为代表的新型国际经贸规则也逐渐由碎片化向统一化发展。国际经济竞争日趋激烈，各经济体不断消除制度壁垒，在保障安全的基础上加快促进贸易要素沿全球供应链高效流动，推进贸易便利化，争夺世界经贸规则重构与新型经贸规则建构的制度性话语权，是当前国际经济发展的鲜明时代主题。本书以国际和国内外贸法治实践为背景，依托当前我国涉外法治建设和全面深化外贸体制改革总体要求，将贸易便利化的核心法律形式——海关通关便利化法律制度作为研究对象，结合世界贸易组织、世界海关组织以及区域国际双多边协定的法律规则，深入剖析了我国海关通关便利化法律制度供给不足、成本偏高以及路径依赖明显的问题与成因，并有针对性地提出了制度完善的法律方案，契合了国际经济发展的时代主题,为我国全面深化外贸体制改革和建设中国式涉外法治现代化提供了具体且极具创造性的有益参考,具有较强的学术价值和实际应用价值。

其次,本书研究视角和理论研究方法具有较强的创新性。制度经济学是以制度的本体问题和制度的运行问题为研究对象的经济学分支学科。制度经济学历经以凡勃伦、康芒斯等为代表的早期制度经济学,以缪尔达尔、加尔布雷斯等为代表的后制度经济学和以威廉姆森、科斯等为代表的新制度经济学理论与实践的长期发展,现已形成一套相对完整且系统高效的制度研究理论体系。以制度经济学为基础的制度主义研究进路为探索和检视法律制度提供了科学的理论范式。诚如本书中所言,"运用制度经济学的理论进行研究揭示了本书研究的本质问题","'便利化'这一核心概念的本质,从制度经济学理论进行考察时,它实质上就是'效率'的问题"。由此可以说,本书跨学科地选取制度主义的理论研究方法,依托制度供需理论、制度成本理论和制度变迁理论对我国海关通关便利化法律制度进行宏观结构、微观成本和史观变迁的立体式研究,打破了传统法学理论研究相对片面和定性研究的局限,实现了在国际经济发展的现实环境中探索法律制度的实践问题,大幅提升了法律制度研究的系统性和科学性,研究视角和方法的创新性较强。

再次,本书经过系统深入的研究,将我国海关通关便利化法律制度面临的根本问题总结为海关贸易安全保障职能同贸易便利服务职能的协调问题,海关与贸易商之间通关关系的行政不平等向平等合作的发展问题,海关权力尤其是海关的制度塑造权力的规范和约束问题。实际上,这几个问题也反映出我国海关在当前世界贸易便利化发展趋势以及我国海关现代化改革发展中面临的海关传统职能、角色和定位向现代化职能、角色以及定位进行蜕变的问题。这种蜕变不仅涉及现代化的信息技术、大数据技术和人工智能技术的法治化融合运用,更涉及制度性问题的优化调整。现代化海关不仅肩负护国守关的安全保障传统职能,也兼具促进贸易发展、高效服务贸易的新型职能;不仅要对贸易商企业进行传统监督管理,也要同守法诚信企业建立新型合作伙伴关系;不仅要强化海关权力的高效运行,更要加强海关权力的规范行使。在一定程度上讲,海关权力也是海关职责发展和关企关系创新的重要变量。既要满足海关职能的有效、高效履行,又要避免权力无度扩张和规范失衡导致贸易便利化受阻。海关权力的调整和把握始终是一项制度难题。总之,法律价值的冲突协调以及海关权力的规范约束,应是当前以及未来相当时期内我国推进通关便利化需要面临和应对的核心课题。这一核心课题很大程度上影响和决定了我国以贸易便利化为引领的外贸体制深化改革和中国式涉外法治现代化建设的发展水平,并最终反映为激烈的国际经济角逐中我国的制度性话语地位和国际竞争实力。

最后,本书展现了作者王海龙博士较高的学术素养和扎实的理论功底。在跨学科多维视角的研究框架下,本书熟练地运用制度经济学理论发掘、分析和解决法律制度问题。制度主义方法与法律制度问题、制度经济学理论和法律制度实践紧密结合,展现了作者对制度主义研究范式、制度经济学理论和法学问题的深刻体悟以及运用跨学科方法研究法学专业问题的坚实能力。同时,海关法学也是一门综合性较强的专业学科,既综合了民商经济法学、行政法学、国际法学等多个部门法学的内容,也涉及关务、税收、金融等多个相关学科知识。对海关法学前沿问题——海关通关便利化法律制度问题的深入研究,体现了作者对多法学学科理论实践融会贯通的学术功底以及守正创新、勤于探索法学外相关学科领域的学术品质。

综上所述,本书依托契合时代发展要求的选题、科学的理论研究方法,深入的理论与实践研究以及作者扎实的学术功底,为我国海关通关便利化法律制度的建设、发展和完善提供了一系列可资参考的法律建议,是一部兼具理论意义和应用价值的学术著作。

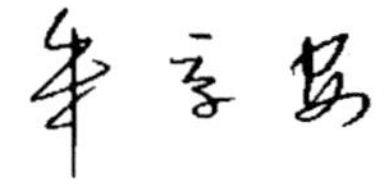教授

南开大学法学院

2024 年 5 月 22 日

目　　录

绪　论

随着全球经济一体化进程的持续加深，进一步削减贸易壁垒以增进贸易便利化是国际贸易发展的主要趋势。国际贸易长期以来"自由主义"和"保护主义"的对立统一关系，①也将随着贸易便利化的发展得到一种新的平衡和协调。与此同时，作为贸易的"天敌"，为规制贸易而生的海关及其法律制度，②则是贸易便利化发展中重要的变量因素和平衡机制。大量研究和实践表明，③构建严谨而富有绩效的通关便利化法律制度是实现贸易便利化的关键举措，能够有效降低通关交易成本，提升通关效率。

一、选题依据与研究意义

（一）选题依据

当前，世界贸易组织（World Trade Organization，WTO）的重要成果《贸易便利化协定》（Trade Facilitation Agreement，TFA）以及世界海关组织（World Customs Organization，WCO）

---

① 参见刘敬东：《国际贸易法治的危机及克服路径》，载《法学杂志》2020年第1期。

② 参见陈晖主编：《海关法评论》（第8卷），法律出版社2019年版，第3~21页。

③ 参见刘洋、殷宝庆：《海关制度对交易效率的影响研究：基于世界海关组织数据的分析》，载《世界经济研究》2020年第1期。

对《关于简化和协调海关制度的国际公约(修订版)》(RKC,以下简称《经修订的京都公约》)的审核修订,表征了世界两大多边贸易体制在推进贸易便利化、完善通关制度方面的协同努力和相互配合。同时,我国是世界贸易组织、世界海关组织双成员和世界第一大货物进出口贸易国,"一带一路"倡议的推进落实、自由贸易试验区与跨境电子商务综合试验区的改革探索以及《海关法》修订工作的启动等的核心命题之一均是创新完善特色化的海关通关法律制度以适应新时期我国进一步提升贸易便利化水平的发展要求。由此,研究完善海关通关便利化法律制度以增进贸易便利化,是时代发展、世界贸易管理以及我国全面深化外贸体制改革共同面临的重要课题。

1. 国际和国内的外贸法治实践对通关便利化法律制度建设提出了系列要求

第一,世界贸易组织《贸易便利化协定》对各成员的海关通关便利化法律制度建设实施提出了系统要求,主要包括:在通关过程中应当保障信息公开透明,保障贸易商可以知悉通关法律法规的审议修订并适度参与评议,分解进口货物实际通关过程的监管成本,规范关上规费征收权力和违法行为处罚权力,推行"货物流"和"财务流"相分离的通关监管模式,建立经认证经营者(Authorized Economic Operator,AEO)制度,推进边境监管部门的联合执法,设立"单一窗口"以提升手续单证的提交和审核效率以及加强海关国际合作,等等。

第二,世界海关组织《经修订的京都公约》全面审核修订以现代通关便利化要求为指引。一方面,《经修订的京都公约》的全面审核修订与《贸易便利化协定》相互配合并且机制互补,共同协调了世界范围内贸易成员的通关便利化法律制度建设和实施;另一方面,《经修订的京都公约》的全面审核修订是世界海关组织法律体系内部的自我更新与自我完善。作为全球统一协调规范通关法律制度的技术性公约文件,《经修订的京都公约》需要积极吸收《跨境电子商务标准框架》的现代贸易理念以及《全球贸易安全与便利标准框架》(以下简称《标准框架》)中平等合作的新型海关监管模式,从而在根本上保障世界现代化通关便利化法律制度能够契合当下全球贸易便利化的发展需求。

第三,我国自贸试验区探索实践要求创新通关便利化制度措施。总体上讲,我国自贸试验区改革发展和制度创新的基础与核心是发展完善海关通关便利化法律制度并以该制度驱动自贸区其他制度改革创新。[①] 自贸试验区对外贸体制改革的示范引领,很大程度上也是引领我国海关体制、海关制度和通关理念与模式的改革创新;自贸试验区建设的重要使命之一,也是高效发挥海关保护贸易安全的基本职能,同时与时俱进地以“便利化”的法律制度约束通关交易成本,最大效率地实现在贸易安全基础上的贸易自由。

第四,“一带一路”倡议的“贸易畅通”需要构建通关便利化法律制度保障体系。“一带一路”倡议是新时期我国进一步融入世界贸易规则体系并深化外向型经济体制改革的重要国际合作机制和平台。2015 年,我国发布的《推动共建丝绸之路经济带和 21 世纪海上丝绸之路的愿景与行动》将“贸易畅通”作为“一带一路”倡议拟实现的“五通”目标之一;“贸易畅通”是政策沟通的目标,也是设施联通、资金融通和民心相通的前提。[②] 诚然,“贸易畅通”的关键仍然是构建符合“一带一路”倡议发展需求的通关便利化法律制度保障体系。

第五,我国跨境电子商务的蓬勃发展需要配套建设通关便利化制度措施。一方面,需要配套建设电子信息化法律制度以确保海关能够通过互联网平台、人工智能、X 光机、人脸识别系统等技术措施开展执法活动,从而与跨境电子商务的信息化特点相契合;另一方面,需要配套建设“海关—跨境电商平台—电商企业”三维监管服务制度以充分发挥跨境电商平台“信息收集”、“准入监管”和“市场监管”的角色优势;海关通过与电商平台合作,能够对碎片化小额贸易形式的跨境电子商务给予有效监管和优质服务。

第六,我国正在酝酿的《海关法》修订工作的任务之一也是完善通关便利化法律制度,具体表现如下。其一,《海关法》修订拟回应“全国通关一体化”体制改革,在全国范围内统一海关通关标准,对接海关通关程序和信息共享,减少因地域差异增加的通关成本和贸易不便。其二,《海关法》修订拟吸收“海关企业信用管理体制”,建立基本法意义上的海关企业信用管理制度并以

① 参见王淑敏、冯明成:《〈贸易便利化协定〉与〈京都公约〉(修订)比较及对中国自由贸易港的启示》,载《大连海事大学学报(社会科学版)》2019 年第 2 期。

② 参见周跃雪:《“一带一路”倡议下我国海关贸易便利化措施和法制改革:国际法义务与参考》,载《特区经济》2017 年第 5 期。

此为基础建立海关通关监管的风险管理法律机制。其三,《海关法》修订拟吸收“两步申报”的通关模式,通过“概要申报+完整申报”两个步骤将海关通关监管的“物流”、“信息流”和“税费流”进一步分离,极大地节约各方主体的通关成本,提升通关效率。

2. 我国海关通关便利化法律制度建设仍存在的问题

国际和国内的外贸法治实践对海关通关便利化法律制度建设提出了系统性要求。将世界贸易组织法和世界海关组织法①上的通关便利化法律制度规则精神和实质内涵内化为我国海关通关便利化法律制度建设的价值引领,并结合我国外向型经济体制改革各方面的现实需求加以制度创新,是我国当下海关通关便利化法律制度建设中值得深思的重要课题。从整体上讲,我国当前的海关通关便利化法律制度建设仍存在以下问题。

(1)立法方面

首先,目前的立法理念未能与通关便利化法律制度立法所需的理念要求完全契合。立法理念是立法者在立法活动中所具有的精神性和思想性的主观指导,“是为立法活动目标的实现提供基础、途径和保障的一系列价值观念”②,对立法的效果具有重要影响。第一,通关便利化法律制度立法所需的立法理念,是一种以“贸易安全”为基础,以“效率”为核心的立法理念。目前,我国海关立法整体上延循传统理念,更侧重“行政监管保障安全”,对“效率”的关注仍有待进一步加强。第二,通关便利化法律制度立法所需的立法理念,是一种“服务型海关”的立法理念,而我国当前海关立法仍较为偏重“管理型海关”的立法理念。第三,通关便利化法律制度立法所需的立法理念是一种优化“平等合作”的立法理念,而我国目前的海关立法仍相对突出“纵向管理”的立法理念。第四,通关便利化法律制度立法所需的立法理念,是一种“风险管理”的立法理念,而我国目前的海关立法主要秉持一套“现实管理”的立法理念。

其次,目前的立法结构关系与通关便利化法律制度的立法实践需求并未能完全契合。第一,通关便利化法律制度的立法实践需要“自下而上”的立法

① “世界贸易组织法”即世界贸易组织的法律体系;“世界海关组织法”即世界海关组织的法律体系。

② 刘敏:《论立法理念》,载《牡丹江大学学报》2012 年第 9 期。

反馈和转化机制以将前沿创新成果及时转化为法律制度,而目前我国“自上而下”的立法结构关系并未能很好地满足这一要求。第二,通关便利化法律制度的立法实践需要“因地制宜”地结合各地方或自贸区进出口实践进行差异化规范。但受海关垂直管理体制的影响,法律、行政法规和海关总署的规范性文件主要仅作全国统一性规定,对地方差异化的立法往往存在空白。这导致直属、隶属海关在关区内对执法依据的获取更多地源于地方政府的规章、政策和行政规范性文件等,造成一线海关的执法依据相对模糊以及透明度较低。

最后,通关便利化法律制度的立法创制与其他不成文法之间的协调也有所不足。实际上,我国海关通关便利化法律制度根据法源形式的差异,可以分为正式法源下的通关便利化法律制度(成文法下的通关便利化法律制度)和非正式法源下的通关便利化法律制度(不成文法如政策和行政规范性文件下的通关便利化法律制度)。实践中二者在协调上仍有不足。第一,我国目前大量的通关便利化法律制度固定于海关总署的公告等行政规范性文件以及国家各类海关政策文件中,并未能及时地转化为成文法加以制度固定。第二,我国亟待建立完善通关便利化法律制度的不成文法向成文法转化机制。通关便利化法律制度的特征表明,它需要以不成文法的灵活性满足现实制度创新的需求,同时需要以成文法的稳定性满足海关权威体制的需要。二者的平衡在于建立一个稳定的转化机制,以不成文法积极探索,同时以成文法有效固定并不断修正。转化机制的不足导致我国海关立法相对滞后,未能充分适应规范新型贸易关系的需要。

(2)执法方面

首先,执法者的执法理念并未充分适应通关便利化法律制度的实施要求。第一,通关便利化法律制度在实施过程中,需要执法者树立“打破部门壁垒”的执法理念,包括打破部门执法信息壁垒和部门利益壁垒等,从而约束部门壁垒导致的执法成本。目前我国海关机关在执法过程中,部门本位思想仍较为严重,各执法单位较为看重本部门的利益和发展需求,这对于通关便利化法律制度的实施和价值实现而言十分不利。[①] 第二,通关便利化法律制度

---

① 参见尹红、陈利强:《破解中国自贸试验区国际贸易“单一窗口”制度难题研究》,载《海关与经贸研究》2018 年第 5 期。

需要各部门以及关企之间积极开展执法合作，通过合作降低信息不完全和不对称导致的交易成本。但是，我国目前的执法者合作较为不足，尚未充分适应通关便利化法律制度实施的合作要求。第三，通关便利化法律制度在实施过程中，需要执法者树立“服务贸易企业”的执法理念。海关机关应当为贸易企业提供通关所需的各种便利。目前，我国海关机关的行政本位思想仍然比较严重，服务意识尚有不足，不利于通关便利化法律制度的高效实施和开展。

其次，执法者的执法水平参差不齐，未能充分满足通关便利化法律制度的高效实施要求。海关执法是一项极具专业性和技术性的工作。通关便利化法律制度的高效实施特别依赖于海关机关执法人员的专业技术水平，如海关估价、商品分类、知识产权保护、缉查走私、AEO 企业①认定和调整等均需要相关领域的专业人才。目前，执法者的执法水平受到地域因素、业务领域因素和人才培养因素等多方面的影响而参差不齐，难以充分适应通关便利化法律制度高效实施的需要。②

最后，执法者的权力寻租风险也可能成为海关通关便利化法律制度实施的阻碍因素之一。世界海关组织《AEO 认证者指南》中明确将海关官员的廉政建设作为制度实践的重要保障因素。海关机关拥有管控商品进出境的绝对权力，权力寻租的风险将阻碍通关便利化法律制度的有效实施。党的十八大以来我国反腐败斗争和国家监察体制改革取得了显著成效，对于我国海关官员廉政建设具有极大的促进作用。但是，对于海关官员权力寻租的风险防范应当只有“进行时”并始终保持警惕。因此，建立专门化和专业化的海关监察机制以防范海关权力寻租，也是一个值得思考的现实问题。

(3)企业守法方面

首先，企业的守法意识不强阻碍了通关便利化法律制度的运行。企业的守法意识不强主要表现在以下几个方面，一是部分企业具有一定的违法侥幸心理，认为海关机关的随机查验不会查到自己，铤而走险，瞒关、骗关；二是基于委托报关企业开展业务的原因，部分进出口企业对海关通关监管的法律规范和技

---

① AEO 企业是指经认证的经营者(Authorized Economic Operator，AEO)，是世界海关组织在《全球贸易安全与便利标准框架》中提出的概念，旨在提升全球贸易供应链的安全与便利。

② 参见匡增杰、孙浩：《贸易安全与便利视角下加快实施我国 AEO 制度的路径探析》，载《上海对外经贸大学学报》2017 年第 2 期。

术性要求不够了解或了解的意愿不强；三是部分企业在进出口货物受到海关扣留等阻滞时，试图通过“找关系”、“走后门”或“讲情面”等非法律途径甚至行贿等违法行为解决问题，从而阻碍了通关便利化法律制度的高效运行。

其次，企业对通关便利化法律制度的理解和适应有待提升，主要表现如下：一是部分企业不能真正了解通关便利化法律制度的含义及其对自身发展的意义；二是部分企业，特别是中小微企业对于通关便利化法律制度在实施中所需要的企业技术无法有效满足；三是部分企业，特别是中小微企业对于通关便利化法律制度实施所需的成本内化确有困难；四是关企合作的通关便利化法律制度中，企业特别是中小微企业同海关建立稳定合作关系的意愿并不强烈。

总体上看，我国目前的通关便利化法律制度建设在立法、执法和企业守法等方面仍有若干不足，与世界贸易组织法、世界海关组织法的国际标准以及我国外贸体制改革中对通关便利化法律制度的现实要求仍有一定差距。如何以国际上的通关便利化法律制度为有益范本，以我国外贸体制改革的创新实践要求为发展导向，解决我国当前通关便利化法律制度建设中遇到的各种问题，最大限度地疏通我国通关便利化法律制度供给的通道，降低制度设计实施成本，避免在路径依赖（path dependence）下通关便利化法律制度变迁产生明显的锁定效应，是本书试图解决的核心问题。

（二）研究意义

根据世界海关组织 1999 年 6 月第 93/94 届理事会会议正式通过的《经修订的京都公约》总附约第二章“定义”E6 的规定，“海关是负责海关法的实施，税费的征收并负责与货物的进口、出口、移动或存储有关的其他法律、法规和规章的政府机构”①。《欧盟海关法典》第 5 条也将“海关（当局）”定义为“各成员国负责实施海关法律法规的海关管理机关以及任何由本国法律授权实施某些海关法律法规的当局”②。根据我国《海关法》第 2 条，海关是国家的货

① 李延等主编、海关总署国际合作司编译：《关于简化和协调海关制度的国际公约（京都公约）总附约和专项附约指南》，中国海关出版社 2003 年版，第 7 页。

② 国家口岸管理办公室编译：《欧盟海关法典》，中国海关出版社 2016 年版，第 17 页。

物、物品、运输工具以及人员[①]进出关境的监督管理机关。作为国际贸易管理中主要对商品进出境实施监督管理、执行国家海关法律法规的国家机关,就国际贸易网络和全球供应链的视角而言,“海关”是国际贸易的“卡子”,既是全球供应链要素跨境流动的监管枢纽,更是限制贸易要素完全自由流动过程的最大、最突出的非市场性因素和非关税壁垒。[②]

根据《经修订的京都公约》总附约第二章“定义”E5 的内容,“海关通关,指完成必需的海关手续以使货物出口、为境内使用而进口或置于另一种海关制度之下”。具体来讲,“海关通关”一般指海关在商品进出境环节上,依据《海关法》和其他有关法律法规,[③]将国家贸易政策主管部门的许可、审批、鉴定,进出境活动当事人或其代理人的申报或申请,以及实际进出境活动三者有机结合起来,进行审核、查验、核对,确定货物、物品和运输工具的进出境活动合法并准予放行的过程。[④] 由此,“海关通关”本身属于一种海关法律制度,而且是一种可使货物“置于另一海关制度之下”的基础性海关法律制度。

“海关通关便利化”的概念源于“贸易便利化”。关于“贸易便利化”目前尚未形成统一的界定标准。世界贸易组织和联合国贸易发展会议认为,贸易便利化是指国际贸易程序的简化和协调;经济合作与发展组织(OECD)认为,贸易便利化是国际货物从卖方流动到买方并完成支付所需要的程序以及相关信息流动的简化和标准化。总的来讲,贸易便利化是指以全面和一体化的方法减少贸易交易过程的复杂性和成本,在国际可接受的规范、准则以及最佳做法的基础上,保证所有贸易活动在有效、透明和可预见的方式下进行。[⑤]“海关通关便利化是贸易便利化在海关环节的体现,主要就是海关制度及海

---

① 根据《海关法》的规定,海关主要对货物、物品和运输工具的进出关境行为实施监督管理。学者刘达芳在其编著的《海关法教程》(2016 年版)的第 1 页明确指出“人员的进出境不是海关的管辖范围”。但是,自 2018 年第十三届全国人民代表大会一次会议通过国务院机构改革方案,进出境检验检疫划入海关后,根据我国《国境卫生检疫法》第 9 条,海关负有对进出境人员卫生检疫的法律职责,人员的卫生检疫纳入海关执法,“人员进出境行为”也成为国家海关的监管对象。

② 参见何力:《世界海关组织及法律制度研究》,法律出版社 2012 年版,第 172 页。

③ 《海关法》第 2 条:中华人民共和国海关是国家的进出关境监督管理机关。海关依照《海关法》和其他有关法律、行政法规,监管进出境的运输工具、货物、行李物品、邮递物品和其他物品,征收关税和其他税、费,查缉走私,并编制海关统计和办理其他海关业务。

④ 参见海关总署监管司编:《2017 中国海关通关实务》,中国海关出版社 2017 年版,第 47 页。

⑤ 参见何力:《世界海关组织及法律制度研究》,法律出版社 2012 年版,第 170 页。

关手续的简化协调。”[①]结合前述观点,本书认为“海关通关便利化”的价值内核中,至少包含了“低成本”“便捷高效”“透明和可预见性”等一系列制度主义的核心关键词,可以从制度主义的视角界定为海关通关的实体和程序便捷化、低成本化和高效化。[②] 海关通关便利化法律制度也因此指为约束国际贸易中货物在海关通关环节上的各项成本,增进通关的便捷高效而制定、实施的一系列源自正式和非正式法律渊源的法律规范的总体。

海关具有保护贸易安全的历史使命和法律职责,现代化的海关建设也要求其能够最大化地推进贸易便利,最优质地服务于贸易自由。这决定了海关在管控和服务国际贸易的过程中,具有突出的“三重职能”,即“保障贸易安全”、“推进贸易便利”和“实现贸易自由”。这也决定了海关通关便利化法律制度的法价值必然围绕着这“三重职能”展开,并在这“三重职能”的不断冲突和协调中突破与重构。

作为对国际贸易法前沿热点问题的学术探索,本书以制度主义为视角研究我国海关通关便利化法律制度具有多方面的理论和实践意义。

1. 理论意义

(1)弥补了传统法学理论在本书研究中的不足

传统法学理论在研究海关通关便利化法律制度的过程中,定性研究、抽象研究和价值研究较为明显,定量分析研究不足;同时,无论是法理学抑或部门法哲学,原理性强但方法性较为薄弱;另外,单纯地在法学理论体系中探讨法律制度问题极易陷入故步自封的理论研究怪圈。

本书选择制度经济学的理论工具,不仅可以进行定性分析也可以进行定量探讨,能够增强研究的说服力;同时,制度经济学作为一套相对完善的理论体系,有着较为成熟的原理基础和方法论架构,为在研究中发现问题、分析问

---

① 何力:《世界海关组织及法律制度研究》,法律出版社2012年版,第171页。

② 尽管海关通关包括了货物通关、物品通关和运输工具通关三个方面,但是作为溯源于“贸易便利化”概念下的“通关便利化”,一般仅指货物通关的便利化。“贸易便利化”强调国际贸易的全流程应当便捷高效,特别是根据《贸易便利化协定》的安排,强调在国际贸易核心环节货物跨境流动的过程中,货物在进出关境接受海关通关监管时应当便捷高效。因此,“贸易便利化”下的“通关便利化”应运而生,而其中所指的自然也是“货物”的通关便利化。当前学界在使用“通关便利化”的表述时,除非特别说明,一般均指国际贸易中“货物”的通关便利化。国家在通关便利化改革的各项举措中,一般也均针对货物的通关实体和程序进行改革创新,如全国通关一体化、关检融合等。

题和解决问题提供了方法性的指引。近年来,以经济学的原理和方法分析法学问题已渐成法学研究的趋势之一,在经济学方法的指导下研究法学问题也渐渐形成了一种较为特色化的法学研究新方法。[①]

(2)突破了自由贸易理论和贸易保护理论在本书研究中的局限性

自由贸易理论无论是绝对优势说、比较优势说抑或要素禀赋说,均强调市场开放、货物交易自由以及减少和消除人为非市场性因素对贸易要素流动的干预和限制。[②] 如前所述,海关作为一种非市场性人为因素,是整个国际贸易往来过程中限制贸易要素自由流动的最直观和最具体的体现。国家的一系列贸易政策和进出口税收要求主要由海关负责具体实施。即便是完全合法合规地接受海关的进出口监管,复杂的流程环节、各式的单证表格以及必要情况下的查验等都需要耗费贸易商巨大的交易成本。海关通关便利化法律制度则通过制度的作用约束通关行为,包括海关的监管行为、贸易商的接受监管行为以及其他相关主体的争议解决和法律监督行为等,以此实现减少乃至消除不必要、不适宜的人为因素对贸易要素自由跨境流动的阻碍。因此,自由贸易理论能够成为海关通关便利化法律制度研究的基础性贸易理论。

与此同时,贸易保护理论强调"为保护处于弱势地位的国内产业,应该制定相应的政策法规,为其给予特定的保护和优惠安排"[③],即通过非市场的人为因素干预贸易要素的自由流动,防止弱势产业在激烈的竞争中被击垮。对于这里的贸易保护理论应当注意两点。其一,从广义上讲,贸易保护的基础既可能是政治性的原因也可能是产业性的原因,还可能是对国家安全、公共安全实施保障的原因等。因此,在判断贸易保护的正当性时,应当对多元的原因基础进行全面考察。其二,从贸易保护理论出发研究海关通关便利化法律制度同样具有重要价值。海关通关本身是贯彻实施贸易保护的具体方式,而通过法律制度实现"便利化"的海关通关则是高效率实现贸易保护的必要选择。也就是说,即使在贸易保护主义的理论之下,同样需要通过便利化的

① 参见张功:《法学研究的理论与方法》,中国政法大学出版社 2016 年版,第 247 页。
② 参见朱京安:《中国外贸法律制度变迁研究:以制度主义为视角》,人民出版社 2008 年版,第 7 页。
③ 朱京安:《中国外贸法律制度变迁研究:以制度主义为视角》,人民出版社 2008 年版,第 7 页。

手段方式来实施海关通关监管。只是这一理论考虑的并非像自由贸易主义那样是为了减少人为因素对贸易自由的限制,而是为了更合理、更高效地分配有限的海关监管资源和力量以用于监管日益庞大的贸易往来从而更好地保护贸易。从这个意义上讲,贸易保护理论同样是海关通关便利化法律制度研究的重要基础理论。

但是,无论是自由贸易理论还是贸易保护理论,在运用于海关通关便利化法律制度研究时,其局限性体现如下。第一,贸易理论主要对海关通关便利化法律制度进行定性研究和价值判断。关于如何构建这一制度以及如何设计实施制度,这一理论则显得捉襟见肘。第二,贸易保护理论可以作为海关通关便利化法律制度研究中的基础性原理,但是很难直接作为研究问题的方法论;对于如何发现问题、如何分析问题以及如何论证解决问题的方案,这一理论也显得有些苍白。第三,自由贸易理论和贸易保护理论的着眼点主要是贸易关系的各类现象和问题,其对于"法律"和"制度"的关注、对于"规范"和"法律实施"的考察有所不足。

相较之下,选择制度经济学理论开展研究则突破了自由贸易理论和贸易保护理论对本书研究的局限。首先,制度经济学是关于如何设计制度、如何实施制度以及如何评价制度的科学原理和方法论体系,突破了贸易理论定性研究的不足。其次,制度经济学提供了系统研究海关通关便利化法律制度的科学理论方法,包括制度供需的理论方法、交易成本的理论方法、经济绩效的理论方法、制度变迁的理论方法以及博弈论的理论方法等。根据这些理论方法,我们可以发现我国现行海关通关便利化法律制度存在的问题,分析问题的成因以及对问题的完善方案进行理论论证。最后,制度经济学本身以"制度"为研究对象,对于法律制度、法律规范和法律实施的经济学考察能够为本书的研究提供来自相邻社会学科的理论支持。

(3)运用制度经济学的理论进行研究揭示了本书研究的本质问题

首先,制度经济学的理论揭示了"便利化"这一核心概念的本质。关于"便利化"的界定问题,实际上很难在法学的专业学科领域中对其进行明确的概念阐释,给予其一个相对客观的评价标准更是较为困难的。但是从制度经济学理论对"便利化"进行考察时,它实质上就是"效率"的问题。其次,在制度经济学的理论框架下"海关通关"是本书研究的核心交易过程。所谓"交易”是指人与人之间的交互行为。[①] 海关通关的过程即包括海关和贸易商等在内的各方主体之间发生各种交易的过程。在制度经济学的理论框架下，海关与贸易商之间的通关交易是基础性和核心的交易过程；海关与贸易商的通关交易的主要内容包括宏观和微观两个层面的内容。最后，在制度经济学的理论框架下，“法律制度”是本书研究的主要对象。通过制度经济学的理论工具研究“法律制度”实质上是研究一种能够使海关通关交易过程更加便利高效的“法律制度”。

2. 实践意义

（1）发现我国海关通关便利化法律制度存在的各类问题

随着我国对外贸易体量不断加大，我国在世界经济发展中的国际地位以及世界各经济体对我国的依存度均显著提升。[②] 在这样一个现实背景下，不断提升我国进出口贸易的口岸管理效率，不断优化我国海关通关监管的法律流程，减少不合理、不必要的通关监管手续和环节，使现行通关便利化法律制度能够始终契合我国海关和贸易商等各方主体的现实需要，是势在必行且至关重要的。然而，不断发展完善我国海关通关便利化法律制度并使之满足于现实需要的前提，是能够体系性地并遵从一定逻辑地准确找出现行制度存在的问题，以问题为突破口，有的放矢、有针对性地加以突破和解决。本书通过制度经济学的原理和方法论框架，能够较为清晰地发现我国现行海关通关便利法律制度主要存在以下几方面问题，亟待解决和完善。

一是从制度供需关系的宏观角度来讲，我国海关通关便利化法律制度的供给仍无法充分满足和适应我国外贸关系发展进程中对高效率通关监管的现实需要。二是从制度设计和实施成本的微观角度来讲，我国海关通关便利化法律制度的设计和实施成本仍旧偏高，法律制度高效输出和修复完善受到高成本阻碍；同时，制度的价值目标在现实通关中未能充分实现。三是从制度发展历史的角度来讲，我国海关通关便利化法律制度在变迁过程中仍存在

---

① 参见朱京安：《中国外贸法律制度变迁研究：以制度主义为视角》，人民出版社 2008 年版，第 82 页。

② 参见华强森等：《中国与世界：理解变化中的经济联系》，载麦肯锡全球研究院官网，https://www.mckinsey.com.cn/wp-content/uploads/2019/12/中国与世界：理解变化中的经济联系－中文全文－Final.pdf。

较为明显的路径依赖现象,传统的制度理念和制度模式始终束缚和影响着我国海关通关便利化法律制度的现代化创新。

(2)为我国海关通关便利化法律制度的创制和实践提出完善方案

我国海关通关便利化法律制度建设既是一项长期工程,也是一项系统工程。长期以来的制度供给、设计与实施的历史经验表明,构建契合实际贸易发展需求的通关便利化法律制度,需要以明确的制度主义理论为指导,需要以增强制度供给、降低制度成本以及突破长期制度变迁中明显不适宜的路径依赖为主要思路和方向。由此,本书通过制度经济学理论提出和论证我国通关便利化法律制度完善方案的过程,具有更为突出的现实意义。

一是从现行通关便利化法律制度的供需关系角度看,在制度的输出端扩大制度供给,加强供给针对多元贸易模式、新型贸易关系、当前贸易体制改革需要以及复杂国际贸易局势的通关便利化法律制度,确保我国的通关便利化法律制度能够与时俱进,与我国的外贸关系发展相适应。

二是从现行通关便利化法律制度设计实施的成本角度看,进一步约束制度成本,提升制度构建和制度运行的效率。一方面,应当建立通关便利化法律制度设计实施的财政和人才保障机制,确保制度设计实施的物质力量充足。另一方面,应当建立相对完善的通关便利化法律制度设计和实施之间的交互机制,“产学研”相结合,将制度实施中的问题作为制度设计拟攻克的核心点;同时,以制度设计为保障,及时固定制度实施过程中的成熟经验,在清晰明确的制度框架下再实施、再设计,约束制度设计和实施环节因脱节产生的不必要的摩擦成本。

三是从现行通关便利化法律制度变迁的角度,探索突破制度变迁中路径依赖和锁定对制度发展形成阻碍的现实方案。具体而言,首先,应当为我国海关通关便利化法律制度变迁营造良好、宽松的国内环境,树立新型现代通关监管理念观念,避免传统行政观念对制度变迁形成束缚;其次,应当积极改革创新我国的制度生成机制,避免传统制度对我国的制度创新形成阻碍;最后,加强我国通关便利化法律制度发展完善过程中同国际实践的交流与合作,积极吸收国际通关便利化法律制度的成熟经验,推进我国的制度变迁和发展符合国际趋势。

(3)对国际经贸关系波动中我国进出口贸易的稳定增长更具现实意义

中美贸易关系的不确定性以及以美国等西方发达国家为代表的逆全球化导致的国际经贸关系的波动,为进一步的中美贸易往来以及多边化国际经贸关系稳定发展带来了新的阻力。由此,在中美经贸关系摩擦增加以及国际经贸关系波动时期,我国进出口贸易在稳定增长进程中也不可避免地面临许多困难和挑战。在这样的背景下,研究、探索和实施通关便利化法律制度,对我国的进出口贸易增长和秩序建设发展具有现实意义。

一方面,研究、实施通关便利化法律制度有助于提升进出口效率,保证贸易稳健增长。国际经贸关系波动中,我国进出口工作面临的核心任务是尽量加快贸易活动的进行,加速贸易要素的自由流动,从而尽量避免经贸关系的不稳定以及一些非市场性因素的冲击给进出口贸易带来影响,同时也能在一定程度上弥补既有影响导致的贸易损失。其中,加快贸易要素的自由流动、减少人为因素对贸易不必要的干预和限制,关键一环即通过富有绩效的通关便利化法律制度约束海关通关活动,避免贸易活动在海关环节浪费更多成本,从而降低贸易活动的总体成本,促进贸易链条整体的高速运转。

另一方面,研究实施通关便利化法律制度有助于外贸企业尤其是中小型外贸企业尽快发展经营业务,稳健成长。不可否认的是,中小型外贸企业在国际经贸关系波动中受到的冲击是最为明显的。它们资金实力较为薄弱,金融信贷压力较大,抵御市场波动的能力也较低,因此在企业运营的过程中,亟须以低成本的方式尽快建设发展业务以摆脱不稳定的进出口关系导致的企业破产危机。为此,海关实施便利化的通关法律制度甚至应专门给予中小企业一些合理的"差别待遇",减少其通关成本和负担,这对于促进中小企业贸易业务的发展具有十分必要的现实意义。

二、研究方法与主要创新

(一)本书的研究方法

制度经济学是一套相对完善和系统的原理与方法论体系,为本书研究我国海关通关便利化法律制度提供了主要的研究方法。本书主要依托于制度经济学的理论方法,科学地发现我国海关通关便利化法律制度存在的主要问题,系统地分析我国海关通关便利化法律制度存在这些问题的主要原因,以及相对有力地论证解决我国海关通关便利化法律制度现存问题的路径和方案。

1. 制度供需理论的研究方法

制度供需理论是从制度的供给侧和制度的需求侧进行比较,通过判断制度是否处于均衡状态以发现现存制度安排和制度结构存在的问题并分析和解决问题的一套制度经济学理论体系。制度经济学中的制度供需理论主要研究这些问题:一是何种制度主体的何种潜在利益需要满足并激发出了何种制度需求;二是为何现存的制度安排和制度结构未能满足其预期的潜在利益;三是尽管现存的制度供给未能满足新的制度需求,但是制度安排和制度结构仍处于相对稳定状态,是何种因素影响着制度的有效供给。

随着国际贸易关系的高速发展,现有的通关便利化法律制度安排之下,海关、贸易商等各方主体存在且长期存在对潜在的便利化利益的普遍追求。尽管我国的通关便利化法律制度正在努力地调整和尝试,但是有关的制度供给仍旧未能充分满足各方主体对实现便利化利益的制度需求。换言之,海关和贸易商等各方主体对通关便利化法律制度的需求不断增加,同时制度供给侧也在试图通过新制度的输出满足制度需求,但是从总体效果上看,制度供给仍旧滞后于制度需求。究竟是制度需求发展得过快还是制度供给本身也存在问题,是本书通过制度供需理论研究和探讨的基本问题。

2. 交易成本理论的研究方法

交易成本理论是制度经济学乃至整个经济学中的基础理论,对于从微观上研究制度问题大有裨益。在交易成本理论中,一方面,交易的自然过程是不可避免地会产生交易成本的;另一方面,以产权为代表的制度对于降低交易过程中的成本则具有重要意义。因此,研究制度并完善制度对于降低社会整体上的交易成本、促进社会高效发展而言,具有重要的理论和现实意义。

海关通关便利化法律制度旨在保障和促进海关以及贸易商等相关主体高效地开展通关交易活动。但需要注意的是,法律制度的设计和实施本身也无可避免地需要制度设计实施主体支付相当的交易成本以完成各项制度安排和运行工作,而制度的设计实施成本对制度的总体绩效具有重要意义。总体上讲，中华人民共和国成立后特别是改革开放以后，我国海关法律制度的设计实施不断朝着成本集约化的方向努力和发展。但是，海关通关便利化法律制度的设计实施成本仍存在相对偏高的问题，尤其在一些具体的通关便利化法律制度上则可能显示得更为明显。为此，本书以制度经济学中的交易成本理论，围绕微观上降低海关通关便利化法律制度设计和实施的交易成本问题进行了深入研究和探讨，以期能够进一步约束搭建和运行制度框架的各种不必要成本，从而实现高效输出制度、高效运行制度，最终实现提升我国海关通关便利化法律制度的总体制度绩效。

3. 制度变迁理论的研究方法

制度变迁理论是以历史发展进程中的制度演变历程为研究对象，以经济学的方法观点研究制度从一种安排和结构状态演化为另一种安排和结构状态的诱因、促进与阻碍因素，以及制度在整体上的演进轨迹和方向规律的制度经济学理论。路径依赖是制度变迁中的规律现象，任何制度体系的变迁过程都会存在不同程度的路径依赖。[①] 在路径依赖的影响下，制度设计一旦在最初做出某种选择，就在这一选择的方向上踏上一条“不归路”。[②] 变迁主体试图改变和突破包括解决其中存在的问题的难度是较大的，制度走得越远、越久则惯性越强，越难以改变，最终极易陷入一种锁定状态。

通过制度变迁理论进行选题研究，一是考察我国海关通关便利化法律制度长期以来尤其是改革开放以来的发展轨迹和发展规律；二是针对我国海关通关便利化法律制度变迁中明显的路径依赖问题分析其主要表现，即哪些制度现象、制度问题长期存在并困扰着制度创新方案的选择；三是考究哪些因素导致我国海关通关便利化法律制度产生明显的路径依赖现象并导致其中一些问题长期困扰着制度的发展；四是探讨为减轻甚至避免明显的路径依赖对制度选择的限制，我们应当采取何种完善策略。整体上讲，通过制度变迁理论从历史维度考究我国海关通关便利化法律制度极具现实意义。它能够让我们更好地理解、审视和分析现实问题，并从发展的角度真正地解决问题，

---

① 参见卢现祥：《新制度经济学》，武汉大学出版社2004年版，第169～170页。

② 参见朱京安：《中国外贸法律制度变迁研究：以制度主义为视角》，人民出版社2008年版，第95页。

从而避免一些制度问题长期存在。

这里需要指出的是，制度经济学作为一种体系性的经济学理论分支和研究范式，具有较为典型和突出的实证主义以及定量研究特色。考虑到制度经济学理论本身依托相关学者大量定量分析和实证研究加以论证，本书主要以制度经济学理论中的供需理论、成本理论和变迁理论的通说观点和制度规律为研究的法律制度的理论工具，囿于篇幅结构，不再单独开展相关的实证分析对有关通说制度主义理论加以繁复的佐证。

4. 其他辅助性的研究方法

本书以制度经济学的理论方法为主线贯穿始终；在研究的过程中，也会辅以社会科学研究中的比较研究方法、案例分析研究方法和规范分析研究方法等。

（1）比较研究方法

本书在探讨我国海关通关便利化法律制度完善方案的过程中，以欧盟、美国、日本等域外国家和地区的海关通关便利化法律制度安排为比较研究对象，分析其制度实践以及给我国海关带来的启示，从而更加系统全面并尽量充分地论证我国海关通关便利化法律制度完善的相关建议方案。

（2）案例分析研究方法

本书在研究我国海关通关便利化法律制度的过程中选取了现实中存在的法律实施案例，包括具体的执法案例等进行研究分析，以增进本书研究的现实意义和客观性。

（3）规范分析研究方法

作为对我国海关通关便利化法律制度的法学研究，本书采用了规范分析的研究方法对相关法律、政策规范进行梳理、解读和分析，并在此基础上探讨理论和现实问题以增进本书研究的规范性。

（二）本书的主要创新

本书研究的核心创新之处在于，将制度经济学的理论和研究方法引入对海关通关便利化法律制度这样一个法学问题的研究，在研究的方法和视角上具有较为突出的创新性，具体表现在以下两个方面。

1. 本书以制度经济学的原理和方法论发现问题、分析问题并提出和论证解决问题的方案。

（1）本书以制度经济学中的制度供需理论研究了我国海关通关便利化法律制度存在的供给不足问题，分析了在制度供给不足的现状之下限制制度主体供给新制度的主客观因素，在此基础上提出了应当增强制度供给、完善对法律制度供给本身的制度约束以及建立"自下而上"的法律制度供给保障机制等方案，以期全面保障制定法型法律制度和政策型法律制度协同供给输出。

（2）本书以制度经济学中的交易成本理论研究了我国海关通关便利化法律制度存在的设计实施成本偏高问题，分析了制度设计实施成本偏高的原因并提出了降低制度设计实施成本的完善方案：加强法律制度设计实施的贸易商参与机制，强化通关便利化法律制度的法解释学发展，加强通关便利化法律制度设计和实施中的部门合作以及关企合作，等等。

（3）本书以制度经济学中的制度变迁理论研究了我国海关通关便利化法律制度变迁中存在的明显路径依赖问题，分析了历史文化传统和既得利益等因素对制度变迁路径依赖的影响，并提出了创造国内良性环境以及积极开展制度国际对标合作等减轻我国海关通关便利化法律制度变迁路径依赖的完善方案。

2. 本书以制度经济学的理论框架从宏观和微观、现实与历史的多重维度研究法律制度问题。

（1）本书宏观上研究了我国海关通关便利化法律制度供给不足的问题，微观上研究了我国海关通关便利化法律制度设计实施成本偏高的问题。从某种程度上讲，微观上制度的设计实施，包括再设计、再实施的螺旋式前进过程中各方面交易成本偏高，导致新制度的输出会受到明显的成本阻力进而在宏观上表现为新制度的有效供给受到影响和限制。简言之，微观上的制度成本问题是宏观上制度供给问题的深层次原因，宏观上的制度供给问题是微观上制度成本问题的表象。

（2）本书在现实维度下研究了我国现行海关通关便利化法律制度供给不足的问题以及设计实施成本偏高的问题，在历史维度下研究了我国海关通关便利化法律制度自新中国成立以来特别是改革开放以来制度变迁的路径依赖问题。事实上，我国的海关通关便利化法律制度随着社会的发展不断变迁，任何一个历史时期包括现在的海关通关制度都是整个制度变迁过程中的一个截面,而每个制度截面都不会是孤立的或断层式存在的,[①]前、后制度截面之间总是具有某种联系的。当制度变迁的路径依赖比较明显时,后制度明显具有前制度的“影子”,明显地依赖着前制度的理念和模式,导致后制度总是在前制度的理念指导下和模式基础上进行革新,以至于在很多情况下后制度的设计实施无法突破前制度的固有缺陷,设计实施成本较高,也难以满足现实需求。所以,从历史的维度观察我国海关通关便利化法律制度变迁中的路径依赖问题,考察后制度在创新过程中在哪些制度因素方面明显依赖于前制度,是更进一步系统地、全面地分析、理解我国现行制度问题的必由之路。

---

① 参见[美]道格拉斯·C. 诺斯:《制度、制度变迁与经济绩效》,杭行译,上海人民出版社等2014年版,第7页。

第一章

海关通关便利化法律制度研究的理论工具

海关通关便利化法律制度研究的核心是法学中的“制度”问题，考察的是制度中“便利化”价值在规范塑造中的涵摄以及规范运行中的实现问题；但其同样属于以“制度”为研究对象并以“便利化”为核心价值的制度经济学的考察范畴。“制度的便利化价值涵摄与实现”这一命题将法学问题研究与制度主义视角紧密地纽结在了一起，这在根本上为本书理论工具的选择指明了方向。由此，本书选择制度经济学的理论方法，从制度主义的视角对我国海关通关便利化法律制度进行研究。制度经济学在长期的历史发展中形成了一套较为科学的理论体系和方法架构，具有研究我国海关通关便利化法律制度的重要理论优势。同时，本书选择制度经济学的理论方法研究海关通关便利化法律制度也形成了较为清晰的研究思路和路径。

第一节　制度经济学理论概述

一、制度经济学理论的内涵与外延

在逻辑学上，概念是反映特定思维对象本质属性并以此来指称该特定思维对象的思维形式。① 其中，“内涵”作为概念的“质”，是概念对思维对象特有属性的反映，回答了一个概念是什么的问题；“外延”作为概念的“量”，是概念对思维对象范围的反映，回答了一个概念有什么的问题。内涵和外延作为概念的两个基本逻辑特征，具有相互依存的辩证逻辑关系。可以认为，概念的内涵是外延本质属性的要求，概念外延是内涵属性的具体表现。②

如果将“制度经济学理论”作为一种概念范畴，则其内涵揭示了这一理论的本质属性，回答了“制度经济学理论是什么以及有何理论性质、特点”的问

① 参见[苏]维诺格拉道夫、古齐明：《逻辑学》，齐大衍译，中华书局 1951 年版，第 33 页。

② 参见徐锦中编著：《逻辑学》，天津大学出版社 2001 年版，第 23 页。

题；其外延则反映了符合前述理论性质、特点的具体制度经济学理论表现为何，也即回答了“制度经济学的具体理论部门有什么”的问题。对制度经济学理论内涵和外延的系统考察，一是有助于我们全面认识制度经济学理论；二是有助于我们明确选择制度经济学理论进行选题研究的意义；三是有助于我们准确地选择相应的制度经济学理论工具开展选题具体问题研究；四是有助于我们更好地把握和高效地运用制度经济学理论分析和解决问题。

（一）制度经济学理论的内涵

所谓制度经济学，实质上是指以制度，包括经济制度、政治制度、法律制度等在内为研究对象的经济学科。①

1. 制度经济学研究的“制度”实质上是一种人的行为约束

早期制度经济学代表人物中，凡勃伦在其所著的《有闲阶级论》中认为，制度实质上是个人或社会对有关的某些关系或某些作用的一般思想习惯，因此从心理学方面来说，制度是一种流行的精神状态或生活理论。② 康芒斯在其所著的《制度经济学》一书中指出，人类社会中的交换关系可以归结为买卖交易、管理交易和限额交易三种类型，三种交易合在一起用根据英美惯例称为“运行中的机构”。这种“运行中的机构”有业务规则使他们运行不停；这种组织从家庭直到国家，我们称之为“制度”。③ 在康芒斯的论述中，组织以及组织运行规则构成了“制度”的概念。康芒斯“制度”概念的实质是“集体行动控制个体行动”。④ 在新制度经济学的代表人物中，科斯认为，制度实际上是一种对人的活动的制约条件。⑤ 诺斯在其《制度、制度变迁与经济绩效》一书中指出，“制度是一种社会博弈规则，或者更规范地说，它们是一些人为设计的

---

① 参见［德］斯蒂芬·沃依格特：《制度经济学》，史世伟等译，中国社会科学出版社 2016 年版，第 12 页。

② 参见［美］凡勃伦：《有闲阶级论》，蔡受百译，商务印书馆 1964 年版，第 139 页。

③ 参见汪洪涛：《制度经济学：制度及制度变迁性质解释》（第 2 版），复旦大学出版社 2009 年版，第 3 页。

④ 参见［美］康芒斯：《制度经济学》（上册），于树生译，商务印书馆 1962 年版，第 87 页。

⑤ 参见胡乐明、刘刚：《新制度经济学》，中国经济出版社 2009 年版，第 9 页。

形塑人们互动关系的约束"[①]。总体而言，制度实质上就是一种"行为约束"，一种"行为规则"，它的作用在于对行为进行规范。[②] 这种作为"制度"的人的行为约束，可以表现为对人的行为激励或者对人的行为的限制，从而实现制度设计者特定的目的即制度价值。[③]

制度经济学所研究的"制度"，从其学科门类上来讲并不限于所谓的"经济制度"本身，也包含了"政治制度"以及"法律制度"。尽管这种分类方式实际上可能并不周延，[④]但也直观地反映了两个方面问题：一方面，制度经济学研究的"制度"范畴是相当广泛的，几乎可以囊括各类"人的行为约束"；另一方面，法律制度作为一类制度形式，明确地是制度经济学的研究对象，制度经济学具有研究法律制度的理论基础和先验体系。

2. 制度经济学研究制度的产生、演变，即制度的本体

围绕"制度"这一研究对象，制度经济学很重要的一方面是研究制度的本体，即制度如何产生以及如何演变。[⑤] 尤其是新制度经济学，特别关注以交易费用为媒介，研究为什么要产生制度、如何产生制度以及为谁产生制度等一系列问题。[⑥]

此处"制度的产生"包含两个维度，一是在理论抽象意义维度研究制度为何会产生、以何种方式产生，即人类社会为何会出现、需要这样一种对行为进行约束的产物，这种行为约束又表现为何种形式，也即制度的起源论。[⑦] 二是在历史现实意义的维度研究历史上一项特定制度为何会出现，也即制度的变迁论。[⑧] 当然，历史现实意义制度的"产生"和"演变"问题实际上也是关于制

---

① [美]道格拉斯·C. 诺斯：《制度、制度变迁与经济绩效》，杭行译，上海人民出版社等 2014 年版，第 3 页。

② 参见卢现祥主编：《新制度经济学》，武汉大学出版社 2004 年版，第 107 页。

③ See Shankaran Nambiar, *Capabilities and Communities: A Perspective from Institutional Economics*, The European Journal of Development Research, Vol. 33, p. 1973 – 1996(2021).

④ 经济制度、政治制度属于按照制度领域进行的划分，而法律制度则是按照制度形式进行的划分。以法律形式呈现的制度是法律制度，可以包括政治制度和经济制度。

⑤ 参见杨俊一等：《制度哲学导论》，上海大学出版社 2007 年版，第 50 页。

⑥ 参见袁庆明：《新制度经济学》，中国发展出版社 2005 年版，第 15 页。

⑦ 参见[美]道格拉斯·C. 诺斯：《经济史中的结构与变迁》，陈郁等译，上海三联书店、上海人民出版社 1994 年版，第 3 页。

⑧ 参见[美]道格拉斯·C. 诺斯：《经济史中的结构与变迁》，陈郁等译，上海三联书店、上海人民出版社 1994 年版，第 79 页。

度“一体两面”的问题。作为特定历史时期下的一项制度，考究它的“产生”问题，实际上也是在连续不断的、渐进式的历史发展进程和制度演变过程中，考究这一制度从前一制度形态到当前制度形态的“演化生成问题”。① 研究制度的演变问题，实际上也是在研究一种制度形态如何从前一制度形态演变产生，又将如何向未来演变生成下去。因此，制度经济学研究制度的产生以及制度的演变，当我们从历史观的视角出发进行现实主义研究时，必然需要把握制度的产生与演变问题在研究中的辩证关系。

3. 制度经济学研究制度与经济活动之间的关系

除了制度本身，或者从某种意义上说制度经济学研究制度本身，最终的落脚点实际上是研究制度如何作用于人的行为，如何作用于社会资源分配和经济增长等一系列经济活动。② 易言之，制度经济学既关注制度本体，也关注制度的经济绩效。这实际上也同法学中的法社会学分科注重法的社会实效问题殊途同归。③ 当然，其也包括在掌握了制度对经济活动的作用机理后，研究如何通过改变和调整制度进而按照特定目的地去改变人的行为、社会资源的分配以及经济的增长。④ 从这个意义上讲，制度经济学既是研究制度的理论体系、理论学科，也是将制度置于经济活动中研究制度作用机理和制度调整方案的实践体系、应用学科。⑤

从以上三点我们可以看出，制度经济学围绕制度这一研究对象，既探讨了制度是什么、如何产生、如何演变的本体问题，也探讨了制度如何作用于经济活动、如何通过调整制度改变经济活动的运行问题。⑥ 这也使制度经济学显著地区分于传统的新古典经济学。相较于新古典经济学在既定的理想条件下将制度作为外生变量研究经济活动，制度经济学将制度内生化，探讨人

---

① 参见朱京安：《中国外贸法律制度研究：以制度主义为视角》，人民出版社 2008 年版，第 93 页。

② See David Urbano et al. , *Does Entrepreneurial Activity Matter for Economic Growth in Developing Countries? The Role of the Institutional Environment*, International Entrepreneurship and Management Journal, Vol. 16, p. 1065 – 1099(2020).

③ 参见［德］尼克拉斯·卢曼：《法社会学》，宾凯、赵春燕译，上海人民出版社 2013 年版，第 68 页。

④ 参见洪名勇编著：《制度经济学》，中国经济出版社 2012 年版，第 35 页。

⑤ 参见朱京安：《中国外贸法律制度研究：以制度主义为视角》，人民出版社 2008 年版，第 82 页。

⑥ See Pawlowski Michal, *Basic income guarantee in the perspective of institutional economics*, Central European Economic Journal, Vol. 6, p. 86 – 107(2019).

如何选择制度又将如何受到制度的作用,[1]将制度与社会经济活动共生研究。从制度经济学产生的历史背景上看,这种制度经济学与新古典经济学的区分及其对新古典经济学研究思路的改变,也正是制度经济学产生的原因及其试图弥补新古典经济学研究不足之所在。

(二)制度经济学理论的外延

制度经济学理论围绕制度的研究形成了相对庞杂且不断发展的理论体系外延,包括制度起源理论、制度的比较与选择理论、企业理论、国家理论、制度变迁理论、交易成本理论、产权理论等。我们可以对较为复杂且发展中的制度经济学理论外延进行如下大致分类。

1. 制度经济学制度本体理论

一是制度起源的有关理论,研究人类社会为何起初会有制度这一产物,研究一系列具体制度在历史源头上如何产生,研究在既有的历史制度框架下新制度如何产生等问题。其主要包括科斯的交易费用理论,即制度产生于降低交易费用;诺斯的从简单交换到非个人交换理论,即制度产生于约束非个人交换中的信息不对称、不完全;考特和尤伦关于财产制度起源的国家比较优势理论,认为国家(制度)在保护产权方面具有比较优势;等等。[2]

二是制度选择与比较的有关理论,如"经济人"假设与有限理性理论、"机会主义"理论、"个体主义"与"集体主义"理论、产权理论、经济绩效理论等,研究社会中的人如何做出行为,[3]如何有意识地为自己选择制度,如何受到制度的作用,制度的评价与选择的标准,人为选择制度的影响和限制因素,等等。

三是经济组织的有关理论。"在科斯对企业的性质作出对解释引起广泛关注后,对人类社会经济活动中的各种组织形式加以解释一直是制度经济学中的较为活跃的理论研究领域,并构筑起来相对成熟的理论框架,旨在说明各种组织形式的经济逻辑。"[4]组织理论主要包括:企业理论,研究企业的起源

---

① 参见洪名勇主编:《制度经济学》,中国经济出版社 2012 年版,第 35 页。

② 参见张卫东:《新制度经济学》,东北财经大学出版社 2010 年版,第 8 ~ 9 页。

③ See Costa Ana Narciso & Caldas José Castro, *Claiming Choice for Institutional Economics*, Journal of Economic, Vol. 45, p. 665 – 684 (2011).

④ 胡乐明、刘刚:《新制度经济学》,中国经济出版社 2009 年版,第 22 页。

和本质、企业的组织行为、企业存在的原因以及企业内部制度结构等;国家理论,研究国家的性质和起源、国家的范围和规模、国家对制度的维护和制度变迁的影响等。①

2. 制度经济学制度运行理论

制度经济学的制度运行理论,主要是制度、制度变迁对经济增长施加作用和影响的相关理论,即研究制度和制度变迁通过何种机理推进了社会经济的进步和发展。新制度经济学同时也是制度变迁理论的代表人物诺斯认为,制度变迁是理解历史的关键。② 为此,诺斯在其1971年出版的《制度变迁与美国经济增长》、1973年出版的《西方世界的兴起》、1981年出版的《经济史中的结构与变迁》以及1990年出版的《制度、制度变迁与经济绩效》中都将制度变迁理论作为重要的研究主题。③

二、制度经济学理论的沿革与流派

制度经济学理论作为对主流传统经济学理论的批判,④主要起源于19世纪末20世纪初。早期的制度经济学代表人物包括托尔斯坦·凡勃伦(Thorstein Veblen,1857～1929)、沃尔顿·汉密尔顿(Walton Hamilton,1881～1958)以及约翰·罗杰斯·康芒斯(John Roger Commons,1862～1945)等。⑤在第二次世界大战后,出现了以冈纳·缪尔达尔(Gunnar Myrdal,1898～1987)、约翰·肯尼思·加尔布雷斯(John Kenneth Galbraith,1908～2006)等人为代表的后制度经济学。到了20世纪80年代,形成了以罗纳德·哈里·科斯(Ronald H. Coase,1910～2013)、道格拉斯·诺斯(Douglass C. North,1920～2015)以及奥利弗·威廉姆森(Oliver Williamson,1932～2020)等人为

---

① See Giorgos Meramveliotakis, *The Issue of Efficiency and the Role of State in New Institutional Economics: A Critical Perspective*, New Political Economy, Vol. 26, p. 138 – 151(2021).

② 参见[美]道格拉斯·C. 诺斯:《制度、制度变迁与经济绩效》,杭行译,上海人民出版社等2014年版,第7页。

③ 参见张卫东:《新制度经济学》,东北财经大学出版社2010年版,第11页。

④ 参见洪名勇主编:《制度经济学》,中国经济出版社2012年版,第1页。

⑤ See Voroshilova M. B., Suetina A. I. & Salamova Ayna, *Basic Theories of Modern Institutionalism*, SHS Web of Conferences, Vol. 94, p. 3001(2021).

代表的新制度经济学。

（一）早期制度经济学

凡勃伦作为早期制度经济学的代表人物与奠基人，其关于制度经济学的观点具有代表性，也为后来各时期制度经济学的发展提供了重要的思想基础。总体来讲，凡勃伦的制度经济学观点深受达尔文进化论的影响，将之视为一般社会科学的进化学以引入经济学，一方面批判了新古典主义经济学对“累积因果序列”思维的忽视，另一方面开创了制度经济学分析研究制度的思维方式。凡勃伦的观点也对后来的进化制度主义产生了重要影响。[①] 在凡勃伦看来，“（美国）制度主义的重要特征之一是赋予制度核心作用，并且重点关注经济变迁中进化过程之间的联系”[②]。制度的本质即“社会共同体内普遍形成的惯性思维和行为”[③]，或者说制度的本质就是一种习惯。作为制度或者惯性最深层次的是本能，包括工作本能和掠夺本能两个方面。社会在发展和进步的过程中，不同本能获得主导将导致出现不同的社会形态；或者说，不同的社会形态之下正是基于不同的本能处于主导地位。另外，在制度累积因果关系和制度选择方面，凡勃伦认为，制度的累积因果关系表现出一个连续的变化路径，在这个变化路径中“制度不仅是选择的结果也是选择的影响因素”[④]。也就是说，在人们选择制度后，也会受到所选制度的约束进行新制度的选择。

汉密尔顿很大程度上继承和发扬了凡勃伦制度经济学的观点。[⑤] 基于凡勃伦对“制度是社会共同体习惯”的界定，汉密尔顿认为，制度是“一组社会惯例并表明一种流行且持久的思维和行动方式”。[⑥] 与此同时，制度具有转变的内在倾向。在汉密尔顿看来，制度的转变也与惯性有关。另外，汉密尔顿认

---

① See Kai Fürstenberg, *Evolutionary Institutionalism*, Politics and the Life Sciences, Vol. 35, p. 48 – 60(2016).

② ［法］贝尔纳・夏旺斯：《制度经济学》，朱乃肖、周泳宏译，暨南大学出版社 2013 年版，第 13 页。

③ ［法］贝尔纳・夏旺斯：《制度经济学》，朱乃肖、周泳宏译，暨南大学出版社 2013 年版，第 15 页。

④ ［法］贝尔纳・夏旺斯：《制度经济学》，朱乃肖、周泳宏译，暨南大学出版社 2013 年版，第 19 页。

⑤ See William T. Waller Jr., *The Evolution of the Veblenian Dichotomy: Veblen, Hamilton, Ayres, and Foster*, Journal of Economic Issues, Vol. 16, p. 757 – 771(1982).

⑥ 参见［法］贝尔纳・夏旺斯：《制度经济学》，朱乃肖、周泳宏译，暨南大学出版社 2013 年版，第 23 页。

为,制度具有矛盾性,它是目的性和偶然性综合的产物。

康芒斯制度经济学的观点极大程度地吸收了对"集体(组织)"概念的运用。他认为制度经济学是集体控制个体的理论,而集体控制个体的基础在于利益冲突的协调以及经济资源的稀缺。同时,"集体通过对个体的控制实现个体解放,旨在使个体免受强迫、威胁和歧视等束缚,也即集体行动抑制、解放和扩展个体行动"①。另外,康芒斯认为"交易"不仅是物质经济学意义上"商品的转移",更是制度层面上权利的转移,是制度的产物。交易往往是伴有冲突、依赖和秩序的,其中的"秩序"正是凭借一定的集体形式,如国家、法院等维系和实现的。②

(二)后制度经济学

后制度经济学较大程度地继承了早期制度经济学的传统。③ 其代表人物之一缪尔达尔在20世纪40年代后的研究方向从新古典主义向制度主义转变,不再关注纯粹的理论问题,而转向于从结构和制度角度研究社会经济现实问题。缪尔达尔认为,主流经济学太抽象,其假设脱离实际,把经济学逐步变成只关心资源配置和生产效率的技术经济学。同时,关于制度,缪尔达尔认为,"经济制度是不断发展的社会制度的一部分,在一个发达的社会中,社会各因素之间存在因果的变动或规律。经济因素间的变动既是因果的,又是累积的"④。

另外,加尔布雷斯也是这一时期继承早期制度经济学思想的重要代表人物。他提出了关于社会资源的公平分配问题的重要的"二元体系"理论,即计划体系和市场体系。加尔布雷斯理论体系的中心就是"二元体系"理论,因而他所主张的社会变革就通过制度革新实现两种体系收入的平等化:"一是信念的解放,二是计划体系的改革,三是市场体系的改革,四是两大体系的关系改革。"⑤

① 汪洪涛:《制度经济学:制度及制度变迁性质解释》(第2版),复旦大学出版社2009年版,第4页。
② 参见[美]康芒斯:《制度经济学》(上册),于树生译,商务印书馆2009年版,第67~70页。
③ 参见洪名勇主编:《制度经济学》,中国经济出版社2012年版,第27页。
④ 刘秀生主编:《新制度经济学》,中国商业出版社2003年版,第27页。
⑤ 刘秀生主编:《新制度经济学》,中国商业出版社2003年版,第22页。

总体而言,后制度经济学发展时期,实际上也是大量主流经济学者从传统的关注抽象、理想假设的研究方法转向关注制度现实和经济活动实践的阶段。因此,在这一时期,后制度经济学普遍认为"主流经济学狭隘的方法论使其不具有解决实际问题的能力"。①

(三)新制度经济学

新制度经济学最早由威廉姆森提出,兴起于 20 世纪六七十年代,其与此前的制度经济学(早期制度经济学、后制度经济学)的区分在于不只是批判新古典主义经济学,而是在引入对制度的考察后,利用传统经济学的分析方法和理论,如博弈论和回归分析等,②针对新古典主义经济学的理想假设进行逐一修正和发扬,形成了新制度经济学中三个重要的组成部分——产权经济学、交易成本经济学和制度变迁理论。由此,新制度经济学的核心思想是,"产权结构和交易费用影响激励经济行为,因而制度安排对于人的行为和资源配置以及经济的增长具有至关重要的影响"③。

科斯作为新制度经济学的奠基人物,主要的贡献在于对企业理论和交易成本的分析。④ 科斯在《企业的性质》一文中首先引入了"交易费用"的概念并在《社会成本问题》中进一步将交易费用与交易背后的产权问题相联系,探讨了交易费用与产权对经济运行的影响,提出了重要的"科斯定理",揭示了制度因素的重要意义。⑤

威廉姆森被誉为"重新发现科斯定理的人",⑥在科斯对交易费用(成本)研究的基础上进一步研究,发展形成了交易成本经济学。威廉姆森并没有像主流制度学派一样将市场和组织作为主要考虑的对象,在其研究中"交易成本"是一个基本的分析单位。威廉姆森认为,在市场出现后,交易成本也会逐步显现,企业也将逐步从市场中分离并迅速扩展。在今天看来,威廉姆森在

---

① 参见洪名勇主编:《制度经济学》,中国经济出版社 2012 年版,第 28 页。

② See Antoon Spithoven, *Similarities and Dissimilarities between Original Institutional Economics and New Institutional Economics*, Journal of Economic Issues, Vol. 53, p. 440 – 447(2019).

③ 张卫东:《新制度经济学》,东北财经大学出版社 2010 年版,第 14 页。

④ 参见刘秀生主编:《新制度经济学》,中国商业出版社 2003 年版,第 29 页。

⑤ 参见张卫东:《新制度经济学》,东北财经大学出版社 2010 年版,第 14 页。

⑥ 参见张卫东:《新制度经济学》,东北财经大学出版社 2010 年版,第 15 页。

交易成本经济学中的企业方法为发展权力理论也留出了空间。[①] 另外，威廉姆森引入了“有限理性”[②]和“机会主义”的观点，认为交易中主体的理性是有限的，随时具有撒谎的可能，这也成为交易成本发生变化的重要影响因素。

诺斯作为新制度经济学的代表人物之一，其学术思想和观点对于新制度经济学也产生了较为深远且广泛的影响。首先，诺斯提出了制度作为一种“约束”有正式约束、非正式约束之分，并将正式约束、非正式约束和实施（制度的应用）作为制度构成的三个要件。其次，关于组织与制度的关系，诺斯认为，“制度框架限定了被创造组织的类型及其演化方式，反过来，组织又是制度变迁的源泉”[③]。这与凡勃伦主张“制度不仅是选择的结果也是选择的影响因素”具有一脉相承的联系。再次，关于制度变迁，诺斯认为，正式约束的变迁可以很迅速，但是非正式约束的变迁是逐渐进行的。同时，制度变迁具有路径依赖和锁定的现象。最后，在制度和经济绩效方面，诺斯认为，“相互影响的正式与非正式约束之间构成了整个网络，限定了其朝着路径依赖的方向演化”[④]。

三、制度经济学主要的理论研究方法

制度经济学历经早期制度主义、后制度主义以及新制度主义的发展阶段，尤其是在新制度主义时期，已形成了一系列各成体系的理论系统，如交易成本理论、产权理论、制度变迁理论等。这些理论系统之于制度经济学是研究制度与经济活动的理论成果，反映了制度与经济活动之间的各种具有现实意义的规律。但与此同时，之于其他以制度为考察和研究对象的社会学科，这些制度经济学的理论系统则具有了无以比拟的（跨学科）理论基础和理论方法意义，能够用以指导研究方向、确定研究思路、发掘研究问题、分析问题

---

① See Bernard Baudry & Virgile Chassagnon, *The Williamsonian Ambiguity on Authority and Power in Transaction Cost Economics*, Journal of Economic Issues, Vol. 53, p. 257 – 276(2019).

② See Till Grüne-Yanoff, Caterina Marchionni & Ivan Moscati, *Introduction: Methodologies of Bounded Rationality*, Journal of Economic Methodology, Vol. 21, p. 325 – 342(2014).

③ [法]贝尔纳·夏旺斯：《制度经济学》，朱乃肖、周泳宏译，暨南大学出版社2013年版，第67页。

④ [法]贝尔纳·夏旺斯：《制度经济学》，朱乃肖、周泳宏译，暨南大学出版社2013年版，第71页。

原因以及印证研究观点。为此,我们有必要对制度经济学,尤其是新制度经济学的主要理论进行梳理,以便将其作为对法律制度研究的理论方法。

(一)制度供需理论

制度供需理论是从制度的供给侧和制度的需求侧进行比较,通过判断制度是否处于均衡状态以发现现存制度安排和制度结构存在的问题,并分析和解决问题的一套制度经济学理论体系。该理论对于我们在宏观上把握现行制度结构和制度安排的状态以及其对主体需求的满足情况至关重要,是进一步分析制度构建、实施成本和变迁发展的前提步骤。

所谓“制度均衡”,有学者指出,“当制度的需求和制度的供给相一致时,制度均衡将产生”[①]。著名经济学家诺斯指出,“制度均衡是指这样一种状态,在给定的条件下,现存的制度安排的任何改变都不能给任何个人或团体带来额外的收入”[②]。这是一种在客观意义上对“制度均衡”的界定,“制度均衡”即不存在改变制度带来任何主体、任何额外收益的可能。另外,也有学者在主观意义上界定“制度均衡”为“人们对既定制度结构和制度安排的一种满意状态或满足状态,无意愿无动力改变现行制度”[③]。也就是说,在一个相对确定的制度安排和制度结构下,任何制度主体,包括个人、社会团体、政府等[④]对制度状态都是满意的、满足的,任何主体的任何利益都已经充分实现,没有预期的潜在利益需要新制度予以安排和实现。制度均衡的客观意义和主观意义应当是统一的,当客观上真的不具有改变制度带来任何额外收益的可能时,一定意味着在这个制度安排和制度框架下,任何主体的利益均已实现,没有任何预期潜在利益尚未满足,也一定意味着所有主体都处于一种满意、满足的状态。在制度均衡的情况下,当前的制度安排和制度结构已经是净利益最大化的了,不存在一种新的制度安排和制度结构能够带来更大的净利益了。因此,在制度均衡之下,不存在对更大净利益制度安排和制度结构的潜在制度

---

① 刘秀生主编:《新制度经济学》,中国商业出版社 2003 年版,第 221 页。

② 罗必良主编:《新制度经济学》,山西经济出版社 2005 年版,第 150 页。

③ 洪名勇主编:《制度经济学》,中国经济出版社 2012 年版,第 145 页。

④ 参见姜辉、许如宝:《制度均衡及其有效性分析——基于制度供需理论的视角》,载《经济论坛》2018 年第 10 期。

需求,也不存在潜在供给带来更大净利益制度安排和制度结构的可能,制度的需求和制度的供给相对平衡。

所谓“制度非均衡”是指在一定的制度安排和制度结构之下,存在通过改变带来额外收益的可能,主体存在预期潜在利益需要新制度予以满足,也即主体对现有制度安排和制度结构存在不满意、不满足。① 在制度非均衡之下,实质上当前的制度安排和制度结构非净利益最大,存在能够带来更大或者最大化净利益的制度安排和制度结构,因而就产生了对这个净利益更大的制度安排和制度结构的潜在制度需求和潜在制度供给。② 当对现有制度安排和制度结构的不满足、不满意蓄积到一定程度时,潜在的制度需求就转化成现实的制度需求。但基于诸如供给主体与需求主体的错位,供给意愿和能力的有限,上层决策者的净利益因素,③外部性以及“搭便车”等各种复杂的原因,制度的潜在供给并不会立刻转化为现实的制度供给,从而导致对带来更大净利益的制度安排和制度结构的现实制度需求大于现实制度供给,出现制度供给不足。

应当说,真正意义上客观的制度均衡状态可能仅是一种近乎完美的理想状态。④ 随着社会的发展和进步,各种制度主体之间的交互行为(交易)不断变化和演进,总是有预期的潜在利益需要通过新的制度安排和制度结构予以实现,因而我们基本上可以认为,制度不均衡往往是一种关于制度安排和制度结构的一般样态。在制度不均衡中,对于预期更大净利益的制度安排和制度结构,其现实供给往往是滞后于现实需求的,从而使制度供给不足也或轻或重地成为一种普遍状态。

从预期带来更大净利益的制度安排和制度结构出现并产生潜在需求和潜在供给,到潜在需求转化为现实需求,再到潜在供给对应转化为现实供给,这个过程是相对缓慢而且影响因素较多的。为清晰地把握这些影响因素,尽快疏通制度现实供给的障碍,制度供需理论主要研究这些问题:一是何种制

---

① 参见胡乐明、刘刚:《新制度经济学》,中国经济出版社 2009 年版,第 296 页。

② 参见卢现祥主编:《新制度经济学》(第 2 版),武汉大学出版社 2011 年版,第 176 页。

③ 参见[美]V. 奥斯特罗姆等编:《制度分析与发展的反思——问题与抉择》,王诚等译,商务印书馆 1992 年版,第 155 页。

④ 参见刘秀生主编:《新制度经济学》,中国商业出版社 2003 年版,第 222 页。

度主体的何种潜在利益需要满足并激发出了何种制度需求;二是为何现存的制度安排和制度结构未能满足其预期的潜在利益;三是尽管现存的制度供给未能满足新的制度需求,但是制度安排和制度结构仍处于相对稳定状态,是何种因素影响制度的现实供给。

(二)交易成本理论

交易成本理论作为关于经济组织的一个著名理论框架,①是制度经济学乃至整个经济学中的基础理论,②其在新制度经济学发展时期得到了极大发展,对于从微观上研究制度问题大有裨益。诺斯认为,交易成本和产权的经济学方法,是研究各层次社会问题,包括制度问题的通用工具。③ 在制度经济学的交易成本理论中,有这样几方面的问题需要加以综述以便更好地运用该理论分析和解决问题。

1. 交易的界定问题

古希腊的亚里士多德将交易定义为"使财富获得增加"的人与人之间的经济活动。④ 制度经济学家康芒斯则将交易视为制度框架之下权属的转移,甚至有意识地将之区别于物质经济学意义上的物质交换。与此同时,康芒斯在其《制度经济学》中将"交易"分为买卖交易、管理交易和限额交易。⑤ 另外,康芒斯认为,交易必然具有合作、对抗和秩序三个方面的属性,即通过合作互利,通过对抗逐利,通过秩序协调合作与对抗的冲突。⑥ 由此,我们一般可以将交易界定为一种人们之间的交互行为。⑦ 作为一种人与人之间交互行为的"交易",一般有目的性和经济性的特点。一方面,交易的目的性体现在交易不是随机和偶然发生的,交易过程中双方或多方主体试图通过交易实现一定的预期价值;另一方面,交易的经济性体现在交易并非无涉于人们的利

---

① See Huascar F. Pessali, *Metaphors of Transaction Cost Economics*, Review of Social Economy, Vol. 67, p. 313 – 328(2009).

② 参见卢现祥主编:《新制度经济学》(第2版),武汉大学出版社2011年版,第42页。

③ 参见[冰]思拉恩·埃格特森:《新制度经济学》,吴经邦等译,商务印书馆1996年版,第6~7页。

④ 参见张太行等主编:《经济学小百科》,延边大学出版社1988年版,第39页。

⑤ 参见[美]康芒斯:《制度经济学》(上册),于树生译,商务印书馆1981年版,第74~86页。

⑥ 参见洪名勇主编:《制度经济学》,中国经济出版社2012年版,第15页。

⑦ 参见朱京安:《中国外贸法律制度研究:以制度主义为视角》,人民出版社2008年版,第82页。

益结构,交易过程往往可以带来交易双方或多方主体利益的增加。其中,目的性是经济性的初衷,经济性是目的性的实现。当然,掺入成本因素、制度因素之后,交易的目的性和经济性也会受到相应的影响,这也正是交易成本理论试图探讨的问题。

2. 交易成本的界定问题

关于交易成本,科斯在其《企业的性质》和《社会成本问题》中均有不同程度的界定和解释。[①] 综合来讲,在科斯看来,交易成本是与交易有关的一切成本,包括准备的成本、搜索交易信息的成本,确定潜在交易对手的成本,交易过程中的讨价还价、签订和履行契约等活动的成本,等等。[②] 除科斯外,威廉姆森、哈特、阿尔钦、德姆塞茨、马修斯等均对交易成本进行了不同层次、不同视角的定义。[③] 其中马修斯的定义最为简明扼要,交易成本即事前准备合同和事后监督以及强制合同履行的费用,与生产费用不同,它是履行合同的费用。[④] 除此之外,张五常等也从整体的角度,将交易成本直接界定为"制度成本",包括信息成本、谈判成本、起草合同和实施合同成本,制定和实施产权成本,监督管理和改变制度安排的成本,等等。[⑤] 经过科斯、威廉姆森、阿罗、德姆塞茨、张五常、杨小凯等人的发展与努力,现在的交易成本这一概念包括度量、界定和提供交易条件的费用,发现交易对象和交易价格的费用,讨价还价的费用,订立交易合约的费用,执行交易的费用,等等。[⑥] 总的来讲,交易成本可以被界定为交易过程中发生的成本,一般可以理解为为完成交易而支付的某种对价或者付出的代价。人在行为决策和交易的过程中总是会产生各种各样的成本,比如时间成本、物质成本等。显性的交易成本如购买一件物品支付的价格一般不是交易成本理论关注的重点,而隐性的交易成本,诚如前述经济学家所归纳,即为磋商、缔结、监督、履行合同以及权利救济所支付的

---

① 参见洪名勇主编:《制度经济学》,中国经济出版社 2012 年版,第 309 ~ 310 页。

② 参见宋宪伟、童香英:《交易成本的一个新定义》,载《江淮论坛》2011 年第 1 期。

③ 参见笪凤媛:《交易费用的测度方法及其在中国的应用研究》,中国经济出版社 2011 年版,第 6 ~ 8 页。

④ 参见卢现祥、朱巧玲主编:《新制度经济学》,北京大学出版社 2007 年版,第 156 页。

⑤ 参见张五常:《经济解释——张五常经济论文选》,易宪容、张卫东译,商务印书馆 2000 年版,第 408 页。

⑥ 参见刘秀生主编:《新制度经济学》,中国商业出版社 2003 年版,第 46 页。

物力、人力和精神成本往往是交易成本理论探讨的关键。究其原因，一是隐性成本处于隐秘、模糊的状态，难以统计但对交易的效率具有重要影响；二是对隐性成本的约束和消减有助于提升经济生活的品质；三是交易的经济性和目的性之间的关系也会受到隐性成本的显著影响。交易活动能否真正为双方或多方主体带来利益，能否真的如预期设想实现交易价值，也很大程度上取决于对这部分成本的考量和约束。因此，在这个意义上讲，我们在分析交易成本的过程中往往直接将其主要划分为物力、人力和精神成本进行考量，在不排除显性成本的同时，重点关注交易中的隐性成本问题。

3. 交易成本为何会存在的问题

影响交易成本的核心因素是信息，交易成本存在的根本原因在于交易中信息的不完全和信息的不对称。[①] 如果说交易的不确定性必然带来交易成本，那么其实这种不确定性也是基于或者围绕信息的不完全和信息的不对称展开的。从诺斯的行为理论出发，人的行为选择很大程度上取决于对环境的辨识。[②] 也就是说，人们在进行交易的过程中作出交互行为和选择时需要辨识环境，需要收集、分析、处理和反馈（环境）信息进而完成交易。这个过程有如下特点：（1）人们收集到的信息是不完全的；（2）人们分析、处理信息的能力是有限的，难以完全处理好收集到的全部信息；（3）人们反馈和表达信息是不完整的，多数基于博弈和机会主义的心理甚至可能故意隐瞒信息；（4）交易的双方主体或者多方主体基于能力、地位等差异，收集、分析、处理和反馈的信息是不对称的。信息的不完全和信息的不对称直接导致了交易的不确定性，即交易存在多重可能，交易不具有清晰的可预见性，交易双方或多方出现大量重复博弈，必然耗费交易主体的物力、人力和精神成本，交易成本由此必然存在。简言之，交易在客观上是信息不对称和信息不完全的，进而导致交易是不确定的，不确定的交易必然导致交易中双方或多方主体为完成交易而支付大量的交易成本。

4. 制度与交易成本之间的关系问题

从某种程度来讲，制度和交易成本之间的关系，是制度经济学研究制度

---

① 参见刘秀生主编：《新制度经济学》，中国商业出版社2003年版，第42页。

② 参见［美］道格拉斯·C. 诺斯：《制度、制度变迁与经济绩效》，杭行译，上海人民出版社等2014年版，第23页。

本体与制度运行的核心问题之一。制度与交易成本的关系关乎制度的价值、制度的绩效、制度的变迁以及制度对经济活动的影响。一方面,交易的自然过程是不可避免地会产生交易成本的;另一方面,以产权为代表的制度则具有重要意义。就如诺斯对科斯的理解一样,“倘若交易是有成本的,那么制度就是重要的”①。诚如学者所言,制度优化的目的之一就是降低交易成本,交易成本是比较制度分析的核心概念。② 这里实际上反映了制度与交易成本之间关系三方面的主要观点,也是我们对二者关系的基本认识:(1)制度具有降低交易成本的能力,在预期层面有助于降低交易成本;(2)制度安排的初衷、目的在于降低交易成本;(3)在既定的制度安排和制度结构下,交易成本的现实状况反映了制度的绩效,是比较制度优劣的核心指标。此处重点梳理制度为何能够降低交易成本、如何降低交易成本,以为后文研究制度创新降低交易成本提供方向和具体思路。

制度降低交易成本,从根本上讲在于矫正交易中信息的不完全和信息的不对称,降低交易的不确定性,从而尽量避免交易双方为完成交易付出高昂代价。可以说,制度是在信息不完全的条件下,通过限制有限理性和机会主义行为,保障现实经济活动能够高效率地运行。③ 具体来讲,首先,制度可以为交易的过程搭建一个明确的框架;其次,制度可以限制交易主体在交易过程中的选择集合,进而降低交易中的不确定性;最后,制度可以通过责任机制约束交易主体的博弈过程,降低博弈带来的成本。实际上,制度约束交易成本的过程,也可以视为通过制度的构建和实施,将大量反复的交易过程中产生的各种成本,转化到制度的设计、维系和修缮的环节之中。也就是说,交易过程中人们节约了各类交易成本,实际上这些成本以另外一种形式转化到为交易搭建制度框架的过程和活动中了。但这并不说明构建制度约束交易成本无益于总成本的降低,恰恰相反,由于制度的普遍性以及在一定历史时期的相对稳定性,制度的搭建往往可以一劳永逸地在一定时期内约束相关类型的全部交易活动;从社会整体上看,制度的构建有益于社会上总体交易成本

① [美]道格拉斯·C.诺斯:《制度、制度变迁与经济绩效》,杭行译,上海人民出版社等2014年版,第13页。

② 参见洪名勇主编:《制度经济学》,中国经济出版社2012年版,第313页。

③ 参见胡乐明、刘刚:《新制度经济学》,中国经济出版社2009年版,第12页。

的降低。因此,研究制度并完善制度对于降低社会整体上的交易成本、促进社会高效发展而言,具有重要的理论和现实意义。

(三)制度变迁理论

制度变迁是制度的替代、转换与交易的过程。可以被理解为一种(预期)效益更高的制度对另一种制度替代的过程。[①] 制度变迁理论则是以历史发展进程中的制度变迁历程为研究对象,以经济学的方法观点研究制度从一种安排和结构状态演化为另一种安排和结构状态的诱因、促进与阻碍因素以及制度在整体上的演进轨迹和方向规律的制度经济学理论。[②] 制度变迁理论是在制度均衡和供需理论的基础上进一步探索当制度潜在需求、制度现实需求和制度潜在供给同时存在时,如何继续引发制度演变的一套系统理论。

1. 关于制度变迁的诱因或者动因的问题

这个问题试图回答为何现实中的一种制度安排和结构会改变或者说需要改变为另一种制度安排和结构,是何种因素刺激了这种改变的产生。事实上,制度变迁理论关于变迁诱因存在多种学说观点,如以舒尔茨为代表的"经济增长推动说",以凡勃伦为代表的"技术决定论",以罗伯斯·托马斯为代表的"制度自我循环累积说",以诺斯为代表的"预期利益偏好说",等等。[③] 鉴于诺斯教授的制度变迁理论较为系统,[④]又与本书重点援用的制度供需理论联系紧密,故此处重点梳理预期利益偏好说之下对于制度变迁诱因的理解。

"诺斯制度变迁模型的基本假定是:制度变迁的诱因在于主体期望获得最大的潜在利润。'潜在利润'即'外部利润',是当前的制度安排结构中无法获取的利润。"[⑤]当外部环境的变化带来外部利润即预期的潜在利益时,则当前的制度安排和制度结构并非净利润最大的制度安排和结构,存在对实现预期潜在利益的新制度的潜在制度需求和潜在制度供给;当潜在的制度需

---

① 参见卢现祥:《西方新制度经济学》,中国发展出版社 1996 年版,第 71 页。

② See Stephanie Decker et al., *Special Issue Introduction: Historical Research on Institutional Change*, Business History, Vol. 60, p. 613 – 627(2018).

③ 参见洪名勇主编:《制度经济学》,中国经济出版社 2012 年版,第 139 ~ 142 页。

④ 参见洪名勇主编:《制度经济学》,中国经济出版社 2012 年版,第 129 页。

⑤ 卢现祥:《西方新制度经济学》,中国发展出版社 1996 年版,第 91 页。

求转化为现实的制度需求,而潜在的制度供给并未成为现实的制度供给时,往往诱发制度变迁,制度主体期望从当前的制度安排和制度结构演变为能够实现预期潜在利益的制度安排和制度结构,也即潜在的制度供给转化为现实,形成新一轮的制度均衡和供需平衡。当然,需要注意的是,制度变迁的诱因只是刺激、诱发制度变迁,并不必然立刻启动制度变迁,也不同于支撑制度变迁的动力。"制度变迁的诱因"这样一个概念只是让我们明白制度是在一种什么样的机缘下,产生了从一种状态演变为另一种状态的情况,以及当制度变迁的诱因出现时,制度主体应当如何选择、权衡并进行制度改变才能带来新的制度均衡。

2. 关于制度变迁中的积极因素和阻碍因素的问题

这个问题试图回答当制度变迁的诱因出现时存在对新制度的现实需求,但是潜在的制度供给并未化作现实,其中哪些因素在推进或有助于推进潜在供给变为现实即推进变迁,哪些因素在阻碍潜在供给变为现实即阻碍制度变迁。一般认为,对制度发展理念的革新,对制度变迁主体创新发展制度能力的建设等,都会在不同程度上辅助潜在制度供给化为现实,促进制度的变迁。但与此同时,旧制度下的既得利益群体的对抗限制,制度更迭时的摩擦成本,制度主体对新制度的理解和贯彻所需增加的技术成本,传统观念和制度模式所产生的对于制度的发展方向和创新方案选择的束缚,这些因素通常都会反复地阻碍制度的潜在供给转化为现实供给,阻碍制度变迁并深刻地影响着制度的发展方向。

3. 关于制度变迁的路径依赖和锁定问题

路径依赖是西方新制度经济学中的一个名词,指一个具有正反馈机制(positive feedback system)的体系,一旦在外部偶然事件的影响下被系统所采纳,便会沿着一定的路径发展演进,很难为其他潜在的甚至更优的体系所取代。[①] 路径依赖和锁定问题是在回答制度变迁发生以后制度演变的轨迹和路径方向的一般规律。诺斯指出,"人们在过去做出的选择决定了他们在现在可能的选择。沿着既定的路径,政治制度、经济制度有可能进入良性循

① See Jacob Torfing, *Rethinking Path Dependence in Public Policy Research*, Critical Policy Studies, Vol. 3, p. 70 – 83(2009).

环的轨道,迅速优化;也有可能顺着原来错误的路径往下滑,甚至被锁定在某种无效率的状态中。一旦陷入锁定,要脱身而出就会十分困难"[①]。事实上,路径依赖强调了这样一个经济现象:在一定的条件下,在动态经济过程中,存在的是多重均衡而非传统经济学分析结构赖以存在的单一均衡,相应地,经济系统中存在传统经济学以外的影响因素(在传统经济学中被忽视的偶发的、微小的历史事件),它们成为影响和决定系统最终走上哪一条发展路径的重要因素,不同的历史事件及其发展次序不会产生同一个均衡结果。也就是说,经济究竟向哪个方向发展是敏感依赖于初始条件的,这就是路径依赖的经济学本质。[②] 由此我们可以梳理以下具体问题。

第一,路径依赖是制度变迁的一般规律和典型现象。任何制度体系的变迁过程都会存在路径依赖。[③] 制度经济学上一般也把制度变迁的路径依赖规律类比为物理学上的运动惯性规律。"一个物体总是保持静止或者匀速直线运动的状态,除非有外力迫使它改变这种运动状态",这是牛顿第一定律即惯性定律关于物体运动的阐释——物体具有保持原有运动状态的倾向。与此类似,所谓制度变迁的路径依赖,是指一项制度在变迁的过程中具有保持原有制度样态、制度要素的倾向,由此一旦进入某种变迁的方向路径和轨迹,就会保持这种路径轨迹一直变迁下去并且在变迁的过程中不断自我强化,对路径轨迹的依赖也会越发明显。[④] 一旦路径依赖强化到一定程度,制度变迁就会陷入一种对路径的锁定状态,想要出离也会更加困难。[⑤]

第二,制度变迁路径依赖深层次的因素在于既得利益。当一项制度安排和制度结构建立之后,会形成在这一制度框架下的既得利益群体,他们能够更好地运用当前制度进行交易并尽可能实现最大化的经济利益。在既得利益的影响和推动下,一项制度安排和制度结构会不断向外延伸扩展出更多贯彻这一制度样态和制度要素的配套的正式制度,如实施细则、实施标准等,以

---

① 刘秀生主编:《新制度经济学》,中国商业出版社 2003 年版,第 175 ~ 176 页。

② 参见卢现祥主编:《新制度经济学》(第 2 版),武汉大学出版社 2011 年版,第 187 页。

③ 参见卢现祥主编:《新制度经济学》,武汉大学出版社 2004 年版,第 169 ~ 170 页。

④ 参见汪洪涛:《制度经济学:制度及制度变迁性质解释》(第 2 版),复旦大学出版社 2009 年版,第 63 页。

⑤ 参见朱京安:《中国外贸法律制度变迁研究:以制度主义为视角》,人民出版社 2008 年版,第 95 页。

及相应的非正式制度,如制度理念、制度文化、制度历史传统等,而同时既得利益会在此过程中继续得到巩固和加强。也就是说,当前的制度安排和制度结构会形成既得利益,既得利益会推进当前的制度安排和制度框架不断扩大和延伸并继续巩固既得利益。当存在现实的新制度需求,需要将潜在的制度供给化为现实时,当前不断扩张的制度安排和制度结构以及不断巩固的既得利益便会发生作用:一是会阻碍制度变迁,抵抗既得利益受影响和现有制度被打破;二是在既得利益的影响下会把其中的制度要素、制度样态的关键因素传导到新的制度当中去;[①]三是当前的制度安排和制度要素衍生形成的非正式制度,如制度理念、制度文化和制度传统等,会潜移默化地影响新制度的创设;四是在不断的制度变迁过程中,既得利益、制度的扩张以及非正式制度对新制度的影响会不断增强。由此,便形成了制度变迁的路径依赖以及自我强化。

第三,制度变迁的路径依赖本身并不会选择"好"与"坏"的制度。也就是说,制度变迁发生以后路径依赖的现象会或多或少地显现出来,其中好的制度因素、制度传统会被继承下来,但不好的、低效率的制度因素、制度传统也会被传递下来;好的制度因素可以得到强化,不好的、低效率的制度因素同样也会得到强化。因此在制度变迁的过程中,制度主体应当重点甄别明显的路径依赖过程中低效率的制度因素,克服其在制度变迁过程中伴随路径依赖的强化甚至缓解、排除低效率因素的路径依赖,也即在制度变迁过程中继承优良传统,但同时对其中的问题加以克服和完善。

第二节　运用制度经济学研究通关便利化法律制度的优势

"新制度主义对于法学研究突出的贡献,是把经济学理论中的原理和方法论运用于法律体系研究,构建一个将法律制度作为经济增长的内生变量,

---

① 参见汪洪涛:《制度经济学:制度及制度变迁性质解释》(第 2 版),复旦大学出版社 2009 年版,第 137 页。

以效率、效益和公正相结合的法律价值体系。它通过分析揭示法律制度的经济成因，从而在政策层面上指导法律制度体系的确立、运行和完善。”[①]运用制度经济学的理论方法研究我国海关通关便利化法律制度的优势集中表现在，一是针对传统法学理论在研究海关通关便利化法律制度中的诸多不足和掣肘，提供便捷高效且系统的跨学科理论方法；二是制度经济学理论为研究我国海关通关便利化法律制度提供了科学的视角和方法体系；三是制度经济学理论在经济的现实运行环境中研究我国海关通关便利化法律制度，将制度的研究置于经济现实中考究其问题与意义，使研究更具现实价值和实践意义。

一、能够弥补传统法学理论对通关便利化法律制度研究的不足

法学研究方法，或称法学方法，是法学研究法律现象的基本方法，它不同于指导法官作出司法裁判时解释法律和法律推理的法律方法。[②] 坦白地说，在研究方法方面，法学是一个较为薄弱的学科；相对于社会科学中的其他学科，比如历史学、经济学、社会学等，法学研究方法还处于比较稚嫩的阶段。[③]传统的法学研究方法以“对策法学”范式较为突出，对策法学方法在现实中的问题集中于对策未必解决法律问题，有时甚至加重问题。其实，对策法学方法成功的关键在于具有较强的学科基础理论，而中国法学面临的最大问题恰恰就是基础理论尚不充分发达。解决这一问题的出路也是思路之一，是考虑将其他社会科学学科的研究方法引入法学研究；法学作为社会科学的一门分支，无疑可以分享社会科学的一般研究方法，其原理是共通的。[④] 制度经济学的理论方法恰恰可以为法学研究所用，在很大程度上弥补传统法学理论研究方法的不足并与传统法学理论方法互补。

---

① 钱江：《新制度主义经济学对我国法学研究方法创新的启示》，载《浙江工业大学学报（社会科学版）》2009 年第 4 期。

② 参见陈瑞华：《论法学研究方法》，法律出版社 2017 年版，第 2 页。

③ 参见陈瑞华：《论法学研究方法》，法律出版社 2017 年版，第 95 页。

④ 参见陈瑞华：《论法学研究方法》，法律出版社 2017 年版，第 6 ~ 7 页。

(一)制度经济学能够弥补传统法律关系理论研究选题的不足

传统的法学理论注重从法律关系的视角出发,通过对法律权利、法律义务以及公权力等法律关系要素进行研究分析,探讨法律问题。事实上,以法律关系的分析方法探究法学问题的做法,在历史上可以溯源于古罗马时期的私法学研究。后来,部分学者主张对公法学的研究同样可以沿续法律关系的分析方法并引入"公权力"要素对法律关系进行补充和完善。[①]

法律制度由一系列具有相同法律价值导向和目标的法律规范所构成,而法律规范调整社会关系形成法律关系。[②] 因此,法律关系是法律制度作用于社会现实形成的产物。就法律关系的角度而言,海关通关便利化法律制度研究主要关涉的是海关与贸易商(海关行政相对人)[③]之间的通关监管法律关系,并以此为基础涉及进出口贸易商之间的贸易法律关系、贸易商与报关企业之间的委托法律关系,与贸易商权利救济和海关执法的法律监督相关的一系列法律关系,等等。这些法律关系围绕的核心内容要素主要是海关的通关监管权力和贸易商的法律权利义务。从法律关系的角度研究通关便利化法律制度,实质上也是从海关的通关监管权力结构、贸易商的权利义务规范协调以及权力和权利的关系角度去发现、分析并解决问题。[④]

尽管传统法学理论中的法律关系理论方法的"本家"色彩突出,法学逻辑和思维模式显著,但其存在如下不足之处:一是法律关系的理论方法难以直接发现通关便利化法律制度本身存在的问题;二是法律关系的理论方法未能提供一个清晰精确的标准制度框架和范本;三是法律关系的理论方法在分析制度现存问题的成因以及论证制度的完善方案的过程中,定性研究的色彩突出并且难以形成有力论述。

与之相比,运用制度经济学的理论方法研究我国海关通关便利化法律制度,包括研究制度的供需、成本以及变迁等问题,具有如下优势。第一,可以

---

① 参见童之伟:《法律关系的内容重估和概念重整》,载《中国法学》1999 年第 6 期。

② 参见舒国滢主编:《法理学导论》(第 2 版),北京大学出版社 2012 年版,第 147 页。

③ 这里的"贸易商"可作广义的理解,即与海关发生通关监管法律关系的相对人,既包括进口收发货人,也包括进出口企业委托的报关企业等。

④ 参见陈锐:《法律关系理论溯源与内容重塑》,载《政法论丛》2020 年第 6 期。

直接在制度与经济活动的关系中研究通关便利化法律制度存在的问题，包括当前的国际贸易发展现实对通关便利化法律制度有何种潜在和现实的制度需求，现行的通关便利化制度安排在约束制度成本方面又存在怎样的阻碍亟待突破，我国海关通关便利化法律制度变迁过程中路径依赖遗留的低效率因素如何矫正和创新完善，等等。第二，制度经济学的理论方法在一定程度上为我们创新完善通关便利化法律制度提供了一个较为清晰的框架和范本，即我们创新发展的通关便利化法律制度应当是一个能够继续约束通关活动交易成本、提升海关执法和贸易商进出口效率的制度框架，是一个能够矫正通关活动中信息不对称和不完全、促进关企互信互赖的制度框架，等等。第三，相较于法学定性分析的突出色彩，制度经济学包括新古典主义经济学运用数学、统计学的计量、定量分析方法可以弥补法学理论在定量分析方面的不足。[①]

（二）制度经济学能够弥补传统的“法哲学—法规范—法实践”范式研究选题的不足

传统的法学理论在研究问题的过程中，往往将法学问题分为法哲学（理论）、法规范和法实践三个维度，从三个维度的互动关系角度探究问题的表象和根源。长期的法学研究实践表明，学者在发现、分析法学问题的时候，往往由表及里地从法律实践入手，发掘现实中的法律问题和困境，然后通过对法律规范（现行立法）的考察研究，最终深入法哲学的理论根源阐释问题本质。[②]在解决问题的时候学者则一般按照“由里及表”的思路，在理论上解决根本性问题，通过对法律规范（现行立法）的完善，最终实现对法律实践中现实问题的完善。按照这样一种法学的理论研究方法，在对通关便利化法律制度进行研究的过程中，可以将通关便利化法律制度的理论、规范和实践问题贯穿统一，从现实的通关便利化效果不显著入手，考察通关法律规范的情况和现存问题，最终进行海关法学理论层次的探讨。然后，从海关法学的理论层次阐

① 参见钱江：《新制度主义经济学对我国法学研究方法创新的启示》，载《浙江工业大学学报（社会科学版）》2009年第4期。

② 参见陈瑞华：《论法学研究方法》，法律出版社2017年版，第58页。

释并解决根本问题，进行通关法律规范的完善，最终强化凸显便利化的通关效果。

从整体上讲，这样的一种“理论—规范—实践”的法学研究方法法律逻辑严密，层次清晰，也能较为有力地论证问题，但其不足表现如下：一是法律实践中通关便利化效果不明显的标准不易把握；二是将法规范中的问题（以及完善方案）与法实践中的问题（以及预期的完善设想）进行联系时，难以有力地论证和阐释这种联系；三是我国法学的基础理论较为薄弱，①特别是现阶段海关法学的部门法理论相较于解释学较为发达的民法解释学、刑法解释学而言薄弱性更为突出，②在深入海关法学理论时难以凭借通说的理论观点和框架进行所谓“本质问题”的有力探讨。

相较之下，运用制度经济学的理论方法对我国海关通关便利化法律制度进行研究，具有如下优势。第一，制度经济学的交易成本理论提供了探讨通关便利化法律制度实践过程中便利化不足的标准和依据；第二，制度经济学是将制度（规范）与制度运行（经济活动）相联系进行制度研究的理论方法，运用制度经济学研究通关便利化法律制度，能够分析当前制度安排下通关便利度不足、成本偏高、效率偏低背后的制度原因以及论述如何通过创新通关便利化法制度提升制度运行和贸易便利的效果；第三，相较于较为新兴、尚显薄弱的海关法学理论体系，制度经济学的理论体系较为成熟，能够为制度的分析和创新提供更有说服力的论证。

（三）制度经济学能够弥补传统法价值理论研究选题的不足

法律价值或称法价值，“是主体通过认识、评价和法律实践促使法律适应、满足和服从主体的内在尺度而形成的法律对主体的从属关系。”③诚如有学者所言，“法律本身作为一种减少浪费和阻碍的价值工程学，其作用就在于通过缓和主体间的权利冲突的方式，缓解主体间的利益冲突。法律本身与权

---

① 参见陈瑞华：《论法学研究方法》，法律出版社2017年版，第6页。

② 参见万曙春：《我国海关法研究的基本状况和发展趋势综述》，载陈晖主编：《海关法评论》第1卷，法律出版社2010年版。

③ 谢鹏程：《基本法律价值》，山东人民出版社2000年版，第6页。

利、利益的冲突相伴,并在其中塑造各种'价值工程'"。[①] 传统上,法学理论在研究法律问题的过程中,一般运用自由、公正和秩序等法律价值对问题进行理论分析,将研究的问题置于一个抽象的价值冲突与调和的框架中进行探讨。[②] 在这样一种法价值的理论研究框架中考察通关便利化法律制度,可以清晰地看到,海关通关便利化法律制度是在协调基于国家安全、公共安全和贸易安全的目标建立的海关监管秩序同贸易商以"意思自治"、"契约自由"和"产权绝对"为基石建立的私法自由之间的价值冲突。也就是说,通关便利化法律制度的研究,实质上是在研究一种对秩序价值与自由价值进行协调的法律制度,用便利化的法律制度在保障实现秩序价值的基础上,最大限度地减少对自由价值的减损。

尽管将传统法学理论这种法价值分析法运用于我国海关通关便利化法律制度的研究可以在一定程度上明确该法律制度的价值定位,为问题的探索和解决明确价值导向,但是其不足之处在于:其一,较为抽象,难以同具体的现实问题紧密结合;其二,研究的视域和框架过于宏观,对微观的细节问题难以准确捕捉;其三,法价值更多地强调一种法的理论构想,难以充分论证具体的实践方案和路径;[③]其四,法价值分析一般都需要辅助性的理论作为研究工具,不能独立地作为一种理论工具进行问题研究。相较之下,运用制度经济学的理论方法研究我国海关通关便利化法律制度,具有如下优势:第一,该理论方法可以考究海关通关便利化法律制度的产生、演变以及对现实的进出口贸易活动降低成本作用的机理,是一个研究现实问题的理论方法;第二,制度经济学研究海关通关便利化法律制度,既关注制度的宏观效果以及均衡情况,也关注制度在微观上对海关和贸易商通关交易成本的约束情况,有利于研究捕捉细节问题;第三,制度经济学作为一种较为系统的理论研究工具,为我国海关通关便利化法律制度的创新安排提供了基本路径和方案指引。

---

① 参见谢鹏程:《基本法律价值》,山东人民出版社 2000 年版,第 39 页。

② See Zarina N. Ibragimova et al. , *Legal Value Orientations as Basic Category of Law Students' Legal Culture*, SHS Web of Conferences, Vol. 50, p. 1 – 4(2018).

③ 参见钱江:《新制度主义经济学对我国法学研究方法创新的启示》,载《浙江工业大学学报(社会科学版)》2009 年第 4 期。

（四）制度经济学能够弥补传统单一部门法理论研究选题的不足

单纯的传统部门法学理论对海关通关便利化法律制度的研究也显得捉襟见肘。结合本书的性质和关涉领域，海关通关便利化法律制度研究作为海关法学这样一门具有综合属性法律部门下的具体制度研究，①一般可以通过行政法学理论、宪法学理论、民商经济法学理论、刑法学理论以及国际贸易法学理论进行研究。然而，众所周知，我国的法学领域存在比较严重的碎片化现象，具体表现就是：第一，在整个法学理论中，缺乏一个统辖性的理论将各部门法串联起来。比如，在民法中，法律关系理论居核心地位；在刑法中，犯罪构成理论与“法益说”起重要作用；在行政法中，法律行为理论为人们所崇尚。各部门法大多自说自话，各行其是，导致我国的法学理论体系性不够。第二，某些部门法内部也缺乏条理性，各组成部分之间交叉、重复甚多，难以形成完美的体系。② 由此来讲，通过选取多个部门法学的基础理论作为工具开展本书研究的不足之处具体如下：一是每个部门法学理论均有其各自研究的核心命题，同时运用于海关通关便利化法律制度研究时，往往会导致主题分散，研究的主线和思路不清晰；二是多个部门法学理论之间的协调性和融合性本身有待强化，在理论的对接过程中会产生较多的摩擦成本，降低研究的效率。

相较之下，运用制度经济学的理论方法研究海关通关便利化法律制度，能够另辟蹊径地避开传统部门法学理论之间的冲突之处以及协调多部门法学理论的困难。以制度经济学方法为主线对通关便利化法律制度加以探索，结合必要的行政法学、宪法学、民法学等部门法学理论观点，能够更好地集中研究力量而非在研究的过程中分散力量到对部门法理论分歧的辨析和解释之中。

综上所述，传统的法学理论在研究海关通关便利化法律制度过程中的不足总体上表现如下：一是定性研究、抽象研究、价值性研究明显，定量分析不

---

① 参见陈晖：《海关法是一门什么性质的法？——综合性海关法概念之提倡》，载《上海海关学院学报》2008 年第 2 期。

② 参见陈锐：《法律关系理论溯源与内容重塑》，载《政法论丛》2020 年第 6 期。

足；二是传统的法学理论，无论是法理学还是部门法哲学，原理性强但方法性较为薄弱；三是单纯地在法学理论体系中探讨法律制度的问题，极易陷入故步自封的理论研究怪圈。①

鉴于此，本书选择了制度经济学的理论工具，它能够在很大程度上弥补传统法学理论对该选题研究的不足。其一，制度经济学的理论不仅进行定性分析，也进行定量探讨，能够增强问题研究的说服力；其二，制度经济学是一套相对完善的理论体系，有较为成熟的原理体系和方法论架构，为在海关通关便利化法律制度研究中发现问题、分析问题和解决问题，提供了方法性的指南和重要的理论论据；其三，制度经济学作为经济学中重要的分支学科，以制度为研究对象，与法学研究中关于法律制度问题的研究具有广泛的交叉领域。将制度经济学的理论成果和理论方法运用于海关通关便利化法律制度的研究和分析，能够突破学科壁垒造成的“闭门造车”，增强法学学科对法律制度问题研究和论证的证明力。近年来，以经济学的原理和方法分析法学问题已渐成趋势，在经济学方法的指导下研究法学问题也渐渐形成了一种较为特色化的法学研究新方法。② 应当这样说，在依托传统法学理论分析梳理通关便利化法律制度调整下的关系框架、规范结构以及价值导向并以此为基础对制度类型、制度要素以及制度目标进行明确的基础上，运用制度经济学理论发现、分析和论证问题能够与传统法学理论形成有力互补，相得益彰。

二、能够提供研究通关便利化法律制度的科学理论和系统方法

（一）制度经济学揭示了通关便利化法律制度研究的核心问题

1. 制度经济学理论揭示了“便利化”这一核心概念的本质

第一，制度经济学理论揭示了“便利化”实质上就是“效率”问题。当我们认为一种给定的制度安排和制度结构下的交易相较于其他制度安排结构下的交易更“便利”时，往往表现在这种“便利”的交易中，相较于其他制度安排，

① 参见钱江：《新制度主义经济学对我国法学研究方法创新的启示》，载《浙江工业大学学报（社会科学版）》2009 年第 4 期。

② 参见张功：《法学研究的理论与方法》，中国政法大学出版社 2016 年版，第 247 页。

交易主体可以更低的成本获得同样的交易收益，或者付出相同的交易成本得到相较于其他制度安排更大的交易收益。[①] 诚如林毅夫所指出的，“在生产和交易成本给定的情况下，能提供较多服务的制度安排是较有效率的；或者两种制度安排提供的服务相等，费用较低的制度是较有效的”[②]。反过来说，如果一种给定的制度安排下，交易主体可以相较于其他制度安排更低的成本获得同样的收益，或者支付同样的成本获得更大的收益时，我们也可以认为这种制度安排下的交易更加“便利”。简言之，所谓的“便利化”，是指在成本相对确定的情况下收益更高，或者在收益相对确定的情况下成本更低的一种高效率的交易状态。在本书研究的语境下，便利化是指海关通关的各方主体在通关的过程中，能够各自以最小的成本实现追求的最大化的收益的一种高效率的通关状态。此时，贸易商和海关等主体在通关环节仅需付出较小的成本即可完成通关工作，通关环节对整个贸易流程中总成本的增加将不产生显著影响。[③]

第二，从制度经济学的理论进行考察时，“便利化”既是制度设计实施的初衷也是评价制度优良的重要标准。[④] 制度（包括法律制度）设计实施的初衷在于给交易中的各方主体提供一个交易的框架来约束各方主体的行为，从而降低交易的不确定性，降低交易成本。[⑤] 换言之，制度设计实施的初衷即便利各方主体之间的交易活动，提升交易效率。因此，在评价一个制度的优劣时，重要的标准就是考察在这样的一个制度框架下进行现实交易时即该制度运行实施时，各方交易主体的不确定性是否降低，交易成本是否降低，交易的效率是否提升，各方主体是否获得了便利，即考察制度与交易之间是否适应、多大程度上适应的“适应性效率”问题。[⑥] 在本书研究的语境下，设计实施通关便利化法律制度的初衷在于降低通关交易过程中各方主体之间的不确定性，降低交易成本，提升通关的效率，便利各方主体。更重要的是，当我们考

---

① 参见袁庆明：《新制度经济学》，中国发展出版社2005年版，第261～262页。

② 林毅夫：《关于制度变迁的经济学理论》，载R.科斯等：《财产权利与制度变迁——产权学派与新制度学派译文集》，上海三联书店、上海人民出版社1994年版。

③ 参见何力：《世界海关组织及法律制度研究》，法律出版社2012年版，第170～171页。

④ 参见洪名勇主编：《制度经济学》，中国经济出版社2012年版，第313页。

⑤ 参见胡乐明、刘刚：《新制度经济学》，中国经济出版社2009年版，第12页。

⑥ 参见朱京安：《中国绿色贸易壁垒法律制度研究》，人民出版社2018年版，第150页。

察这样的法律制度是否存在问题、为何会存在问题以及如何改善这些问题时，重要的标准是在现行的通关便利化法律制度运行实施中也即在现行的制度框架下各方主体通关交易的过程中，交易的不确定性是否降低，交易成本是否降低，交易的效率是否提升以及各方主体是否获得便利。

2. 在制度经济学的理论框架下“海关通关”是本书研究的核心交易过程

当我们将“交易”理解为“人与人之间的交互行为”①时，海关通关的过程即包括海关和贸易商等在内的各方主体之间发生各种交易的过程。在制度经济学的理论框架下，海关通关交易需要明确以下几个方面的重要内容。

第一，海关与贸易商之间的通关交易是基础性和核心的交易过程，围绕这一交易还包括许多重要的相关交易过程，包括海关与贸易商通关争议解决的交易过程，海关与贸易商通关法律监督的交易过程，海关与贸易商法律责任追究的交易过程，为以上交易过程设计改善制度而衍生的交易过程，等等。

第二，海关与贸易商通关交易的主要内容包括宏观和微观两个层面的内容。在宏观上，海关与贸易商之间交易的是贸易安全和贸易自由所代表的利益。海关需要保障贸易安全，需要获取贸易安全所代表的利益。贸易商需要贸易自由，需要获取贸易自由所代表的利益。因此，在通关交易的过程中，贸易商辅助海关实现贸易安全利益，海关给予贸易商通关放行实现其贸易自由。② 在微观上，海关与贸易商之间交易的是贸易商向海关提交进出境商品的相关信息，接受海关对商品的查验，依法依规向海关缴纳关上税费，即将自身置于海关对进出境商品信息、物流和税费的管控之下，以此获得海关的通关放行许可。

3. 在制度经济学的理论框架下，“法律制度”是本书研究的主要对象

通过制度经济学的理论工具研究“法律制度”，研究能够使海关通关交易过程更加便利化的“法律制度”，主要包括以下几点。

第一，海关通关便利化法律制度在类型上，主要包括成文法下的法律制度和不成文法下的法律制度，即制定法型的法律制度和政策型的法律制度。同

---

① 朱京安：《中国外贸法律制度变迁研究：以制度主义为视角》（第 2 版），人民出版社 2008 年版，第 82 页。

② 参见严玉康、陈文珊：《AEO 制度概论》，立信会计出版社 2018 年版，第 33～35 页。

时,几种类型的法律制度之间也存在一定的相互交流和制度转化机制。在作用于海关通关交易的过程中时,政策型的法律制度一般较为灵活,一方面可以做顶层设计和宏观指引,另一方面可以对海关通关改革创新进行前期制度探索。成熟的政策型法律制度可以通过一定的转化机制,成为制定法型的法律制度。与此同时,基础性的制定法型法律制度为政策型法律制度的设计实施提供了框架和必要的约束。

第二,结合制度经济学中制度构成的基本要素,海关通关便利化法律制度主要是通过国家机关有意识生成的正式制度和相关的实施机制。① 国家立法、行政机关制定的成文法型的和政策型的通关便利化的法律制度以及国家司法机关通过判例生成的通关便利化法律制度,均属于制度经济学中的正式约束。正是约束在规范海关通关便利化的交易过程中发挥着重要和显著的作用。同时,对于法律制度的实施及其机制问题也同样十分重要。"徒法不足以自行","法律的生命在于实施",通关便利化法律制度体系为现实的交易过程搭建了清晰的行为框架和选择集合,尽可能地降低交易的不确定性、降低交易成本。法律制度的实施问题,说到底是这一制度框架运行的过程以及制度价值实现的过程。② 制度的实施需要关注制度运行中交易成本的降低问题以及制度框架本身的自我修复和完善的问题。

第三,海关通关便利化法律制度通过限定各方主体交易中的选择集合来实现对交易成本的降低。③ 通关便利化法律制度为海关与贸易商之间的通关交易提供了便利化的行为框架,包括海关各项监管活动的行为模式以及贸易商各项权利行使和义务履行的行为模式。各方主体遵从既定的行为模式展开交易活动,能够有效地降低交易成本。

第四,海关通关便利化法律制度约束各方主体行为的作用机理在于其能作用于各方主体在交易时的决策过程。行为主体的决策过程受到动机和对环境

---

① 参见[美]道格拉斯·C.诺斯:《制度、制度变迁与经济绩效》,杭行译,上海人民出版社等2014年版,第43页。

② 参见冉井富:《从法律条文到法律实施——倡导法学研究重心适时转向》,载刘作翔主编:《法律与社会论丛第1卷:法律实施的理论与实践研究》,社会科学文献出版社2012年版。

③ 参见胡乐明、刘刚:《新制度经济学》,中国经济出版社2009年版,第12页。

的辨识两方面因素的重要影响。① 而有效的海关通关便利化法律制度能够约束各方行为体的行为动机,促使各方主体依法行事,尽量减少和避免任何主体有进行违法的冲动和“钻空子”的博弈;同时,有效的通关便利化法律制度能够降低各方主体有限理性之下导致的通关交易成本提升,为各方主体在辨识环境,获取、分析和反馈信息的过程中提供便利。

(二)制度经济学提供了研究通关便利化法律制度的科学视角

1. 制度经济学的理论方法提供了发现通关便利化法律制度问题的科学视角

第一,通过制度供需理论,我们可以从制度均衡与非均衡的角度出发,研究在我国当前国际贸易形势之下,海关、贸易商以及供应链上其他各方主体的预期潜在利益及其对便捷高效的通关和创新海关通关便利化法律制度的潜在和现实需求,进而发现我国当前的通关便利化法律制度存在潜在的制度安排但尚未转化为现实,制度供给未能充分满足制度需求。

第二,通过交易成本理论,我们可以从制度的设计和实施成本的角度,发现我国当前通关便利化法律制度的创设和运行存在较高的交易成本;为更加有效、高效地供给便利化的通关制度以顺应贸易发展的趋势和要求,我们亟须通过调整通关便利化法律制度供给本身的制度安排以及在该法律制度实施过程中进行一系列机制探索创新,约束其中的交易成本。

第三,通过制度变迁理论,我们可以发现我国海关通关便利化法律制度在长期演化过程中存在明显的路径依赖现象,并发现其中长期存在的束缚我国海关通关便利化法律制度大胆创新的低效率因素,以此为解决问题廓清方向并奠定基础。

2. 制度经济学的理论方法提供了分析通关便利化法律制度问题成因的科学视角

第一,从制度供需理论的角度出发,在分析我国当前海关通关便利化法律制度供给不足的原因的过程中,我们可以沿着这样一种思路进行探讨,即

① 参见[美]道格拉斯·C. 诺斯:《制度、制度变迁与经济绩效》,杭行译,上海人民出版社等2014年版,第23页。

随着我国外贸总量的增大和国际贸易地位的提升、我国外贸体制的不断改革创新以及世界贸易秩序逆全球化、单边主义、保护主义的影响等一系列外部环境的变化,[①]激发出我国海关和贸易商等主体对更加便捷高效通关的利益需求,存在对实现更加便捷高效通关的新型通关便利化法律制度的潜在需求和潜在供给;潜在的需求在一定条件下会转化为现实需求,而后潜在的供给在一定条件下会转化为现实的供给,在现实供给实现前,供给都是不足的。因此,供给不足的原因正蕴含在潜在需求向现实需求转化以及潜在供给向现实供给转化的有关"特定条件"之中。例如,海关、贸易商等制度主体是否将"更加便捷高效的通关需要"与"制度的创新"联系在一起,对现行制度的"小修小补"能否在一定程度上或者说很大程度上缓解制度主体"更加便捷高效的通关需要",在对新型通关便利化法律制度现实需求的情况下制度供给主体是否有意愿、是否有充分的能力有效地供给相应的法律制度,等等。

第二,从交易成本理论的角度出发分析我国海关通关便利化法律制度设计实施成本偏高的原因的过程中,一方面,可以从信息不对称和信息不完全的角度分析制度设计实施成本较高的原因。例如,通关便利化法律制度的设计者在设计制度的过程中,可能无法充分掌握当前和预期发展的全部贸易信息,对已掌握的贸易信息在分析处理并设计制度的过程中基于有限的制度设计能力,可能也无法精确无误地设计出针对现实贸易需要的法律制度,对于设计出的法律制度在进行阐释和表达的过程中也很可能无法与制度设计的初衷充分契合。与此同时,制度的实施者包括海关和贸易商等主体在实施制度的过程中,可能获取制度信息的渠道较为狭窄,对制度信息的理解存在分歧、模糊以及基于制度可能存在的漏洞和机会主义动机进行权力寻租和违法博弈等,这些都有可能导致制度的设计和实施成本偏高。另一方面,可以从制度与交易成本关系的角度探讨当前我国海关通关便利化法律制度的设计实施缺乏何种制度约束和保障机制。这里主要是考虑到我们可能还没有一个相对更为完善的制度约束和保障机制来保障通关便利化法律制度的高效设计以及在设计之后的高效实施。这可能也是我国海关通关便利化法律制

① 参见刘汉涛:《未来全球经贸格局与我国外贸环境前瞻性分析》,载《人民论坛·学术前沿》2018 年第 11 期。

度设计实施成本偏高的又一原因。

第三,从制度变迁理论的角度出发分析我国海关通关便利化法律制度路径依赖现象明显的原因,有以下思路:其一,我们可以考虑在每一次的制度创新和变迁过程中,变迁主体是否意识到制度的演化中存在或者说长期存在一些低效率因素;其二,制度变迁主体是否为削减认识到的一些低效率因素进行了有效尝试和努力,还是任由其在变迁中自我强化并存在锁定之虞;其三,就既得利益的层面而言,制度变迁的过程中,变迁主体是否能够突破或者在一定程度突破既得利益对制度变迁和创新的影响。这些因素可能均是我国海关通关便利化法律制度变迁路径依赖明显的原因之一。

(三)制度经济学奠定了通关便利化法律制度创新的理论基础

我国海关通关便利化法律制度创新,是在借助制度经济学的科学理论方法进行制度分析研究的基础上,结合供需理论、成本理论以及变迁理论等对通关便利化法律制度存在问题原因的探索,明确了制度创新的方向,即结合问题成因"对症下药"并为创新方案的论证提供了必要的理论支持。总体来讲,通过制度经济学的理论方法,我国海关通关便利化法律制度在当前国际贸易纷繁变化和迅猛发展相并存的背景下,[①]应当增强制度供给,约束制度设计实施的交易成本并对制度长期变迁过程中明显的路径依赖现象进行矫正,尤其要重点规制其中的低效率因素,使我国的通关便利化法律制度冲破路径依赖中低效因素的束缚,避免陷入锁定。

1. 增强制度供给

结合制度供需理论中关于"制度潜在需求—现实需求—潜在供给—现实供给"的理论,[②]首先,需要清楚当前的国际贸易发展对我国的海关通关便利化法律制度提出了怎样的新要求;其次,需要认识到尽管我国的海关通关便利化法律制度已将通关的便利化水平进行了一定的提升,但就国际贸易不断发展的新要求而言仍需要不断创新;再次,我们需要从人才培养、财政支持等

---

① 参见巨洁瑾:《全球贸易格局演变的新趋向与中国的应对策略》,载《知识文库》2020 年第 17 期。

② 参见洪名勇主编:《制度经济学》,中国经济出版社 2012 年版,第 146 页。

诸多方面提升制度供给的能力；最后，也是最重要的，我们需要从主观方面增强制度供给主体积极创新制度的主观意愿。

2. 约束交易成本

结合交易成本理论中关于"制度作用于矫正信息不完全、信息不对称，增强交易确定性"的理论认识，①我国海关通关便利化法律制度在应对和完善制度设计实施成本较高的问题上，首先，应当为通关便利化法律制度的设计本身创设一个高效的制度约束框架，即立法的制度约束、政策生成的制度约束以及判例生成的制度约束，以矫正海关通关便利化法律制度设计中信息不完全、不对称带来的交易成本；其次，可以考虑建立制度设计与制度实施之间的联动机制，以增强制度实施过程中交易成本向设计端转移，约束实施中的交易成本。另外，可以考虑增强制度实施过程中的自治性，也即制度设计者更多地设计一些自治性成分较高的通关便利化法律制度，以增进制度实施主体包括海关和贸易商在现实的通关交易过程中，对便利化制度框架的自主选择和安排，从而让实施中的通关便利化法律制度更加契合实施主体也即交易主体的需要，高效地降低交易成本。

3. 减缓路径依赖

结合制度变迁理论中"既得利益以及制度扩张带来制度自我强化并由此产生路径依赖"的理论认识，②首先，我国海关通关便利化法律制度在创新的过程中应当注重贯彻发展新的制度理念；其次，我国海关通关便利化法律制度在创新的过程中应当注重探索发展新的制度模式；最后，也是最关键的，结合国家"放管服"的政府发展理念和职能转变要求，加强对海关权力的规范和约束，避免海关在一定的制度框架下产生既得利益并束缚制度的进一步创新发展。

三、能够在经济发展中研究通关便利化法律制度的现实性问题

运用制度经济学的理论方法研究我国海关通关便利化法律制度，是从

---

① 参见胡乐明、刘刚：《新制度经济学》，中国经济出版社 2009 年版，第 12 页。

② 参见汪洪涛：《制度经济学：制度及制度变迁性质解释》（第 2 版），复旦大学出版社 2009 年版，第 137 页。

“制度与经济运行”这样一种制度经济学重要的理论领域的角度，将海关通关便利化法律制度置于我国外贸经济增长的社会现实环境和语境中进行研究，以增强制度研究的现实意义，避免单纯地落入“将海关法制度理论输入海关法规范建设”的坐而论道之中。①

（一）制度经济学可以反映通关便利化法律制度在经济增长中的作用

制度经济学研究的重点对象是制度对经济生活的作用，也即制度如何促进经济的增长。实际上，制度促进经济增长、带来经济主体利益的增加的机理无外乎蕴含在“制度”、“行为选择”和“交易成本”三方面的关系之中。② 对于一个微观的交易活动而言，交易双方达成的契约（理想中完美的契约情形）为各自的行为选择提出了明确要求并提供了行动指南，双方均可以在清晰的契约框架下进行交往，这样的契约也增进了双方对对方行动的预测并保障了双方对契约的履行，最终各自的利益均可以在契约的履行中得到实现。在制度经济学中，制度与契约本质上都是一种约束、一种行为安排，契约是一种微观上交易方的制度，制度也是一种宏观上交易方的契约。③ 从这个意义上讲，海关通关便利化法律制度就是一项社会宏观上海关与贸易商之间达成的“契约”；在这项契约之下，海关和贸易商可以明确自身的职责义务、权力和权利并互相形成清晰的行动预测，最终海关与贸易商各自的利益均可以得到实现：海关履行了国家关上税收和贸易安全保障的职能，贸易商高效率的通关降低了贸易成本、获得更大的利润，外贸经济得以快速优质发展。

沿着这样一种思路我们可以发现，其一，海关通关便利化法律制度促进外贸经济增长的作用机理实际上是通过制度限定了海关与贸易商的选择集合，为通关交易带来清晰结构和预测，降低通关交易的不确定性、降低交易成本，最终实现交易利润并实现外贸经济增长。其二，设计这样“完美”的海关通关便利化法律制度必然是要耗费成本的，而且设计出来的海关通关便利化法律制度极有可能也是不完美的，能力有限的海关和贸易商在实施这一海关

---

① 参见朱京安：《中国外贸法律制度研究：以制度主义为视角》，人民出版社2008年版，第82页。

② 参见卢现祥主编：《新制度经济学》（第2版），武汉大学出版社2011年版，第273～274页。

③ 参见贺卫、伍山林主编：《制度经济学》，机械工业出版社2003年版，第59页。

通关便利化法律制度的过程中也必然会耗费成本(如理解制度的成本),而且制度的实施也可能是不完美的(如违反制度),那么就会导致在这样的海关通关便利化法律制度框架下进行通关交易时,不仅会增加大量的海关通关便利化法律制度设计实施成本,而且不够完美的海关通关便利化法律制度对原本的通关交易成本(相较于无制度情况下的通关交易成本)的约束也不能达到预期目标,因而如何约束海关通关便利化法律制度设计实施的成本,成为海关通关便利化法律制度能否高效率地约束交易成本、促进外贸经济增长的关键。

(二)制度经济学研究通关便利化法律制度更加契合现实经济的需求

制度经济学就是紧密结合经济现实需要发现制度不完善性并不断加以应对和解决的理论方法。① 当前,国际贸易秩序逆全球化、单边主义、保护主义抬头,国际经贸关系的不稳定对国际贸易体系造成明显冲击,我国的自贸港建设、"一带一路"倡议实施机遇与挑战并存等,均对我国的海关通关便利化法律制度提出了新的要求,需要我们对制度加以创新和完善。例如,在以美国为代表的国际经贸逆全球化背景下,我国为缓解国际市场压力继续扩大外贸增长,需要开辟更多的新兴发展中国家市场特别是"一带一路"共建国家市场,需要通过更加优化的通关便利化法律制度约束同这些国家市场间外贸往来中的通关成本,降低通关环节对国际贸易快速发展的阻碍,提升彼此间外贸合作的效率。再如,在我国外向型经济创新发展探索对标国际的自贸港建设的过程中,积极探索通关便利化法律制度创新,以通关便利制度创新引领港区外资、外汇、金融、税收和营商等其他制度创新安排,符合我国自贸港建设的功能定位和现实需要。面对我国外贸经济现实发展的需要,我们需要不断增强海关通关便利化法律制度的供给,不断约束海关通关便利化法律制度的设计实施成本,同时缓解制度变迁过程中长期路径依赖的低效率制度因素。最终,这些创新的思路和安排的落脚点就在于不断地使我们的通关便利化法律制度能够与经济发展的现实相契合。

---

① 参见朱京安:《中国外贸法律制度变迁研究:以制度主义为视角》,人民出版社2008年版,第83页。

第三节 运用制度经济学研究通关便利化法律制度的路径

制度经济学作为一套以制度和制度与经济活动关系为研究对象的理论方法体系，在研究海关法学通关便利化法律制度的过程中，能够弥补传统法学理论的不足，能够提供发现问题、分析问题和论证问题的视角和理论基础，[①]更能实现将海关通关便利化法律制度的研究置于我国外贸经济发展的现实环境中进行探讨，具有重要的学术应用价值。在此基础上，本书主要选取制度经济学的制度供需理论、交易成本理论和制度变迁理论分别从宏观、微观和历史观的维度对我国海关通关便利化法律制度进行系统研究，这里我们应当明确运用供需、成本和变迁三种制度经济学的理论方法研究我国海关通关便利化法律制度的具体路径。

一、运用制度供需理论分析通关便利化法律制度的供求关系

制度供需理论为分析我国海关通关便利化法律制度的供求关系提供了重要的思路导引。第一，制度供需理论从制度的需求侧和制度的供给侧对现行制度问题进行一种宏观的检视和探讨。第二，制度供需理论研究的起点在于制度的非均衡问题，是一种从制度和制度主体利益间关系入手研究制度的理论方法。第三，在制度供需理论的均衡与非均衡问题中，外部环境变化带来制度框架的外部利润，为研究制度供需提供了切入点。第四，在制度供需理论以及制度非均衡状态下，潜在的制度需求转化为现实的制度需求一般需要满足一定的条件。第五，现实的制度需求并不一定会带来现实的制度供给，制度的现实供给一般取决于供给者的供给能力和供给意愿。[②] 第六，制度

① 参见陈瑞华：《论法学研究方法》，法律出版社 2017 年版，第 6 ~7 页。

② 参见卢现祥主编：《新制度经济学》（第 2 版），武汉大学出版社 2011 年版，第 179 页。

供给不足作为一种制度供给的“时滞”问题,可能产生制度主体无法适应外部环境变化带来的利益满足的需求以及在现实制度框架下的交易成本相对较高等负面影响。①

本书运用制度供需理论分析我国海关通关便利化法律制度的供求关系,一是总结当前我国海关通关便利化法律制度供给既已取得的主要成就;二是依托现实的外贸环境发展归纳当前我国海关通关便利化法律制度供给相对不足的主要表现及其负面影响;三是分析制度供给不足的主要原因;四是提出并论证增强我国海关通关便利化法律制度供给的主要方案。

(一)总结现行通关便利化法律制度在供给方面取得的成就

近年来,随着我国海关现代化建设步伐的加快以及全面深化改革工作的部署实施,进出口贸易的海关通关领域也在不断深化、改革创新并取得了一些主要成就。这具体表现在,第一,增强了新型通关模式的制度供给,如全国通关一体化模式的制度供给、关检融合模式的制度供给、“两步申报”模式的制度供给,等等。第二,信息化通关方式的制度供给,如随着跨境电子商务近年来的蓬勃发展,碎片化、信息化、低值高频次的小额与零售贸易逐渐成为我国外贸结构中新的增长极。② 为此,海关总署联合国务院相关职能部门部署了契合电子商务发展新需求的信息化通关方式,如“三单传输”“清单核放”“汇总申报”等。③

(二)归纳现行通关便利化法律制度供给不足的表现并分析成因

我国海关通关便利化法律制度供给不足的核心表现是现行的制度供给无法充分满足、适应新形势下海关和贸易商通关实践中不断增长的贸易监管和贸易便利需求。尽管我国不断发展完善便利化的通关法律制度供给,但是

---

① 参见卢现祥主编:《新制度经济学》(第2版),武汉大学出版社2011年版,第181~182页。

② 参见于立新主编:《跨境电子商务理论与实务》,首都经济贸易大学出版社2017年版,第6~10页。

③ 参见白东蕊:《跨境电商试验区通关便利化的创新实践路径》,载《对外经贸实务》2020年第12期。

相比于更加快速发展的贸易需求，仍旧显得供给不足。

整体上讲，我国的贸易总量在逐年增加、贸易关系逐步复杂化、贸易类型逐步多元化、贸易方式更加现代化、贸易需要应对的挑战不断加大、贸易受到突发公共事件的冲击也越发明显，[①]这些现实背景均对我国外贸中的海关通关监管和通关便利化法律制度提出了新的现实要求。具体而言，我国海关通关便利化法律制度供给不足主要表现在：第一，现行制度未能充分满足我国外贸总量增长带来的新需求；第二，现行制度未能充分适应我国电商零售贸易产生的新冲击；第三，现行制度未能充分同步我国外贸体制创新发展的新规划；第四，现行制度未能充分契合我国外贸关系复杂化后的新需要；第五，现行制度未能充分应对我国外贸压力上行带来的新挑战。

制度的供给取决于政治秩序提供新的安排的能力和意愿。[②] 由此，我国海关通关便利化法律制度供给不足，有以下两个方面因素。一方面，制度供给主体供给制度的客观能力受到了制约，如有限的知识积累的制约，有限的制度设计水平的制约，有限的制度效果预测能力的制约，有限的人才储备制约，等等。[③] 另一方面，制度供给主体供给制度的主观意愿受到了制约，如高昂的制度供给成本对供给意愿的制约，突破既有的制度框架所带来的预期净利益，对此的充分预见对制度供给意愿的制约，等等。[④]

（三）分析现行通关便利化法律制度供给不足的负面影响

我国海关通关便利化法律制度供给不足的负面影响主要如下。第一，海关通关便利化法律制度供给不足，限制了我国海关通关业务的便利化开展，海关和贸易商之间的通关效率降低。通关过程缺乏充分有效的便利化制度框架，导致各方主体的交易过程无法充分高效地开展。第二，海关通关便利化法律制度供给不足，导致海关国际贸易管理在外贸环境中矛盾突出，阻碍

① 参见赵政旭：《我国国际贸易面临的新挑战及其对策探讨》，载《企业改革与管理》2020 年第 20 期。

② 参见朱京安：《中国外贸法律制度变迁研究：以制度主义为视角》，人民出版社 2008 年版，第 33 页。

③ 参见胡乐明、刘刚：《新制度经济学》，中国经济出版社 2009 年版，第 300 ~ 301 页。

④ 参见王自力：《对公用事业民营化趋势的制度供求分析》，载《财贸经济》2004 年第 10 期。

了我国进出口贸易的现代化发展进程。现代化的进出口贸易应当配设便捷高效的海关监管流程,尽量降低贸易商在通过过程中的各项交易成本,促进国际贸易快速发展。通关便利化法律制度供给不足,导致通关效率迟迟得不到大幅度提升,贸易安全与贸易自由的矛盾、有限海关力量与日益增长的监管压力矛盾等突出,无疑会延缓贸易现代化的发展进程。第三,海关通关便利化法律制度供给不足,削弱了我国国际贸易在全球的竞争力。制度供给不足导致通关过程不能充分便利,通关给贸易活动制造和增加的成本显著,计入贸易总成本后会削弱我国外贸的国际竞争力。

(四)提出增强通关便利化法律制度供给的完善方案

整体而言,应当增强我国海关通关便利化法律制度的供给。第一,加强对通关便利化法律制度供给本身的制度约束,完善我国海关通关便利化法律制度的立法体制、政策制定体制。强化制定法型的法律制度和政策型法律制度之间的联动供给,以政策型法律制度为先导,先行先试;以制定法型法律制度为巩固,固定成熟的经验做法并为政策提供必要的创制框架。第二,加强对便利化法律制度价值的供给。便利化的价值理念是贯穿我国海关通关便利化法律制度供给的主线,强化这一价值理念在我国海关基本法上的供给,有助于对制度体系发挥提纲挈领的效用。第三,建立"自下而上"的法律制度供给保障机制,以制度实施为核心,"从实践中来、到实践中去",以前沿现实问题为导向,对于海关和贸易商在法律制度实施过程中较为成熟的经验做法逐级或直接上升为国家高位阶法律制度进行输出供给,并保障法律制度"自下而上"上升过程中的路径畅通。

二、运用交易成本理论分析通关便利化法律制度的设计实施成本

"交易成本",也称"交易费用",是主体之间发生交互行为时所支付的代价,既包括了交易主体本身支付的代价,也包括了交易主体以外潜在社会所支付的代价。考察成本问题是考察效率问题的关键,因为效率问题很大程度

上是在收益一定的情况下的降低成本问题。[①] 另外,制度的价值和作用是为交易提供框架,从而约束交易成本,保障交易便利高效。[②] 因此考察交易成本情况,也是分析评价制度的关键指标,对于我们发现制度问题、分析问题原因以及采取应对策略至关重要。[③]

我国海关通关便利化法律制度的成本问题主要有两个方面,一是制度设计的成本问题,也即制度规范塑造的成本问题;二是制度实施的成本问题,也即制度规范运行的成本问题。[④] 制度设计成本是制度从无到有地规范创设以及创设后的规范细化、完善和边际延伸创新所花费主体的代价;制度实施成本是将制度规范运用于交易过程并据以进行主体行为和选择所花费的主体代价。

将制度设计成本和制度实施成本问题一并考究,一方面,考虑到制度设计与制度实施过程之间具有紧密的联动性,制度设计以制度实施为基础并为实施提供依据,二者之间是设计、实施、再设计、再实施循环前进的现实过程,本身就难以进行割裂考察;另一方面,考虑到制度设计成本与制度实施成本协同考察是立体式考察制度优劣的关键。制度设计的成本问题是对制度优劣的基础性考察,是看一个制度需要耗费主体多大的代价进行塑造,从而检视该制度自身内部结构以及创设环境等有关问题。制度实施成本是对制度优劣的实效性或者说合目的性考察,是看制度主体需要花费多大的代价来实施该制度,花费多大的代价来按照该制度进行交易。它反映了制度对交易过程成本约束的现实效果,一般也是评价制度优劣的关键指标,体现出该制度在多大程度上符合制度设计的目的和初衷。将制度设计成本与制度实施成本进行比较更能立体式地反映出制度问题,即反映出一项制度需要花费主体多大的代价被塑造出来,又需要花费多大的代价去运行(或者说对交易过程成本约束的实效多大)。如果花费的设计成本低,实施成本也低,即用较小的

---

① 参见林毅夫:《关于制度变迁的经济学理论》,载 R. 科斯等:《财产权利与制度变迁——产权学派与新制度学派译文集》,上海三联书店、上海人民出版社 1994 年版。

② 参见胡乐明、刘刚:《新制度经济学》,中国经济出版社 2009 年版,第 12 页。

③ 参见洪名勇主编:《制度经济学》,中国经济出版社 2012 年版,第 313 页。

④ 参见洪名勇主编:《制度经济学》,中国经济出版社 2012 年版,第 110 页。

制度设计成本设计出极具实效的制度,那该制度是较优的;如果花费的设计成本高,实施成本也高,即制度约束交易成本的效果较差,则表明用较大的成本设计出了一个实效较低的制度,也由此反映出制度从设计到实施的过程总体上是低效的。

本书运用交易成本理论分析我国海关通关便利化法律制度的设计实施成本,一是总结当前我国海关通关便利化法律制度在约束成本方面的努力和成就;二是归纳当前我国海关通关便利化法律制度设计实施成本普遍偏高的具体表现及其负面影响;三是分析我国海关通关便利化法律制度设计实施成本普遍偏高的原因;四是提出进一步降低我国海关通关便利化法律制度设计实施成本的方案。

(一)总结现行通关便利化法律制度在约束设计实施成本方面的成就

我国海关通关便利化法律制度在约束制度设计实施成本方面取得的成就主要如下。第一,制度的科技性越发突出,通关便利化法律制度不断融合新型现代科学技术,如海关 H2010 系统工程、大数据技术、人脸识别技术、人工智能技术、区块链技术等,显著提升制度的实施绩效。第二,制度对现代的风险管理理念渗透融合,对企业实施信用管理,针对商品进出境风险等级采取分类通关措施,合理分配海关资源,大幅提升了制度实施效率。第三,制度采用了现代科学的物流管理方式,以信息为本位监管物流,同时税收防控后置,增进商品进出境的高效流通。

(二)归纳现行通关便利化法律制度设计实施成本偏高的表现并分析成因

行为的成本主要由物质成本、人力成本和精神成本共同构成。[①] 我国海关通关便利化法律制度的设计实施成本偏高主要表现如下。第一,我国海关通关便利化法律制度的设计成本偏高,包括立法的笼统模糊导致的偏高成本,立法缺位的不适度导致的偏高成本,立法与政策的定位不清导致的偏高

① 参见朱京安:《中国外贸法律制度变迁研究:以制度主义为视角》,人民出版社 2008 年版,第 90 页。

成本,制度设计与实施主体的同一导致的偏高成本,部门壁垒导致的偏高成本,等等。第二,我国海关通关便利化法律制度的实施成本偏高,包括内部政策偏好导致的实施成本偏高,执法过程中的寻租行为导致的成本偏高,海关系统的区域性差异导致的成本偏高,权利救济与保障的薄弱导致的成本偏高,等等。

我国海关通关便利化法律制度设计实施成本偏高的主要原因如下。第一,通关便利化法律制度设计实施的基础建设不足。我国海关通关便利化法律制度设计实施所处的立法与政策环境不尽如人意,我国海关通关便利化法律制度所依托的海关信用体系建设相对不足,对海关权力的基础性监督和约束机制存在一定的不足以及制度设计实施的基础性法学研究相对薄弱等,导致制度的设计实施成本偏高。第二,传统海关制度理念阻碍了通关便利化法律制度的设计实施。传统的海关制度理念阻碍了真正意义上的通关便利化价值在制度设计实施中的贯彻落实,阻碍了制度设计实施过程中减少关企对抗成本目标的实现,阻碍了制度设计实施过程中透明度的进一步提升,进而导致制度的设计实施成本偏高。第三,通关便利化法律制度的设计与实施间交互机制不健全。制度设计实施不是两个相互孤立的、静止的过程,而是由设计调整实施,从实施中反馈到设计修改完善,再设计、再实施的螺旋式前进、相互促进的联动过程。现实中,我国的通关便利化法律制度设计和实施的交互机制存在不足,致使出现制度设计和实施相脱节的问题,导致设计和实施的环节各自会增加包括摩擦成本在内的各类交易成本。

(三)分析现行通关便利化法律制度设计实施成本偏高的负面影响

制度的设计实施成本偏高表明,在搭建并运行制度以及在运行中再搭建、再运行的过程中,各制度主体所需支付的对价较高,其负面影响主要表现在:第一,阻碍了我国海关通关便利化法律制度的创设和运行;第二,阻碍了我国海关通关便利化制度设计实施中安全与自由价值的高效协调;第三,阻碍了我国海关通关便利化法律制度的国际对标合作。

(四)提出降低通关便利化法律制度设计实施成本的创新方案

总体而言,我国海关通关便利化法律制度应当设法降低制度的设计实施成本。第一,强化通关便利化法律制度设计过程中的贸易商参与机制,充分调动贸易商的积极性和对制度设计过程的实际影响,矫正制度设计与实施之间因关企地位不对称、海关过度对制度设计主导而形成的信息不对称、不完全以及由此产生的制度成本。第二,推进我国海关通关便利化法律制度的法解释发展,在厚积海关法学理论的同时,增进对制度规则的细化完善,矫正海关系统内部上下层之间以及关企之间因制度理解的信息不对称、不完全形成的制度成本。第三,完善"单一窗口"制度强化海关同其他部门合作,增进以海关为主导的商品进出境口岸管理部门之间以及海关与境内政府部门之间的信息联动,矫正因政府部门间执法信息不对称、不完全而形成制度成本。第四,完善以关企合作为基础的平等型通关便利化法律制度。加强关企之间的合作与互信互赖,能够减少乃至消除关企之间无谓的摩擦、博弈和对抗形成的制度成本,提升通关便利化法律制度的实施绩效。

三、运用制度变迁理论分析通关便利化法律制度的变迁进路

任何社会的制度变迁其实都是在原有的制度基础上采用一种新的制度,如果采用一种新的制度,可能会使经济主体的经济收益得到提高。制度变迁因为经济主体的多元化事实及其各自不同的利益取向和价值偏好,以及旧制度下所造就的稳定型的分配格局与权利格局会影响人们对未来的制度安排的潜在选择,所以易引发社会成员的选择集合趋向于一个或另一个极端。由此,我们认为,开始阶段的"历史事件"以及原有的制度模式会规定制度变迁的方向和路径。[①] 这是制度变迁固有的路径依赖现象。路径依赖本身是一个无涉价值抉择的制度演化过程。[②] 制度变迁的路径依赖本身并不会像"自然

① 参见汪洪涛:《制度经济学:制度及制度变迁性质解释》(第2版),复旦大学出版社2009年版,第67页。

② 参见袁庆明:《新制度经济学》,中国发展出版社2005年版,第310页。

选择"一样对制度进行"优胜劣汰",不会有意识地筛选出积极的制度因素加以发扬,也不会有意识地筛选出消极的制度因素加以摒弃,相反由于制度变迁的路径依赖本身受到制度主体既得利益催动以及制度不断的自我强化,变迁过程中的积极制度因素可能更容易被淹没,消极制度因素可能更容易得到助长。这就要求作为制度主体的我们,在发现制度变迁明显的路径依赖现象时积极发挥主观能动性,有意识地对制度变迁的路径依赖进行"扬弃",即发扬制度变迁中的积极优势,约束制度变迁中的消极障碍。①

本书运用制度变迁理论研究我国海关通关便利化法律制度的变迁进路,一是总结我国海关通关便利化法律制度在几十年的变迁过程中既已取得的主要成就;二是归纳我国海关通关便利化法律制度变迁中明显的路径依赖的具体表现及其负面影响;三是分析我国海关通关便利化法律制度变迁路径依赖明显的主要原因;四是提出减轻我国海关通关便利化法律制度变迁路径依赖现象的方案。

(一)总结现行通关便利化法律制度变迁进程中取得的进步

我国海关通关便利化法律制度变迁进程中取得的进步主要表现在以下几个方面。第一,我国现已形成了全面的海关通关便利化法律制度法源体系,包括制定法型的制度法源体系,以及政策型的和海关总署的行政规范性文件型的非正式制度法源体系。第二,我国海关通关便利化法律制度的学术研究和实践探索均取得了一定程度的进展。一方面,我国海关通关便利化法律制度的基础理论研究渐成体系;②另一方面,我国海关通关便利化法律制度在理念供给、模式供给和约束成本等方面不断取得明显突破。

(二)归纳我国通关便利化法律制度变迁路径依赖明显的表现并分析成因

我国海关通关便利化法律制度变迁路径依赖明显主要表现如下。第一,

---

① 参见朱京安:《中国外贸法律制度变迁研究:以制度主义为视角》,人民出版社 2008 年版,第 37 页。

② 参见万曙春:《我国海关法研究的基本状况和发展趋势综述》,载陈晖主编:《海关法评论》第 1 卷,法律出版社 2010 年版。

我国海关通关便利化法律制度法源长期行政化色彩突出，海关及其行政规范性文件的非正式制度法源逐步成为我国海关通关便利化法律制度塑造、细化、创新的实际主导。第二，我国海关通关便利化法律制度长期行政主体本位制度理念突出。海关长期以来是我国通关便利化法律制度实施的把控者，海关通关法律关系中海关的中心本位主体地位突出，贸易商仅处于被动服从的地位。长期以来，制度法源的行政化色彩突出，法源的主导权下沉，海关对制度法源的主导力明显，制度本身约束下的通关法律关系过分强化海关的中心地位，关企不平等突出，是我国海关通关便利化法律制度长期制度变迁下较为明显的路径依赖现象。二者之间还会相互促进，完成制度在变迁过程中的自我强化。

我国通关便利化法律制度变迁路径依赖明显的原因主要如下。一是我国的历史文化传统对法律制度变迁产生了较强影响。① 二是我国的制度生成机制促成了法律制度变迁惯性化。三是既得利益体系对法律制度变迁的方向具有明显的限制。② 四是计划经济时期的旧有制度模式具有较强的牵引作用。五是国际制度交流在我国法律制度变迁中受到一定阻碍，未能充分发挥功效。

（三）分析我国通关便利化法律制度变迁路径依赖明显的负面影响

在我国海关通关便利化法律制度变迁路径依赖明显的负面影响方面，如果制度的发展始终循着一个相对固定的轨迹，后续制度总是具有前制度的“影子”，尽管优秀的制度传统能够被继承，但是制度中存在的问题也会一直隐藏在制度的发展过程中，困扰着制度的革新和改善。如果一个或几个问题在制度的变迁过程中始终困扰着制度的革新改善，则最终会出现一系列的负面影响。

第一，制度变迁过程中的交易成本会始终较高。一方面是制度本身在革新过程中的交易成本会始终较高；另一方面是受制度约束的交易过程会

---

① 参见唐绍欣：《非正式制度经济学》，山东大学出版社 2010 年版，第 63～64 页。

② 参见[美]V. 奥斯特罗姆等编：《制度分析与发展的反思——问题与抉择》，王诚等译，商务印书馆 1992 年版，第 155 页。

始终处于一种无序的和不充分透明的状态之中，导致交易成本较高。第二，制度变迁的总体进程发展较迟缓。制度变迁过程中路径依赖明显，新制度没有较大的改善甚至没有实质性的突破，制度存在的问题和不足迟迟未能得到真正解决，导致经过一段时期后回顾制度的发展时，制度仿佛在"原地打转"，总体发展进程迟缓。第三，制度变迁陷入一种方向性的锁定。制度在变迁过程中路径依赖明显，问题长期存在，会导致制度被实质改变以及问题被真正解决的难度逐渐加大，最终导致制度在一个问题上不断发展演进陷入方向锁定，再难回头。第四，制度变迁发展中演化出逆向选择。如果制度变迁过程中路径依赖明显，存在的制度问题长期束缚制度创新突破，一旦新制度发展的阻力增加，尤其受到既得利益的影响和干预，会导致制度出现逆向选择现象。

（四）提出我国通关便利化法律制度良性变迁发展的完善方案

总体而言，我国海关通关便利化法律制度在制度变迁方面应当设法减轻明显的路径依赖。一方面，创造通关便利化法律制度变迁的国内良性环境，革新制度创设与实践主体的思维理念，以我国外贸体制改革发展为背景，以自由贸易试验区改革为依托，大胆尝试通关制度改革创新的各种方式，为制度的创新发展营造宽松的理念和人文环境。另一方面，积极开展通关便利化法律制度创新的国际对标合作。一是制度创新的理论研究国际合作；二是制度创新的立法和执法实践经验交流；三是加强国际海关合作，建立海关国际信息交流机制，降低全球贸易链上海关的通关执法成本，促进各国海关的通关制度对接和相互完善。

本书研究的主要思路如图 1－1 所示。基于全书架构考量，本章仅就运用制度经济学理论方法研究我国海关通关便利化法律制度的基本路径进行简要说明并对每部分主要观点进行大致罗列，具体观点的阐释和论证分析将在第二、三、四、五章逐一展开。

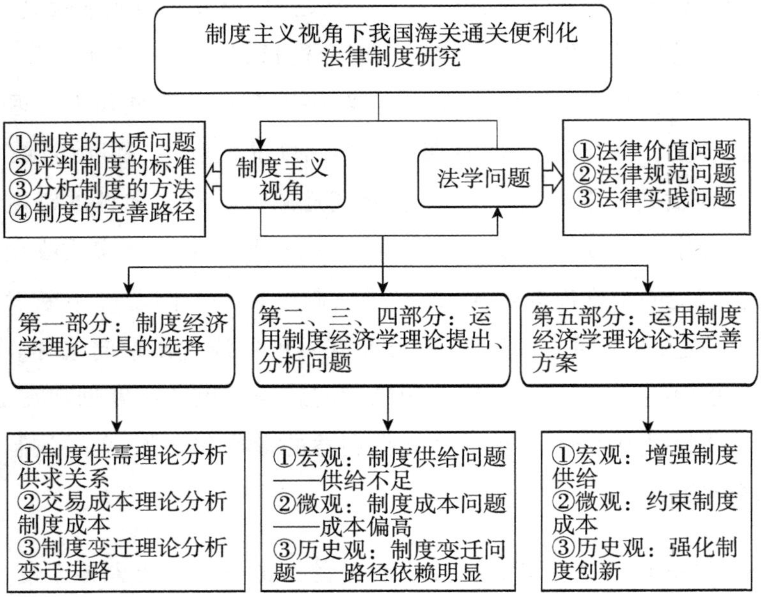

图 1－1　以制度主义为视角研究我国海关通关便利化法律制度的思路

第二章

我国海关通关便利化法律制度的供给问题研究

研究我国海关通关便利化法律制度的供给问题，是在宏观的维度对制度需求侧与供给侧的均衡关系进行结构性检视和分析，有助于我们在现实的外贸环境中以新增制度需求为导引系统地考察现行制度安排的均衡与非均衡问题。近年来，随着我国海关全面深化改革的不断推进，我国海关通关便利化法律制度供给方面取得了一系列重要成就。然而，相较于我国外贸环境不断发展带来的新增制度需求，我国海关通关便利化法律制度存在的若干供给不足问题有待进一步解决。

第一节　我国海关通关便利化法律制度供给取得的主要成就

制度创新是制度供给取得成就并不断寻求制度均衡的重要体现。[①] 中华人民共和国成立以来，我国海关通关便利化法律制度经历七十余年的制度发展，尤其是在改革开放以后随着我国对外贸易的逐步扩大，加上近年来国家全面深化改革政策的有力推动，在制度供给的成就方面已形成了多项重要的海关通关便利化法律制度创新成果，包括"全国通关一体化"的制度创新、"关检融合"的制度创新、"两步申报"的制度创新、跨境电子商务零售贸易通关的制度创新，设立海关特殊监管区的制度创新，等等。这些制度创新在一定程度上标志着我国海关通关便利化法律制度的日臻完善并在制度供给方面不断契合现实需求。

一、推行"全国通关一体化"的制度创新

"全国通关一体化"制度创新，是我国海关在"世界经济深度调整，中国经

① 参见卢现祥主编：《新制度经济学》（第2版），武汉大学出版社2011年版，第176页。

济发展进入新常态，海关把关服务的责任更加艰巨的国内外背景下，遵循认识新常态、适应新常态、引领新常态的大逻辑，为优化外贸优进优出，探索发挥海关职能作用新举措"[1]，按照党的十八届三中全会提出的全面深化改革的部署要求，历经前期分类通关改革、通关无纸化改革、区域通关一体化改革探索，进一步开展了海关通关便利化重大制度创新。

2014年海关总署发布《海关全面深化改革总体方案》，提出了全国通关一体化的改革思路并将其作为我国海关全面深化改革的重点任务。2016年海关总署发布《全国通关一体化改革框架方案》以及《关于开展税收征管方式改革试点工作的公告》（2016年第62号），在上海、北京、宁波等直属海关开展全国通关一体化具体制度要素的试点探索。2017年，海关总署发布《关于推进全国海关通关一体化改革的公告》（2017年第25号），2017年7月1日将全国通关一体化的制度改革工作在全国范围内推开，我国正式全面实施全国通关一体化。

"全国通关一体化"的制度创新以"两中心、三制度"为支撑，即海关总署成立风险防控中心和税收征管中心，实施"一次申报、分步处置"、税收征管方式改革以及协同监管优化。其中，"两中心"实现了全国通关一体化统一的风险防控和统一的现场执法布控；"一次申报、分步处置"奠定了全国通关一体化的基本作业流程和模式，通关便利化也集中在此体现；税收征管方式改革实现税收风险防控后置，是全国通关一体化的中重点特色；[2]优化协同监管成为全国通关一体化实施的基本指南。

"一次申报、分步处置"作为全国通关一体化制度创新的基本模式，其通关便利之处主要体现于两个重要环节。一是"一次申报"。报关单位可以在全国范围内任一海关进行通关申报，一次性提交各类报关信息并完成关上税费的自报自缴。二是"分步处置"。在海关接受报关后，报关单风险布控系统、风险分析作业系统选择查验子系统等对报关单位进行安全、税收等风险识别。[3] 由海关总署设立的风险防控中心在货物放行前对货物是否存在禁限

---

① 顾佩军编著：《图解：全国海关通关一体化》，中国海关出版社2018年版，第6页。

② 参见高琦等：《全国通关一体化背景下海关税收征管问题研究》，载《金融文坛》2023年第12期。

③ 参见海关总署监管司编：《2017中国海关通关实务》，中国海关出版社2017年版，第188页。

管制、侵权、品名规格数量伪瞒报等安全风险进行管控并布控现场指令；[①]由海关总署设立的税收征管中心主要在货物放行后，对税收风险进行管控，主要是对货物的商品归类、完税价格以及原产地等涉税要素进行核查、稽查。其中，对于经风险甄别认为存在重大税收风险，放行后难以有效稽查、核查或难以追补的，税收征管中心则实施货物放行前的税收征管要素风险排查处置。

"全国通关一体化"的制度创新作为我国海关通关便利化法律制度发展进程中的重大制度进步和典型新制度供给，其具体意义主要体现在，一是突破了传统"串联式"通关模式的束缚，尽可能地将税收、信息监管与物流管控相分离，贯彻"前推后移'哑铃式'通关模式"的思路，[②]加快商品进出境通关放行；二是海关总署设立风险防控中心和税收征管中心，"创建'中心—现场'的两级决策与执行模式，变'统一执法'为'执法统一'，实施'大而专'的中心式管理"[③]，统一全关境上进出境行为的安全准入风险、税收风险识别和现场执法布控，在实现通关标准统一的同时尽可能避免了权力寻租；三是继承了区域通关一体化的创新思路，打破了报关单位跨关区申报的限制，约束了转关通关所产生的各类贸易成本；四是突出以信息为本位的通关监管理念，吸收分类通关的基本思想，根据申报信息进行风险甄别，加快低风险商品通关放行，合理分配了海关执法力量。

二、实践"关检融合"的制度创新

2018 年 2 月，党的十九届三中全会通过了《中共中央关于深化党和国家机构改革的决定》，提出将国家质量监督检验检疫总局的出入境检验检疫管理职责和队伍划入海关总署的改革部署。2018 年 3 月，第十三届全国人大第一次会议通过了国务院机构改革方案，明确了进出境检验检疫划入海关。[④]

---

① 参见海关总署监管司编：《2017 中国海关通关实务》，中国海关出版社 2017 年版，第 188 页。

② 参见于立新主编：《跨境电子商务理论与实务》，首都经济贸易大学出版社 2017 年版，第 230 页。

③ 顾佩军编著：《图解：全国海关通关一体化》，中国海关出版社 2018 年版，第 104 页。

④ 参见王菲易、黄胜强：《海关、口岸安全与国家安全——关检融合后海关安全准入职能的内涵与趋势研究》，载《海关与经贸研究》2019 年第 3 期。

2018年4月20日,出入境检验检疫管理机构、队伍完成转隶海关。随着海关新"三定"方案的实施,机构改革人员到位,关检走向全面深度融合。[①] 为贯彻执行党和国家的机构改革部署,海关总署制定了《全国通关一体化关检业务全面融合框架方案》,提出了关检申报统一、系统统一、风控统一、指令下达统一和现场执法统一等"五个统一",并于2018年8月1日实施。

在"关检融合"的制度创新中,关键是申报统一,即报关报检主体资质统一、报关报检单证统一以及报关报检系统统一。根据海关总署《关于企业报关报检资质合并有关事项的公告》(2018年第28号),进出口收发货人、报关企业以及报关人员的报关报检资质合并,其中新注册的报关企业同时备案双资质,现存的单一资质企业需要补全申报资质。根据海关总署《关于修订〈中华人民共和国海关进出口货物报关单填制规范〉的公告》(2019年第18号,部分失效)、《关于修改进出口货物报关单和进出境货物备案清单格式的公告》(2018年第61号)以及《关于进出口货物报关单申报电子报文格式的公告》(2018年第67号),报关单位可以凭一张报关单、一套附随单证、一组参数代码向一个申报系统同时完成报关和报检。同时,报关项目也从原报关、报检项目共计220余项精简至100余项。[②] 另外,风控、指令和执法统一。在关检融合之下,海关统一对安全准入、税收以及检验检疫风险进行识别和防控,在统一下达现场布控指令的同时完成了口岸上原海关和检验检疫的执法统一。[③]

"关检融合"的制度创新作为我国海关通关便利化法律制度发展中的一项进步和重要的新制度供给,[④]促进了贸易便利化,是深化国务院机构改革的具体步骤,将原来独立开展的检验检疫报检业务全面融入全国海关通关一体化"两中心三制度"整体框架,简化作业环节及手续,降低通关成本,整体优化通关

① 参见孙超英:《试论关检融合法律制度及其执法衔接》,载陈晖主编:《海关法评论》第9卷,法律出版社2020年版。

② 参见梁振君、张振豪:《进出口货物整合申报8月1日起实施 报关报检项目合并精简至105个》,载海南省人民政府官网2018年7月25日,https://www.hainan.gov.cn/hainan/sxian/201807/b7c90d3f55d34ed09ee3b0474c1dd6f1.shtml。

③ 参见王宛濮:《浅析关检融合统一申报制度》,载《对外经贸》2019年第2期。

④ 参见杜晓英、王晓林:《我国海关促进贸易便利化的措施研究》,载《对外经贸实务》2023年第6期。

业务流程，提升了办事效率。[①] 其具体意义主要表现为，一是通过海关对进出境检验检疫机构的职能融合，实现了进出境口岸管理职权的整合和秩序的优化，避免了职权、职能碎片化产生的程序对接成本，增进了贸易便利；二是原报关报检实现了统一并精简了申报项目，申报的材料、流程和系统实现了一体化整合，极大地降低了贸易商通关申报的成本，实现了贸易便利；三是为我国进出境口岸管理秩序的进一步优化以及职能的高效整合奠定了良好的基础。

三、探索“两步申报”的制度创新

2019 年 6 月，国务院常务会议提出继续简化一体化通关流程，实施进口概要申报、完整申报“两步申报”通关模式改革。根据《海关全面深化业务改革 2020 框架方案》的指导，海关总署发布《关于开展“两步申报”改革试点的公告》（2019 年第 127 号），在特定的关区试点开展“两步申报”的制度改革措施。“两步申报”是在全国通关一体化的“一次申报”中，将申报行为分为两个步骤和阶段，以进一步优化报关单位的通关信息申报方式，促进贸易便利。[②] 有数据显示，2019 年 11 月 4 日，绥芬河海关首批“两步申报”货物顺利通关进境，从企业申报到准予提货，整个流程仅用时 1 分钟。[③] 根据海关总署《关于全面推广“两步申报”改革的公告》（2019 年第 216 号）的要求，“两步申报”自 2020 年 1 月 1 日起在全国范围内推广实施。

“两步申报”制度创新的主要内容如表 2 – 1 所示。第一步，概要申报。报关单位向海关申报进口货物是否属于禁限管制、是否依法需要检验或检疫（是否属法检目录内商品及法律法规规定需检验或检疫的商品）、是否需要缴纳税款。其中，不属于禁限管制且不属于依法需检验或检疫的，申报 9 个项目[④]，并

---

① 参见翟宇环：《从关检融合引发的思考》，载《合作经济与科技》2020 年第 3 期。

② 参见杜晓英、王晓林：《我国海关促进贸易便利化的措施研究》，载《对外经贸实务》2023 年第 6 期。

③ 封永梅：《进口申报模式——“提前申报”和“两步申报”的应用》，载《对外经贸实务》2020 年第 1 期。

④ 根据《关于开展“两步申报”改革试点的公告》（2019 年第 127 号）附件一，“9 个项目”为境内收发货人、运输方式/运输工具名称及航次号、提运单号、监管方式、商品编号（6 位）、商品名称、数量及单位、总价、原产国（地区）。

确认涉及物流的2个项目（毛重、集装箱号），应税的须在申报前完成税收担保并选择符合要求的担保备案编号；属于禁限管制的需增加申报2个项目（许可证号/随附证件代码及随附证件编号、集装箱商品项号关系）；依法需检验或检疫的需增加申报5个项目①。第二步，完整申报。报关单位自运输工具申报进境之日起14日内完成完整申报，办理缴纳税款等其他通关手续。税款缴库后，税收担保额度自动恢复。也就是说，在全国通关一体化制度模式中进行“两步申报”的制度创新后，报关单位完成“概要申报”即将海关所需的甄别安全、税收等风险的必要通关信息向海关提交后，海关即可甄别有关风险并对低风险进境行为加快通关放行。在放行后，报关单位在法定时限内完成完整申报，办理税费缴纳和完整的通关手续，同时海关启动发行后的税收风险防控，对涉税要素进行核查、稽查。值得注意的是，如果概要申报“不应税”但完整申报时发现应税，报关单位应当按照《海关进出口货物报关单修改和撤销管理办法》（2018）的相关规定办理。

表2－1 “两步申报”的基本要求和“概要申报”的不同申报情形

基本要求与不同情形	具体申报条件和举措
“两步申报”的基本要求	货物境内收发货人信用等级为一般信用及以上
	货物涉及的监管证件已实现联网核查
	由国内试点海关实际进境的货物
	用涉及检验检疫的木制材料包装的货物，即使货物本身不涉及检验检疫，目前暂时按检验检疫货物申报
	不涉及检验检疫货物申报6位商品编码，涉及检验检疫货物申报10位商品编码＋检验检疫名称（3位）
	特殊通道申报的报关单、转关货物、铁路运输货物、纸质版代理报关委托书暂不适用“两步申报”
	在运载货物的运输工具申报进境起14日内，需向接受概要申报的海关，补充提交海关对这一票货物申报需要的全面信息及单证，办理缴纳税款等通关手续
	“两步申报”的“第一步”申报不提供修改，申报有误，只能删单，不能修改。完整申报报关单可以删除、修改，跟传统模式申报的报关单一样

① 根据《关于开展“两步申报”改革试点的公告》（2019年第127号）附件一，“5个项目”为产品资质（产品许可/审批/备案）、商品编号（10位）＋检验检疫名称、货物属性、用途、集装箱商品项号关系。

续表

基本要求与不同情形		具体申报条件和举措
“概要申报”的不同申报情形	进口货物不涉“税”、不涉“证”、不涉“检”	申报内容为9个概要项目,分别是:境内收发货人、运输方式、运输工具名称及航次号、提运单号、监管方式、商品编号(6位)、商品名称、数量及单位、总价、原产国(地区)。确认2个物流项目,分别是毛重、集装箱号
	进口货物只涉“检”	申报内容为9个概要项目(同上)。确认2个物流项目(同上)。增加申报5个检验检疫项目,分别是:产品资质(产品许可/审批/备案)、商品编号(10位)+检验检疫名称、货物属性、用途、集装箱商品项号关系
	进口货物只涉“税”	申报内容为9个概要项目(同上)。确认2个物流项目(同上)。增加申报1个项目:担保备案编号(要求提前做好税费担保工作)。涉“税”货物概要申报跟界面录入无关,其界面跟不涉“证”、不涉“税”、不涉“检”一致。要求如实申报估算税费,涉“税”不按要求提供保函等担保,系统不放行
	进口货物只涉“证”	申报内容为9个概要项目(同上)。确认2个物流项目(同上)。增加申报2个项目,分别是许可证号随附单证代码及编号、集装箱商品项号关系。货物是否涉及许可证件的货物,要求企业如实申报,如涉及许可证件的货物在申报时未能提供许可证件,系统将不放行
	进口货物涉“证”、涉“税”、涉“检”	申报内容为9个概要项目(同上)。确认2个物流项目(同上)。增加申报8个项目,分别是:产品资质(产品许可/审批/备案)、商品编号(10位)+检验检疫名称、货物属性、用途、集装箱商品项号关系,担保备案编号(要求提前做好税费担保工作)许可证号、随附单证代码及编号、集装箱商品项号关系

资料来源:笔者根据相关学者研究的文献资料整理,具体参见封永梅:《进口申报模式——“提前申报”和“两步申报”的应用》,载《对外经贸实务》2020年第1期。

在全国通关一体化的基础上进一步探索“两步申报”制度创新,是自海关通关监管模式“分步处置”改革后,进一步对报关单位通关申报方式的再优化和再创新。这一制度创新作为我国海关通关便利化法律制度变迁进程中的重要进步,其具体意义体现如下。一是分解了报关单位一次性提交全部通关信息的压力,使报关单位可以在提交海关所需的识别安全准入和税收等风险所必要的通关信息后,即可尽快放行提离货物,加快了商品的跨境流动。二是进一步优化了海关以通关信息为本位、风险甄别为基础的监管模式,海关仅需在获得涉税、检验检疫以及贸易管制等“9+2”个必要信息后,即可启动风险甄别程序,海关的执法效率进一步提升。

四、开拓跨境电商零售贸易通关的制度创新

自2013年以来,我国的跨境电子商务零售进出口贸易蓬勃发展。跨境电商零售进出口贸易碎片化、单票价值低、频次高且总量大以及高效、迅速的贸易特征对我国海关通关便利化工作提出了新的要求。[①] 对此,海关总署自2014年以来,针对跨境电商零售进出口通关监管先后制定了《关于跨境贸易电子商务进出境货物、物品有关监管事宜的公告》(2014年第56号,已失效)、《关于跨境电子商务零售进出口商品有关监管事宜的公告》(2016年第26号,已失效)、《海关总署关于加强跨境电子商务网购保税进口监管工作的通知》(2016年第246号)以及《关于跨境电子商务零售进出口商品有关监管事宜的公告》(2018年第194号)等一系列公告,不断在国家海关通关便利化改革向前推进的背景下,深化完善对新形式的跨境电商零售贸易的高效监管,渐次形成了一套具有代表性的且区别于一般货物贸易通关的新型便利化法律制度。

跨境电商零售进出口贸易的通关制度中,根据现行有效的《关于跨境电子商务零售进出口商品有关监管事宜的公告》(2018年第194号),第一,对跨境电子商务直购进口商品及适用"网购保税进口"(监管方式代码1210)进口政策的商品,按照个人自用进境物品监管。第二,跨境电子商务零售进出口通关申报前,有关的电商企业或其代理人应当向海关传输交易、支付(收款)、物流等电子信息。第三,跨境电子商务零售商品进出口时,有关跨境电商企业或其委托的报关企业应提交《海关跨境电子商务零售进出口商品申报清单》,进口采取"清单核放"方式办理报关手续,出口采取"清单核放、汇总申报"方式办理报关手续。第四,跨境电商零售进口商品消费者(订购人)为纳税义务人。在海关注册登记的跨境电商平台企业、物流企业或申报企业作为税款的代收代缴义务人,代为履行纳税义务,并承担相应的补税义务及相关

① 参见于立新主编:《跨境电子商务理论与实务》,首都经济贸易大学出版社2017年版,第8~10页。

法律责任。

跨境电商零售进出口贸易的通关制度创新作为我国海关通关便利化法律制度创新的主要进步,其价值体现如下:一是一定程度上契合了跨境电子商务零售进出口贸易对便捷高效通关的基本要求;二是一定程度上发挥了跨境电商平台对海关通关以及监管职责履行的辅助义务,如对关上税费的代收代缴等;三是利用了电子商务信息生成的技术优势,通过电商平台与海关平台对接“三单”电子信息的传输,优化了对跨境电子商务零售进出口通关的信息监管方式。

五、设立海关特殊监管区的制度创新

所谓“海关特殊监管区”一般是指“一个国家或地区为实现某些特定目的,如吸引外资、扩大出口、促进转口贸易等,而实行特殊海关监管制度和政策的特定区域”[①]。海关特殊监管区相对于一般监管区而言,实施特殊的通关制度和关税制度,以满足特殊监管区设立的特定目的。例如,保税区、综合保税区、加工贸易区、自由贸易区(Free Trade Area,FTA)等,尽管名称、功能各异,但在本质上均属于“海关特殊监管区”,区内实施着相较于关境其他一般监管区特殊的法律制度。尽管我国尚未对“海关特殊监管区”概念做一般性的法律界定,但是海关总署已对“海关监管区”概念以及一些具体的“海关特殊监管区”概念进行了明确,如“海关监管区”是指“海关对进出境运输工具、货物、物品实施监督管理的场所和地点”(《海关监管区管理暂行办法》第 2 条第 1 款);“保税港区”是指“经国务院批准,设立在国家对外开放的口岸港区和与之相连的特定区域内,具有口岸、物流、加工等功能的海关特殊监管区域”[《海关保税港区管理暂行办法》(已失效)第 2 条];“加工贸易区”是指开展经营企业进口全部或者部分原辅材料、零部件、元器件、包装物料,经过加工或者装配后,将制成品复出口经营活动的海关特殊监管区(《海关加工贸易货物监管办法》第 3、42 条);“保税物流园区”是指“经国务院批准,在保税区

① 陈晖:《我国海关法的历史发展、贡献和展望——纪念〈中华人民共和国海关法〉颁布三十周年》,载陈晖主编:《海关法评论》第 7 卷,法律出版社 2017 年版。

规划面积或者毗邻保税区的特定港区内设立的、专门发展现代国际物流业的海关特殊监管区域”[《海关对保税物流园区的管理办法》(已失效)第2条];等等。

海关特殊监管区的制度创新,满足了我国对外贸易发展多样化的现实需求,从根本上服务了贸易便利化的制度需要。① 事实上,随着我国改革开放以及1987年、2000年《海关法》的颁布调整,我国先后设立了大批“加工贸易区”“保税区”等海关特殊监管区。“21世纪以来,我国又先后设立了出口加工区、保税区物流园区、保税物流中心、保税港区和综合保税区等,这些海关特殊监管区域和场所在我国对外经济发展中发挥了重要作用。”②

然而,我国设立海关特殊监管区制度创新的“集大成者”,是自2013年以来先后设立的上海、天津、广东等20个自由贸易试验区以及2020年正式设立的海南自由贸易港。自由贸易试验区(自由贸易港)作为一种高标准的海关特殊监管区制度创新,溯源于世界海关组织《经修订的京都公约》专项附约四第二章的“自由区”,③具有“境内关外”的法律地位。④ 之所以称其为我国海关特殊监管区制度创新的“集大成者”,是因为这些自贸试验区尤其是海南自贸港,以海关便利化的通关设计为基础,兼具外资、外汇、金融、税收以及设企营商等多方面综合性便利化职能,海关通关便利化法律制度与其他多领域便利化职能相辅相成、互相促进。例如,根据我国2020年发布的《海南自由贸易港建设总体方案》的部署,贸易便利与跨境投资便利、跨境资金流动便利、人员进出便利、运输往来便利以及数据流动便利相呼应,强调贯彻了“一线放开、二线管住”的基本思路,“一线”进出自贸港主要作安全准入管控,“二线”进入内地原则按进口处理,内地进入自贸港区视为境内流动,同时配合“一负三正”的“零关税”清单以及“贸易管制清单”,实现了自贸港区的通关便利和

① 参见王亮等:《中国式对外开放的成功探索——基于综合保税区的建设成效》,载《物流研究》2023年第5期。

② 陈晖:《我国海关法的历史发展、贡献和展望——纪念〈中华人民共和国海关法〉颁布三十周年》,载陈晖主编:《海关法评论》(第7卷),法律出版社2017年版。

③ 参见王淑敏、冯明成:《〈贸易便利化协定〉与〈京都公约〉(修订)比较及对中国自由贸易港的启示》,载《大连海事大学学报(社会科学版)》2019年第2期。

④ 世界海关组织《经修订的京都公约》专项附约四第二章中的定义:自由区是指缔约方境内的一部分,进入这一部分的任何货物,就进口税费而言,通常视为在关境之外。

便捷高效。

我国设立海关特殊监管区,尤其是自2013年以来设立自由贸易试验区、自由贸易港,实施多元、灵活的通关便利化法律制度,是我国海关通关便利化法律制度发展中的重要进步,其具体意义如下。第一,作为溯源于世界海关组织《经修订的京都公约》专项附约四第二章“自由区”的制度设计,我国一系列海关特殊监管区的制度创新,无论是功能较为单一的保税区、加工贸易区,还是功能更为综合的自贸港区,均贯彻了自由区“境内关外”实施多样灵活海关制度的基本理念。第二,通过海南自贸港等特殊监管区对更高标准通关便利化法律制度的探索,有利于约束关键性贸易成本,以应对逆全球化背景下中国进出口贸易的国际压力。第三,以海南自贸港为代表的海关特殊监管区创新,探索港区与一般海关监管区通关合作、分工新模式,有利于不同区域共享贸易红利。第四,设立海关特殊监管区探索新型通关法律制度,对我国海关职能转变、促进我国海关通关便利建设极具重要意义。

第二节　我国海关通关便利化法律制度供给仍然存在的若干问题

尽管我国在强化制度供给适应新形势下的制度需求方面进行了大量努力,也取得了一系列重要的制度创新成就,但是面对国际贸易外部环境的复杂多变以及由此带来的关于高效海关通关便利化法律制度层出不穷的潜在和现实的制度需求,当前的制度供给仍相对不足。

一、现行制度未能充分满足我国外贸总量增长带来的新需求

近年来,外贸总量的持续增长是我国国际贸易在宏观上的直观特征,使我国在世界经贸体系中的国际地位和国际影响力显著提升,世界经济对我国

的依存度也明显增强。[①] 我国的国际贸易从总量上看呈现出"总体平稳、稳中提质"的发展态势。[②]

在进出口商品总量大幅提升方面,海关总署的数据统计(见表2-2)显示,2016年,受全球经济复苏乏力的影响,我国进出口总值为24.33万亿元,同比下降0.9%,其中,进口总值10.49万亿元,同比增长0.6%;出口总值13.84万亿元,同比下降2.0%。[③] 2017年,随着我国外贸经济逐渐进入新常态,我国进出口总值27.79万亿元,同比增长14.2%,其中进口总值12.46万亿元,同比增长18.7%;出口总值15.33万亿元,同比增长10.8%。[④] 2018年,我国国际贸易总量继续保持增长,进出口总值为30.51万亿元,同比增长9.7%,其中,进口总值为14.09万亿元,同比增长12.9%;出口总值16.42万亿元,同比增长7.1%。[⑤] 2019年,我国进出口总值已达到31.54万亿元,同期增长比为3.4%,其中进口总值14.31万亿元,同期增长比为1.6%;出口总值为17.23万亿元,同期增长比为5.0%。[⑥] 仅2019年12月的进出口总值为3.01万亿元,同比增长12.7%。[⑦] 2020年,我国进出口总值32.15万亿元,同期增长比为1.9%,其中,进口总值14.22万亿元,同比下降0.7%;出口总值17.93万亿元,同期增长比为4.0%。[⑧] 2021年,我国进出口总值39.1万亿

---

① 《中国与世界:理解变化中的经济联系》报告研究显示,自2000年至2017年以来,世界对中国经济的综合依存度指数从0.4逐步增长到1.2,表明世界经济对我国的依存度明显增强。参见朱京安、王海龙:《新冠肺炎疫情对我国进出口贸易的影响及政策应对》,载《国际贸易》2020年第3期。

② 参见《海关总署:2019年我国外贸发展总体平稳、稳中提质》,载央广网2020年1月14日,http://news.cnr.cn/native/gd/20200114/t20200114_524937064.shtml。

③ 参见《2016年12月全国进出口总值表(人民币值)》,载海关总署官网2017年1月13日,http://www.customs.gov.cn/customs/302249/zfxxgk/2799825/302274/302275/630946/index.html。

④ 参见《2017年12月全国进出口总值表(人民币值)》,载海关总署官网2018年1月12日,http://www.customs.gov.cn/customs/302249/zfxxgk/2799825/302274/302275/1416456/index.html。

⑤ 参见《2018年12月全国进出口总值表(人民币值)》,载海关总署官网2019年1月14日,http://www.customs.gov.cn/customs/302249/zfxxgk/2799825/302274/302275/2166552/index.html。

⑥ 参见《2019年12月全国进出口总值表(人民币值)》,载海关总署官网2020年1月14日,http://www.customs.gov.cn/customs/302249/zfxxgk/2799825/302274/302275/2833869/index.html。

⑦ 参见《2019年12月全国进出口月度总值表(人民币值)》,载海关总署官网2020年1月14日,http://www.customs.gov.cn/customs/302249/zfxxgk/2799825/302274/302275/2833844/index.html。

⑧ 参见《2020年12月全国进出口总值表(人民币值)》,载海关总署官网2021年1月14日,http://www.customs.gov.cn/customs/302249/zfxxgk/2799825/302274/302275/3511760/index.html。

元,同期增长比为 21.4%,其中进口总值 17.37 万亿元,同期增长比为 21.5%;出口总值 21.73 万亿元,同期增长比为 21.2%。[①] 2022 年,我国进出口总值 42.07 万亿元,同期增长比为 7.7%,其中进口总值 18.1 万亿元,同期增长比为 4.3%;出口总值 23.97 万亿元,同期增长比为 10.5%。[②] 2023 年,我国进出口总值 41.76 万亿元,同期增长比为 0.2%,其中进口总值 17.98 万亿元,同比下降 0.3%;出口总值 23.77 万亿元,同期增长比为 0.6%。[③]

表 2－2　我国进出口贸易 2016—2023 年总值与增长比统计

单位:万亿元

年份	进出口总值	进出口总值同期增长比	进口总值	进口总值同期增长比	出口总值	出口总值同期增长比
2016	24.33	-0.9%	10.49	0.6%	13.84	-2.0%
2017	27.79	14.2%	12.46	18.7%	15.33	10.8%
2018	30.51	9.7%	14.09	12.9%	16.42	7.1%
2019	31.54	3.4%	14.31	1.6%	17.23	5.0%
2020	32.15	1.9%	14.22	-0.7%	17.93	4.0%
2021	39.1	21.4%	17.37	21.5%	21.73	21.2%
2022	42.07	7.7%	18.1	4.3%	23.97	10.5%
2023	41.76	0.2%	17.98	-0.3%	23.77	0.6%

资料来源:笔者根据海关总署 2016—2023 年贸易统计数据汇总整理。

在贸易商主体总量大幅增长方面,相关数据显示,2023 年我国有进出口记录的外贸经营主体首次超过 60 万家,达 64.5 万家。[④] 其中,民营企业 55.6 万家,合计进出口 22.36 万亿元,占进出口总值的 53.5%。[⑤]

---

① 参见《2021 年 12 月全国进出口总值表(人民币值)》,载海关总署官网 2022 年 1 月 14 日,http://www.customs.gov.cn/customs/302249/zfxxgk/2799825/302274/302275/4122233/index.html。

② 参见《2022 年 12 月全国进出口总值表(人民币值)》,载海关总署官网 2023 年 1 月 13 日,http://www.customs.gov.cn/customs/302249/zfxxgk/2799825/302274/302275/4793967/index.html。

③ 参见《2023 年 12 月全国进出口总值表(人民币值)》,载海关总署官网 2024 年 1 月 12 日,http://www.customs.gov.cn/customs/302249/zfxxgk/2799825/302274/302275/5624307/index.html。

④ 参见杜海涛:《2023 年外贸经营主体首次超过 60 万家》,载中央人民政府官网 2024 年 3 月 17 日,https://www.gov.cn/lianbo/bumen/202403/content_6939771.htm。

⑤ 参见海关总署:《2023 年我国有进出口记录的外贸经营主体首次突破 60 万家》,载界面新闻网 2024 年 1 月 12 日,https://www.jiemian.com/article/10666746.html。

综上所述,无论是近年来的进出口商品总量抑或贸易商主体总量,均反映出我国的外贸总量增长势头是十分迅猛的。在外贸总量逐年递增的影响下,海关与贸易商之间在现行通关便利化法律制度框架下的通关交易活动逐年增加,海关的通关执法压力增大,执法资源紧张的矛盾日益突出,贸易商的市场竞争日趋激烈;①通关交易的制度主体都存在对便捷高效完成通关交易,快速实现各自通关目的的迫切需求。然而,现行通关便利化法律制度在外贸总量逐年增长的背景下,未能充分满足海关、贸易商等制度主体对通关便利的利益需求。

(一)现行制度未能充分满足外贸总量增长下一般通关便利化需求

"一般通关"即"一般通关交易活动",是指在一般的商品进出境贸易中,海关为履行进出境管理职责而采取通关监管执法,贸易商为获得合法的通关放行许可接受海关执法监管并办理完成全部的海关手续,形成的海关与贸易商之间的通关交互关系。② 在制度主义的视角下,可以称之为"一般通关交易关系"。

外贸总量增长导致一般通关交易成本显著增加。第一,海关的一般通关执法成本显著增加。"通关执法成本",也即"通关行政执法成本",是通关过程中海关为行政执法而进行的成本费用支出。③ 在外贸总量不断增长的现实环境下,相对有限的海关力量需要开展更多的通关交易执法活动,反复运行更多的甄别风险、指令布控、税收核查稽查等执法程序,并且在每一通关交易活动的执法程序中都要妥善履行税收和保障贸易安全的法律职责。这使有限的海关力量势必付出更多的时间、精力和执法资源。第二,相对应的贸易商的一般通关守法成本显著增加。贸易商为配合海关的一般通关执法而依法行使通关权利,依法履行通关义务。海关执法成本的提升反映在通关时效方面很大程度上会导致通关时效延长,这使贸易商需要在相对更长的时效范围内配合海关通关执法履行守法义务,因而造成了贸易商的守法成本

① 参见丁丽柏主编:《海关法律实务》,厦门大学出版社 2017 年版,第 242 页。

② 参见朱秋沅:《国际海关法研究》,法律出版社 2011 年版,第 36 页。

③ 参见邢春政:《政府行政成本对经济增长的影响研究》,载《通化师范学院学报》2021 年第 1 期。

提升。

尽管当前制度供给在一定程度上试图约束一般通关交易活动的成本,也取得了一些重要的制度突破,但是在约束外贸总量带来的一般通关交易获活动成本的过程中,这些制度供给仍显得尚不充足。

第一,矫正一般通关交易信息不充分、不完全的制度供给仍有所不足。一方面,现行制度供给之下,海关与贸易商企业之间的法律地位仍旧显著不平等,信息不对称、不完全的问题仍旧突出,海关与企业双方掌握的资源和价值不同。在现行法律关系结构中,关企的"权力—权利"关系不平等,导致企业对海关的依赖大于海关对企业的依赖,海关往往处于绝对优势的主导地位,企业处于被动的服从地位。[①] 另一方面,我国现行海关通关便利化法律制度规则体系仍存在立法疏漏、立法冲突等问题,[②]立法的滞后、笼统和模糊导致本身处于不对称状态的关企关系,在制度立法下的规则信息面前,更加出现信息不对称、信息不完全等问题。

第二,提升通关交易法规政策透明度的制度供给有待进一步增强。保障通关规则的透明度是世界海关组织《标准框架》、[③]世界贸易组织《贸易便利化协定》[④]以及《区域全面经济伙伴关系协定》[⑤]等双多边国际规则的共同要求。当前,我国通关交易相关的法规政策以及制度标准的透明度依旧较低,仍存在通关规则以海关行政规范性文件、政策为主且零散不易获取等问题,反映了相关保障透明度的通关便利化法律制度供给不充足问题。另外,透明度原则不仅要求我国应将海关立法公开,而且海关执法要统一、公正、合理。我国目前仍存在个别海关随意更改或变通执行总署制定的各项规章制度,导致原本统一的执法依据和业务规定衍生出不同版本的操作规程或实施细则,同样

---

① 参见王瑜、黄胜强:《海关与企业间关系:内涵、模式与路径构建》,载《海关与经贸研究》2021年第1期。

② 参见吴展:《我国现行海关法律体系之立法检视》,载《海关与经贸研究》2016年第3期。

③ 参见何力:《世界海关组织及法律制度研究》,法律出版社2012年版,第213页。

④ 参见《贸易便利化协定》第1条"信息的公布与可获得性"。

⑤ 参见《区域全面伙伴关系协定》第四章。本章通过确保海关法律和法规具有可预测性、一致性和透明性的条款,以及促进海关程序的有效管理和货物快速通关的条款,目标创造一个促进区域供应链的环境。

的规定在不同关区出现执行差异等问题,[①]也是保障透明度的制度供给不足的反映。

第三,增进海关同贸易商平等合作的制度供给也有待进一步细化完善。增进海关同贸易商的平等合作,是世界贸易组织《贸易便利化协定》,世界海关组织《经修订的京都公约》《标准框架》《供应链管理海关准则》,《经认证经营者实施指南》《经认证经营者简编》等一系列双多边协定和国际文件重要的保障通关便利化的制度安排,也是欧盟、日本、美国等发达经济体通关便利的普遍实践。尽管我国在《海关注册登记和备案企业信用管理办法》中设立了关企合作的海关经认证经营者法律制度,但仍存在适用范围狭窄、标准笼统,实施操作成本高、难度大等问题,[②]亟待有关的制度供给进一步细化。

(二)现行制度未能充分满足外贸总量增长下特殊通关便利化需求

特殊通关交易活动,是指对于特殊商品进出境,过境、转运、通运商品进出境,特定商品临时进出境,因实施保税、减免税、知识产权保护、暂准进出境而形成的海关与贸易商之间的特殊通关关系。

首先,外贸总量的增长导致特殊通关交易活动的成本增加。与一般通关交易活动相似,随着外贸总量的增长,特殊通关交易活动的频次数量也相对大幅提升。这直接导致海关和贸易商之间对过境、转运、通运商品进出境,特定商品临时进出境等开展更多的诸如保税、减免税、许可和配额证明审核、知识产权保护、暂准进出境许可等特殊通关交易活动。同样,在这些特殊的通关交易活动中,海关的通关执法成本以及贸易商配合海关的通关守法成本也会明显提升。

尽管我国当前对这类特殊通关交易活动实现便利化已进行了很大程度的制度供给,包括建立相应的保税制度、知识产权保护制度、海关特殊监管(区)制度、暂准进出境制度等,但在约束外贸总量增长带来的特殊通关交易

---

① 参见黄文旭:《WTO 透明度原则在海关法领域的适用——以欧共体特定海关事项案为例》,载陈晖主编:《海关法评论》第 1 卷,法律出版社 2010 年版。

② 参见杜玉琼:《我国海关 AEO 制度实施的困境与路径》,载《四川大学学报(哲学社会科学版)》2018 年第 6 期。

活动的成本方面，除了包括一般通关交易活动中便利化制度供给不足的几方面表现外，还存在相关制度主要法源位阶普遍较低等问题。

我国现行《海关法》在法律层面上，原则性地规定了暂时进出境通关监管①、保税通关监管②、加工贸易通关监管③以及过境、转运通运货物的通关监管④等特殊通关内容，但对于具体的制度规则、制度标准等关键性、实质性内容，则主要以“按照海关总署规定”、“按照国家有关规定”或“符合海关监管要求”等笼统概括性方式，授权海关总署进行细化。这导致这些具体的特殊通关便利化制度安排和制度标准主要以海关总署的《海关暂时进出境货物管理办法》《海关保税港区管理暂行办法》《海关保税核查办法》《海关对保税货物和保税仓库监管暂行办法》《海关加工贸易货物监管办法》等一系列部门规章进行安排。基于外贸总量的大幅提升，我们更需要具体、明确、清晰的制度规则供给，通关便利化法律制度的主要法源过度下沉给海关系统自身且授权较为笼统、概括，导致制度主导者同通关的一方实施者过度重合，极易加重信息不对称等问题，不利于通关便利化实现。这也表明当前的特殊通关便利化制度供给仍存在法源结构不尽合理的问题。

（三）现行制度未能充分满足外贸总量增长下防控走私通关便利化需求

根据我国《海关行政处罚实施条例》第 7、8 条的规定，走私是指违反海关法及其他有关法律、行政法规，逃避海关监管，偷逃应纳税款、逃避国家有关

---

① 《海关法》第 31 条：按照法律、行政法规、国务院或者海关总署规定暂时进口或者暂时出口的货物，应当在 6 个月内复运出境或者复运进境；需要延长复运出境或者复运进境期限的，应当根据海关总署的规定办理延期手续。

② 《海关法》第 32 条：经营保税货物的储存、加工、装配、展示、运输、寄售业务和经营免税商店，应当符合海关监管要求，经海关批准，并办理注册手续。保税货物的转让、转移以及进出保税场所，应当向海关办理有关手续，接受海关监管和查验。《海关法》第 34 条：经国务院批准在中华人民共和国境内设立的保税区等海关特殊监管区域，由海关按照国家有关规定实施监管。

③ 《海关法》第 33 条：企业从事加工贸易，应当按照海关总署的规定向海关备案。加工贸易制成品单位耗料量由海关按照有关规定核定。加工贸易制成品应当在规定的期限内复出口。其中使用的进口料件，属于国家规定准予保税的，应当向海关办理核销手续；属于先征收税款的，依法向海关办理退税手续。加工贸易保税进口料件或者制成品内销的，海关对保税的进口料件依法征税；属于国家对进口有限制性规定的，还应当向海关提交进口许可证件。

④ 《海关法》第 36 条：过境、转运和通运货物，运输工具负责人应当向进境地海关如实申报，并应当在规定期限内运输出境。海关认为必要时，可以查验过境、转运和通运货物。

进出境的禁止性或者限制性管理的一类违法行为。[①] 所谓“防控走私通关”，即“防控走私通关交易”，是指海关与贸易商的通关交易活动中，海关为防控贸易商以非法侵犯国家关税法益和贸易管制法益的方式实施商品进出境行为而实施特别监管，贸易商依法配合监管形成的通关关系。防控走私历来是海关通关过程中的核心职责，更是新中国成立之初确定的海关“三大任务”之一。[②]

外贸总量的增长导致防控走私的通关交易活动成本增加。一是海关防控走私的通关执法成本增加。[③] 大量的不同进出口主体、不同类型、不同产地、不同规格和价格的商品进出境活动逐年递增，相对应的不法进出口行为以及由此引发的走私违法风险也有所提升，导致海关将牵扯更多的执法资源用于走私违法博弈和走私防控，相应的防控走私执法成本必然有所提升。二是贸易商配合防控走私的通关守法成本增加。海关为防范随进出口商品总量增加而增加的商品进出境走私和其他违法风险，严格强化执法，加强对每一票商品的风险甄别以及现场布控，这在一定程度上也势必提升贸易商接受海关监管的成本，从而导致贸易商最终完成通关执法的成本在一定程度上提升。

在此基础上，尽管我国为约束防控走私通关交易成本进行了制度供给方面的努力，例如，构建了走私行政法律责任和刑事法律责任的“两法对接”的

---

① 《海关行政处罚实施条例》第7条：“违反海关法及其他有关法律、行政法规，逃避海关监管，偷逃应纳税款、逃避国家有关进出境的禁止性或者限制性管理，有下列情形之一的，是走私行为：（一）未经国务院或者国务院授权的机关批准，从未设立海关的地点运输、携带国家禁止或者限制进出境的货物、物品或者依法应当缴纳税款的货物、物品进出境的；（二）经过设立海关的地点，以藏匿、伪装、瞒报、伪报或者其他方式逃避海关监管，运输、携带、邮寄国家禁止或者限制进出境的货物、物品或者依法应当缴纳税款的货物、物品进出境的；（三）使用伪造、变造的手册、单证、印章、账册、电子数据或者以其他方式逃避海关监管，擅自将海关监管货物、物品、进境的境外运输工具，在境内销售的；（四）使用伪造、变造的手册、单证、印章、账册、电子数据或者以伪报加工贸易制成品单位耗料量等方式，致使海关监管货物、物品脱离监管的；（五）以藏匿、伪装、瞒报、伪报或者其他方式逃避海关监管，擅自将保税区、出口加工区等海关特殊监管区域内的海关监管货物、物品，运出区外的；（六）有逃避海关监管，构成走私的其他行为的。”第8条：“有下列行为之一的，按走私行为论处：（一）明知是走私进口的货物、物品，直接向走私人非法收购的；（二）在内海、领海、界河、界湖，船舶及所载人员运输、收购、贩卖国家禁止或者限制进出境的货物、物品，或者运输、收购、贩卖依法应当缴纳税款的货物，没有合法证明的。”

② 参见丁丽柏主编：《海关法律实务》，厦门出版社2017年版，第1页。

③ 参见徐德洪：《浅议视频监控系统在海关监管工作中的作用》，载《科技风》2021年第6期。

二元追责体系,[①]构建了走私违法的缉查和侦查体制,但制度供给不足之处依旧明显,主要表现如下。第一,海关防控走私的制度法源碎片化现象明显,导致制度较为分散,不能充分形成约束执法成本的充分合力。第二,运用现代化手段,如大数据、信息网络等防控走私的有关制度供给不充足,[②]主要表现在部分海关目前仍缺乏运用大数据开展缉私工作的意识,数据规范标准不统一,信息共享不及时以及专业人才保障不足等方面。[③] 第三,对于新兴的外贸方式如跨境电子商务零售贸易等的防控走私制度供给不足,[④]主要表现在两个方面。一方面,对于有关的走私违法认定仍存在争议和模糊,包括如何理解走私犯罪中的税款损失,如何判断跨境电商零售进口是否造成税款损失,结合当下政策如何划定打击范围及实务中应如何操作等问题,[⑤]尚待厘清。另一方面,海关的现场监管仍存在以下现实问题:现场海关对于三单信息的真实性、匹配性的审核手段有限;客观上跨境零售进口中的促销等手段下同种商品实际销售价格浮动区间较大,海关很难设定准确有效的风险参数;跨境零售进口模式的通关实效要求决定了海关不会设置很高的查验率,给防控走私风险带来难度;[⑥]等等。这些问题亟待制度供给予以便利化的处理解决。

(四)现行制度未能充分满足外贸总量增长下口岸协同通关便利化需求

口岸协同的通关交易,是指为确保商品进出境行为符合关境上安全、环保、卫生等一系列合法性要求,海关联合口岸管理主管部门对商品进出境行为实施协同监管,贸易商接受协同监管从而形成的通关关系。这里需要指出

---

① 参见张鹏:《规范海关权力运行,完善行政执法与刑事司法的衔接》,载陈晖主编:《海关法评论》第9卷,法律出版社2020年版。

② 参见王江淮、丁小铮:《网络走私犯罪的风险与防控》,载《安徽警官职业学院学报》2023年第3期。

③ 参见邱明月:《大数据技术在海关缉私情报工作中的应用研究》,载《法制博览》2021年第2期。

④ 参见陈小彪、聂境:《跨境电商走私犯罪风险防控挑战及应对路径》,载《中国西部》2024年第3期。

⑤ 参见刘晓光、金华捷:《如何界分跨境电商零售进口走私行为》,载《检察日报》2020年8月7日,第3版。

⑥ 参见王星宇:《利用跨境电子商务零售进口模式进行走私犯罪的若干问题探析》,载《海关与经贸研究》2020年第6期。

的是,海关是商品进出境行为的监督管理机关,在进出口口岸管理方面相较于其他口岸部门具有基础性和综合性的特点。有关的环保、安全等口岸部门的执法许可结果,作为商品进出境行为的相关合法性信息,是海关最终作出通关放行许可的重要依据之一。海关为优化整合执法资源联合其他口岸管理部门与贸易商完成口岸协同通关交易也是近年来的一种通关发展的新特色。①

外贸总量的增长导致口岸协同的通关交易活动成本增加。一是海关口岸协同通关的执法成本显著增加。外贸总量的增长使得商品进出境口岸管理的整体压力增加。基于口岸管理部门壁垒,协同执法信息沟通不畅,协同管理机制不健全或落实不到位等一系列原因,海关在口岸协同通关交易中的执法成本会显著提升。二是贸易商配合口岸协同通关的守法成本增加。口岸协同通关交易的目的就是整合口岸管理资源,约束分头管理下信息流的成本,是为增进贸易便利而进行的通关交易安排。但是外贸总量增长导致海关在联合口岸协同管理的过程中执法成本提升,间接地削弱了口岸协同通关的交易优势,使贸易商在这种通关方式中的交易成本相对提升。

虽然我国当前在国际贸易单一窗口方面作出了一定的努力也取得了重要突破,但是制度供给仍尚有不足,具体表现在:第一,口岸执法联动的单一窗口制度尚未获得我国海关基本法意义上的明确地位;第二,口岸联动的单一窗口制度的具体要求仍较为模糊;第三,口岸联动制度中的部门壁垒仍较为突出。②

二、现行制度未能充分适应我国电商零售贸易产生的新冲击

跨境电子商务零售进出口贸易顺应新时代商事交往的发展要求,创造性地将互联网技术因素和跨境电商零售贸易(B2C)方式运用于国际贸易活动,在成为我国国际贸易新的增长极的同时,也对我国传统的国际贸易及其监管

---

① 参见顾佩军编著:《图解:全国海关通关一体化》,中国海关出版社2018年版,第88页。

② 参见尹红、陈利强:《破解中国自贸试验区国际贸易"单一窗口"制度难题研究》,载《海关与经贸研究》2018年第5期。

体系形成诸多冲击。

其一,跨境电子商务零售进出口是进口商经营者直接与消费者开展的国际贸易活动,对传统国际贸易交易属性有所突破。其二,跨境电子商务零售进出口活动创造性地引入了电商平台主体,对于海关和贸易商的通关交易而言既是挑战也是机遇。[①] 其三,跨境电子商务零售进出口单票价值低、总量和频次高等特点突破了传统集装箱式贸易的基本特征,[②]对海关和贸易商的通关活动形成冲击。其四,跨境电子商务零售贸易鲜明的“互联网＋贸易”特色以及先进的平台技术特征,对海关和贸易商间的通关交易方式形成了不容忽视的挑战。

(一)现行制度未能充分适应电商零售贸易新属性对通关交易产生的冲击

跨境电商零售贸易区分于传统贸易的本质并非在于线上对线下贸易方式的更迭,而在于“贸易商直销消费者”零售模式对“贸易商转销销售者”批发模式的突破。更进一步地讲,是跨境电商零售贸易中进出境商品新属性对传统贸易中“货物”“物品”的商品属性二分的挑战和创新。

一方面,从电商经营者的角度看,跨境电商零售贸易商品是电商经营者将大宗商品以单票零售方式输入或输出境外,贸易活动在整体上仍属于货物进出口,对应的商品也仍具有“货物”的贸易性;另一方面,从消费者的角度看,每票电商零售商品是每一消费者以个人自用为目的购买的合理数量商品,并不进行转销,对应的商品具有“物品”的非贸易性。兼具传统贸易上商品“货物”和“物品”的二分属性,导致跨境电商零售贸易活动在商品进出境的通关交易过程中受到多方面的冲击。一是传统海关法上二分的货物、物品通关程序包括单证、流程环节、执法任务、贸易商义务等程序性内容无法完全妥善地适用于电商零售贸易通关交易;二是通关交易活动特别是海关侧执法的重点任务需要重新厘清,是像监管货物一样注重税收和防控走私,还是像监管物品一样主要注重实施贸易管制有待进一步明确;三是为平衡电商零售贸

---

① 参见黄露清、黄学哲:《浅析跨境电子商务平台走私犯罪的刑事风险》,载《法制与社会》2020年第20期。

② 参见于立新主编:《跨境电子商务理论与实务》,首都经济贸易大学出版社2017年版,第8～10页。

易同线下传统集装箱式贸易的发展，在颁行电商零售贸易商品新型税收政策的基础上，电商零售贸易的税收程序如何同通关交易相嵌合也有待进一步确认。

事实上，我国当前的海关通关便利化法律制度供给尽管在调整跨境电商零售贸易活动方面取得了一定的突破，但仍未充分适应电商零售贸易商品兼具货物物品双重属性带来的新冲击。这种不充分适应主要表现在，一是跨境电商零售贸易商品的通关制度单列，主要以海关总署的行政性规范文件进行部署安排，尚未纳入法律法规的通关立法层面，其法源位阶、属性尚未与传统贸易商品的通关制度相平衡。二是对于兼具双重属性的电商零售贸易商品，在防控线上、线下货物贸易以零售贸易走私的通关制度供给方面仍有不足。①

（二）现行制度未能充分适应电商零售贸易平台化对通关交易产生的冲击

跨境电商零售贸易运营模式的显著特征之一，是电商平台化的运营管理。跨境电商的零售经营者通过互联网信息平台与电商消费者开展商品跨境交易活动。互联网信息平台是跨境电商交易的媒介、枢纽以及运营维护管理者，也对海关和贸易商之间的通关交易活动发生了重要影响。这些影响体现如下。一是在传统的通关交易主体海关和贸易商之间，增加了平台企业主体，线性通关交易关系发展为三角通关交易关系，导致通关活动和其中的博弈更加复杂。二是电商平台通常作为跨境电商零售贸易活动的组织者和管理者，如何同海关相互合作辅助海关履行职责，其自身权益又如何获得海关保障成为新的值得思考的问题。三是平台同贸易商之间关系如何界定，是私法关系、公法关系还是介乎二者之间的社会管理关系，也有待进一步明确。

因此，我国当前的海关通关便利化法律制度在针对电商零售贸易平台化的冲击方面供给不足主要表现如下。第一，跨境电商平台在海关法上的法律地位和法律功能尚未充分明确，其在海关法意义上是属于辅助海关的监管服务主体、辅助贸易商的代为通关申报主体抑或中立的第三方商务主体等，有关制度亟须进一步增强供给。第二，跨境电商平台同海关的法律关系，其面

---

① 参见陈小彪、聂境：《跨境电商走私犯罪风险防控挑战及应对路径》，载《中国西部》2024 年第 3 期。

向海关的法律义务及其权利保障等制度较为模糊，主要表现为跨境电商平台承担管理责任的归责标准不明确、范围不清晰，跨境电商平台承担管理职责存在主体和责任的不适性以及跨境电商平台承担违规走私的报告义务欠缺法律依据等问题，[①]亟待制度供给明确。

（三）现行制度未能充分适应电商零售贸易技术化对通关交易产生的冲击

跨境电商零售贸易的便利高效很大程度上得益于现代电子信息网络技术的高效能优势，技术性也因而成为当前跨境电商零售贸易的突出特征之一。跨境电商与消费者通过互联网信息技术完成线上的订单、支付和物流运输办理等贸易流程，极大地压缩了贸易成本，同时也为海关同贸易商之间的通关交易带来冲击。一方面，高效便捷的技术手段在提升交易效率的同时易导致交易真实信息的隐蔽，从而提升有关的进出境违法风险，对通关交易活动防控走私形成一定的冲击。另一方面，海关和贸易商针对电商零售商品的进出境通关活动，同样需要依托技术手段架设高效便捷的通关方式，这对于一般的通关程序、通关单证、通关模式甚至通关理念都会产生影响。

面对电商零售贸易技术化的冲击，我国海关通关便利化法律制度的供给不足主要表现在，一是依托于技术手段的电商零售贸易通关制度供给尚不充足，如利用大数据开展走私防控，仍存在意识不足、专业化能力不足等问题；[②]二是有关电商零售贸易通关的技术性属性、技术指标以及相关技术方式对有关贸易商等主体权利的保障制度供给尚不充足。

（四）现行制度未能充分适应电商零售贸易碎片化对通关交易产生的冲击

跨境电商零售贸易相较于传统贸易，在形式上将传统的集装箱式贸易蜕变为碎片化的包裹零售贸易，在一定程度上相当于跨境电商经营者以“蚂蚁搬家”的方式，将境外或境内的大宗货物商品化整为零拆分为小包裹方式输入境内或输出境外，这样的贸易形式对海关同贸易商之间的通关交易同样构成了不容忽视的冲击，主要表现如下。一是海关和贸易商通关交易活动的频

---

① 参见范筱静：《论我国跨境电子商务平台的海关法律责任》，载《国际商务研究》2017 年第 6 期。

② 参见邱明月：《大数据技术在海关缉私情报工作中的应用研究》，载《法制博览》2021 年第 2 期。

次增加，当一票大宗货物被拆分为大量碎片化的小包裹输入或输出关境时，原本适用一次的通关交易活动因此需要大量高频适用。二是通关交易活动的主体总量增加，海关原本同单票货物的进出口商之间完成通关交易活动，因为碎片化的电商零售贸易需要和大量的贸易商以及有关的消费者直接、间接地完成通关交易活动，主体总量大幅提升。三是通关交易活动的违法风险和执法、守法成本增加。电商零售贸易的碎片化导致违反税收、贸易管制的走私违法风险以及其他违反海关监管要求的违法风险提升，海关需要相应地将更多的执法资源和执法精力用于违法防控，在提升执法成本的同时连带导致守法贸易商的守法成本因管控增强有所提升。

针对电商零售贸易碎片化的冲击，我国海关通关便利化法律制度供给不足主要表现在，一是电商零售贸易的通关交易事前监管制度供给不足；二是对电商平台的功能发挥以及其与海关的合作制度供给不足；三是海关同其他口岸和市场监管部门的联合执法制度供给不足。

三、现行制度未能充分同步我国自贸体制创新发展的新规划

在我国自贸体制创新的法律制度安排中，海关通关便利化法律制度尤为重要。海关通关便利化法律制度既是自贸体制创新的拉动引擎，也是为其保驾护航的重要方式。目前，我国的海关通关便利化法律制度供给在适应自贸体制发展新规划过程中尚未充分同步。

(一)现行制度尚未充分同步自贸体制创新的举措安排

首先，现行制度尚未充分同步自贸区海关同试验区其他口岸、港区内政府部门的协同举措安排。现行通关便利化法律制度主要是海关和贸易商之间通关交易的制度安排，是相对传统和保守的，并未充分地涵盖海关同自贸试验区其他口岸、港区内政府部门的协同执法举措。易言之，我国当前的海关通关便利化法律制度主要是规范通关监管关系、约束海关和贸易商通关交易活动的法律制度，几乎并不涵盖在自贸体制创新之下，海关同自贸试验区外资、外汇、外贸、工商、环保、安全等部门协同、联合的相关内容，以致出现部

门间协调沟通不畅以及重复执法等问题。[①] 事实上，海关同自贸港区口岸和区内政府部门的协同执法对通关便利化乃至港区贸易自由化、便利化而言至关重要。海关同口岸和港区内政府部门的协同执法有助于商品进出港区全流程信息在部门间实现共享，降低海关与有关政府部门之间、海关与贸易商之间的信息壁垒，在一定程度上矫正各方主体之间信息不对称和信息不完全造成的通关交易不畅通。

其次，现行制度尚未充分同步自贸区海关同商事主体之间合作的举措安排。通关便利化法律制度约束海关和贸易商之间的通关交易成本，需要不断减少和约束海关和贸易商之间无谓的摩擦和对抗，需要不断地矫正海关和贸易商之间的信息不对称以使二者之间的通关交易活动成本更低、效率更高、更加顺畅。这需要海关和贸易商在高水平的通关便利化法律制度安排下以平等互信为基础建立合作型的通关交易关系，通过合作相互辅助，海关高效履行职责，贸易商实现高效通关。尽管现行制度在关注海关对企业的信用管理以及关企合作方面进行了一定程度的努力和突破，但是就自贸港区高水平贸易便利化下要求的关企平等合作关系而言仍未能充分同步。一是关企双方对合作的意识仍较为模糊，目前仍属于海关对企业的绝对管控的关企关系，伙伴关系尚未充分建立。[②] 二是关企合作的基础，企业的信用管理、认证企业的标准以及海关的认证企业管理等仍有待进一步完善和细化。“一方面，我国整个社会的诚信体系不完善，企业守法自律意识不一、资质良莠不齐；海关获取、评价企业信用信息的渠道十分有限。另一方面，海关也处在转变职能过程中，在行政管理方面也有诸多欠缺，在执法过程中，制度政策的透明度、稳定性和体系性有所缺失，导致企业对海关的诚意与承诺产生质疑。”[③] 三是关企合作过程中企业的范围有待进一步拓展。四是关企合作的实施指南，包括海关认证指南以及贸易商的合作指南有待进一步细化完善。实践中，海关进行 AEO 认证，需要对三类企业两种认证等级通用和专项各四大领

---

① 参见郭永泉：《论口岸部门合作和大通关建设》，载《开放导报》2016 年第 3 期。

② 参见杜玉琼：《我国海关 AEO 制度实施的困境与路径》，载《四川大学学报（哲学社会科学版）》2018 年第 6 期。

③ 邱海滢、杨琍：《以自贸试验区建设为契机构建新型海关—企业伙伴关系研究》，载《海关与经贸研究》2016 年第 4 期。

域标准进行认证评估,涉及"企业管控、财务会计、安全设置、风险管理等多个学科交叉专业知识。我国现阶段相对缺乏高素质、跨学科、专业化的认证队伍和技术保证,很难完全地推进 AEO 的认证工作"[①]。五是关企合作的过程中,贸易商的便利化待遇和水平有待进一步细化完善。整体来讲,在当前的通关便利化法律制度下,海关同贸易商之间建立平等合作的关企交易通关关系已经具备了一定的基础框架,也在实践中取得了一定的成效,但是相较于我国不断进行高水平自贸体制创新、自贸港区建设下要求的更高程度的关企平等合作要求而言,有关的制度内容仍有进一步提升的空间以充分跟同步自贸体制创新的要求。

(二)现行制度尚未充分同步自贸体制创新同传统贸易体制间的衔接要求

自贸体制创新是我国在传统贸易体制的基础上进一步提升贸易自由化、便利化水平,将对外开放的格局全方位向纵深推进的重要体现。[②] 其中很重要的一个问题是在发展创新自贸体制、建立实施自由贸易港区时,港区发展如何同一般关税区高效衔接。这一问题关系到港区建设是否能够真正做到贸易的便利顺畅,关系到港区发展的红利能否全方位地辐射周边地区,更关系到自贸港区作为一种连接境外和一般关税区的进出口贸易缓冲区,进出口贸易综合功能服务区能否有效、高效实现去功能区位价值等一系列关键问题。具体到海关的通关便利化法律制度建设中时,实际是制度供给能否契合自贸港区商品进出区通关同一般关税区进出通关的海关合作问题。

我国现行的海关通关便利化法律制度在自贸港区和一般关税区通关合作方面的制度供给尚不能充分契合前述海关合作的基本要求,主要体现如下:一是缺少在海关法律、行政法规层面的规范自贸体制创新同传统自贸体制间通关合作的基本制度框架安排;二是在出自贸港区入一般关税区的过程中,通关合作的具体方式、信息的传输共享等有待进一步细化和明确;[③]三是在自贸港区同一般关税区海关合作制度中,自治性、计划性的鼓励贸易商自

---

① 匡增杰、孙浩:《贸易安全与便利视角下加快实施我国 AEO 制度的路径探析》,载《上海对外经贸大学学报》2017 年第 2 期。

② 参见谢超:《加快自贸区建设 推进高水平对外开放》,载《中国外资》2024 年第 7 期。

③ 参见张渝:《粤港澳货物通关便利化法律问题研究》,西南政法大学 2019 年硕士学位论文。

主参与的便利通关制度有待进一步创设和增强供给。

四、现行制度未能充分契合我国外贸关系复杂化后的新需要

在当前世界贸易逆全球化、保护主义、单边主义抬头的暗流趋势下，以美国为代表的西方发达经济体与我国的贸易对抗和摩擦增加，[①]而“一带一路”共建国家和拉美、非洲等发展中国家同我国的贸易往来增强，外贸关系复杂化促使我国海关和贸易商主体对通关便利和便利化法律制度产生新的需求。[②] 我国外贸关系的复杂化，从世界经济体系和秩序的维度来讲，体现为以世界贸易组织为代表的多边体制遭受冲击，以美国为代表的西方发达国家经济体推行“小多边主义”，[③]阻碍世界自由贸易的进步发展。就我国的外贸发展而言，一是美国作为我国重要的贸易伙伴自 2018 年单方面挑起同我国的贸易争端以来，中美贸易摩擦不断且持续升级，导致我国的进出口贸易遭受一定的波折和阻碍；二是我国同“一带一路”共建国家以及拉美、非洲等发展中国家经济体的贸易往来显著增加，我国的外贸发展具有地缘性革新的重要机遇。

（一）现行制度尚未充分适应我国应对贸易保护主义的新需求

以美国为代表的部分西方国家近年来不断推行贸易保护主义政策并采取一系列保护主义措施，极大地挑战甚至破坏了以世界贸易组织为代表的多边贸易体制下的全球一体化经济秩序，限制了贸易自由化的进一步发展。[④]我国作为新兴的发展中国家经济体，得益于全球经济一体化以及自由贸易多边体制 20 多年来取得的举世瞩目的国际贸易成就和影响力。当前的贸易保护主义逆全球化暗流趋势，不利于我国和世界经济的长远发展，我国为

---

① 参见雷达、初晓：《国际经济秩序演变与百年未有之大变局》，载《国际商务研究》2021 年第 1 期。

② 参见周跃雪：《“一带一路”倡议下我国海关贸易便利化措施和法制改革：国际法义务与参考》，载《特区经济》2017 年第 5 期。

③ 参见沈伟、徐驰：《逆全球化背景下美式“小多边主义”的端倪和成型——理解〈中美经贸协议〉（第一阶段）的变局背景》，载《海峡法学》2020 年第 3 期。

④ 参见刘晓伟、刘飞涛：《美国贸易保护主义的长期化趋势及其内在逻辑》，载《国际论坛》2024 年第 4 期。

积极应对世界范围贸易保护主义的冲击,很重要的一点就是进一步通过政策调整和制度完善,约束、规范贸易管理措施,以减少对我国外贸活动的不必要限制和成本。

海关通关以及规范通关活动的通关便利化法律制度作为一种非关税壁垒,对贸易的自由度和便利化程度具有重要影响。[①] 尽管这项壁垒自国际贸易产生和设立海关之初便具有无以争辩的正当性与合法性[世界贸易组织法《1994 年关税与贸易总协定》(GATT 1994)“一般例外”条款[②]],但在应对贸易保护主义、倡导贸易便利化的当今时代,仍应当不断约束海关通关活动对国际贸易的影响,推进贸易要素更加便捷畅通地跨境流动。[③]

值得肯定的是,我国当前的通关便利化法律制度在约束通关成本方面取得了一系列直观的进展,包括单证更加简化、流程更加精简、海关职能更加整合、进出境物流管控更加科学等,但是在应对当前的贸易保护主义方面尚未充分适应新的需求,主要体现如下:一是当前的通关便利化法律制度主要表现为海关侧的执法模式、执法方式革新,海关与贸易商之间的通关性质、理念等未有大的突破。例如,关企合作的过程中,仍然存在地位不对称、合作意识不强、伙伴关系未充分建立等问题。[④] 二是当前的通关便利化法律制度主要为海关系统内部法律渊源搭建的制度框架,海关是制度法源的主导者、制度实施的主控者,制度的透明度以及贸易商对制度创设的参与度有待进一步提升。[⑤]

---

① 何力:《世界海关组织及法律制度研究》,法律出版社 2012 年版,第 172 页。

② 《1994 年关税与贸易总协定》第 20(d)条规定,该协定的规定不得解释为禁止缔约国采用或加强以下措施,但对情况相同的各国,实施的措施不得构成武断的或不合理的差别待遇,或构成对国际贸易的变相限制:为了保证某些与该协定的规定并无抵触的法令或条例的贯彻执行所必需的措施,包括加强海关法令或条例,加强根据该协定第 2 条第 4 款和第 14 条而实施的垄断,保护专利权、商标及版权,以及防止欺诈行为所必需的措施。

③ 事实上,《1994 年关税与贸易总协定》在第 20 条“一般例外”的“帽子条款’中,本身也强调例外措施“对情况相同的各国,实施的措施不得构成武断的或不合理的差别待遇,或构成对国际贸易的变相限制”,世界贸易组织法《海关估价协定》、《原产地规则》以及《贸易便利化》协定均强调了在授权例外的情况下对海关措施的必要规范约束。

④ 参见邱海滢、杨琍:《以自贸试验区建设为契机构建新型海关—企业伙伴关系研究》,载《海关与经贸研究》2016 年第 4 期;杜玉琼:《我国海关 AEO 制度实施的困境与路径》,载《四川大学学报(哲学社会科学版)》2018 年第 6 期。

⑤ 参见王瑜、黄胜强:《海关与企业间关系:内涵、模式与路径构建》,载《海关与经贸研究》2021 年第 1 期。

三是当前的通关便利化法律制度在国际合作方面有待进一步加强。[①]

(二)现行制度尚未充分适应我国应对中美贸易摩擦的新需求

中美贸易摩擦对两国之间稳定的贸易秩序和正常化的经贸合作造成了显著的冲击,中美之间经贸关系发展的不确定性增加。有学者指出,“中美两国的贸易摩擦或者说贸易争端,实质上是两国围绕世界经济领导权的长期系统性竞争”[②]。无可否认的是,随着我国外贸总量、国际贸易地位和影响力的不断提升,我国对世界经济的发展越来越具有重要的意义。通关便利化法律制度作为我国参与世界竞争(特别是世界经贸规则竞争)的重要制度因素,对我国的国际竞争力也具有突出的影响,更是中美贸易摩擦中不容忽视的一项制度性博弈指标。换言之,海关通关便利化法律制度作为一项业务性、技术性的法律制度,尽管并非直接参与到中美贸易的政策性摩擦当中,但是中美政策性贸易摩擦背后的“世界经济领导权竞争”的实质导致海关通关便利化法律制度作为一种影响贸易活动效率的贸易管理法律制度,也是世界范围内世界海关组织法、世界贸易组织法以及多数国际自贸区法律规则普遍关注的法律制度,成为参与到这种世界经济领导权竞争中的一项重要的制度性变量和因素,由此对中美贸易摩擦的应对而言至关重要、不容忽视。

我国现行的通关便利化法律制度整体而言尚未充分适应我国应对中美贸易摩擦的新需求,主要是未能充分凸显我国在通关制度方面的优势和竞争力。第一,我国现行的通关便利化法律制度整体上相较于《贸易便利化协定》而言仍有一定的差距,主要是口岸机构多头管理、协调不够,海关行政监督和单一窗口建设不足,海关与贸易法律法规有待完善、透明度有待提高等一系列问题。[③] 第二,我国现行通关便利化法律制度中的凸显关企平等合作的经认证经营者制度、海关的国际合作制度以及海关同其他政府部门的合作制度

---

① 参见杜玉琼:《我国海关 AEO 制度实施的困境与路径》,载《四川大学学报(哲学社会科学版)》2018 年第 6 期。

② 李华、陈煜桦:《国外学者关于中美贸易战的研究述评》,载《学校党建与思想教育》2020 年第 18 期。

③ 参见曾文革、江莉:《〈贸易便利化协定〉视域下我国海关贸易便利化制度的完善》,载《海关与经贸研究》2016 年第 1 期。

相较于《全球贸易安全与便利标准化框架》有待进一步细化完善。[①] 第三，我国的海关通关便利化法律制度在世界范围内的引导力和号召力也有待进一步增强。

（三）现行制度尚未充分适应我国发展"一带一路"倡议合作的新需求

"一带一路"倡议是我国在以发达国家经济体为主导的世界经贸秩序和世界经济规则重塑进程中探索适宜新兴发展中国家经济体合作发展的新路径，也是我国在世界"百年未有之大变局"和世界经济逆全球化背景下，以人类命运共同体理念为指导，积极适应外贸关系调整的重要抓手和保障。为协调配合"一带一路"倡议的落地实施，尽管我国海关在同沿线国家的通关合作中取得了一定的便利化合作成效，但是总体上讲，我国的通关便利化法律制度仍然未能充分适应我国发展"一带一路"倡议合作的新需求。

上述问题主要反映在以下几个方面。一是我国同"一带一路"共建国家的通关合作主要以框架性和倡议性的文件加以规范，缺乏必要的具有约束性的国际法规范对具体的合作制度加以明确和固定。二是目前在《经修订的京都公约》以及《贸易便利化协定》的基础上，为进一步增进和协调沿线国家的通关合作，有关通关制度便利化标准的统筹性框架安排较为缺乏。三是"一带一路"共建国家在贯彻"大通关"合作模式，增进国家关境间通关执法合作方面有待进一步加强。[②] 四是"一带一路"共建国家的通关便利化合作机制碎片化较为明显，有待进一步的制度供给对合作机制加以整合。[③]

五、现行制度未能充分应对我国外贸压力上行带来的新挑战

全球经济百年未有之大变局下，以美国等发达国家为代表的逆全球化和

---

① 参见王军：《全球化治理视野下的中国海关变革与发展——以实施〈WCO 全球贸易安全与便利标准框架〉》，载《学习月刊》2008 年第 14 期。

② 参见郭宏宇、竺彩华：《口岸发展与"一带一路"建设：形势、问题及对策》，载《国际经济合作》2016 年第 1 期。

③ 参见王菲易：《"一带一路"战略与海关国际合作：对接发展的障碍、框架与对策》，载《海关与经贸研究》2016 年第 3 期。

贸易保护主义、单边主义政策叠加其他非经济因素造成国际经贸关系的不稳定。这些非市场性因素对世界经贸体系和国际贸易秩序造成显著冲击，我国的国际贸易也在当前的国际经贸关系波动时期面临系列压力上行的新挑战，这也使我国海关和贸易商对通关便利和便利化法律制度存在新的需求。国际经贸关系的波动对我国国际贸易形成的压力和挑战主要表现如下：一是我国面临进出口贸易稳定增长的压力和挑战；二是我国的外贸企业面临运营和发展的压力和挑战；三是我国深化开展国际经贸合作面临新的压力和挑战。

（一）现行制度未能充分应对外贸稳定增长面临的压力和挑战

在国际经贸关系的波动中，我国外贸稳定增长的势头经受了一定的阻滞和不利影响，也无可否认地面临一系列的压力和挑战。一方面，国内的消费市场活力和进出口企业的运营面临压力；另一方面，国际社会经受各种经贸关系波动的影响后，部分国家经济体特别是受影响严重的国家经济体的国内进出口能力受到打击，相关国家的贸易管制和贸易壁垒也有增强、增多趋势。另外，国内、国际社会也普遍为应对国际经贸关系波动和相关非经济因素冲击而采取一系列政策措施，由此保障我国外贸稳定增长势头应是一项长期、系统工程。在此期间，除了应采取一系列税收、外汇、金融等激励性政策外，我国的海关通关便利化法律制度尽管主要表现为一项业务性、技术性、程序性法律制度，但也应当最大化地发挥贸易疏导、服务职能，为应对外贸稳定增长面临的压力挑战贡献必要的制度力量。

总的来讲，我国当前的通关便利化法律制度在应对外贸稳定增长的压力挑战中，尚有一定的不足之处：一是我国海关通关便利化法律制度的多元化设计尚有不足，未能充分满足在国际经贸关系波动时期有关受到发展阻滞的外贸行业和地区恢复发展过程中对高效便捷通关的需求；二是我国在国际经贸关系波动期间采取的特事特办、通关绿色通道等应急、临时性措施安排，尚未充分上升为系统性的制度安排，也不利于常态化地保障贸易稳定增长。

（二）现行制度未能充分应对外贸企业建设发展面临的压力和挑战

外贸企业特别是广大的中小型外贸企业在国际经贸关系波动中的发展

均面临着一系列的压力和挑战。首先,进出口企业主要面临维持和发展企业海外订单、运输供货能力的压力,面临贸易转移效应下供应链维持和恢复的压力,面临海外贸易壁垒增加的压力和挑战。其次,港口服务企业,包括理货、疏港、仓储、港口运输等企业也面临维持业务总量和港口竞争力的压力和挑战。另外,国际运输企业面临保证订单总量,应对海外港口新增壁垒的压力和挑战。[①] 海关通关便利化法律制度是规范、调整和约束海关同贸易商之间通关交易活动的法律制度,应当在辅助、支持贸易商应对发展压力方面发挥积极的功能。

我国当前的海关通关便利化法律制度未能充分应对外贸企业的压力和挑战,主要表现如下。一是现行通关便利化法律制度中,保障海关和外贸企业平等合作的制度规范有所不足,在约束通关成本减少通关摩擦方面有待进一步完善。二是现行通关便利化法律制度中,实现我国海关同域外海关合作以增进我国通关便利的规范有所不足。三是现行通关便利化法律制度中,增进海关同其他口岸管理部门合作以约束贸易商与海关通关交易间的成本的规范保障有所不足。

(三)现行制度未能充分应对国际经贸合作面临的压力和挑战

国际经贸关系的波动对国际经济和贸易的影响冲击是世界性的,因而良性健康的多边世界经贸秩序的建设发展以及任何国家包括我国应对贸易压力上行挑战的出路,必然是在更加广泛且深入的层面上依赖国际经贸合作,通过合作减少冲突和对抗,通过合作相互取长补短,以减少贸易关系的不确定和不稳定。当前,我国的国际经贸合作面临的压力挑战主要如下。首先,各国为维系本国经济等增设的贸易壁垒对国际经贸合作具有阻碍作用。其次,世界多边贸易体制受到部分发达国家保护主义的挑战而疲软,对增进广泛的国际经贸合作产生了不利影响。最后,部分发达国家为转移国内矛盾而鼓吹的“中国威胁论”也对我国正常开展国际经贸合作产生不利影响和挑战。作为政策性较低的国际海关合作,通过海关合作增进贸易要素在合作关境上

---

① 参见朱京安、王海龙:《新冠肺炎疫情对我国进出口贸易的影响及政策应对》,载《国际贸易》2020 年第 3 期。

的往来便利对国际经贸合作发挥了重要的引领作用。我国现行的通关便利化法律制度未能充分应对国际经贸合作的新挑战主要表现为,我国海关国际合作的深度、广度等均有待进一步增强。

我国海关通关便利化法律制度在外贸环境的快速发展中供给相对不足,主要表现为:一是存在制度空白或者制度缺位,即对新型的贸易活动和商品进出境方式尚未建立明确清晰的法律制度安排。二是对有关的贸易活动和商品进出境的通关交易活动存在制度安排,但是制度安排一方面较为陈旧、发展较为迟缓;另一方面较为笼统、模糊。尽管通过制度解释的方式可以进行一定的弥补,但是鉴于解释能力的有限以及海关制度解释体制的不完善,仍旧表现为有关制度无法充分满足现实需要。三是海关是通关便利化法律制度的主要供给主体同时作为制度的实施主体,对于制度供给而言,制度安排的公平性、稳定性以及可预测性都存在一定程度的不完善。

第三节　我国海关通关便利化法律制度供给不足的成因分析

探寻我国现行海关通关便利化法律制度供给不足的原因,实际上是考究我国海关通关便利化法律制度供给过程中的限制性、阻碍性因素,这是进一步疏通增强制度供给的阻碍工作基础和逻辑前提。这里有两个基本问题需要厘清。

第一,制度供给主体的问题。我们研究的海关通关便利化法律制度,从制度类型上来讲,主要是以正式法源表达的制定法型法律制度和以非正式法源表达的政策型法律制度。这些法律制度就创设和发展的情况来讲,都是由特定的立法主体或者政策制定主体依照法定的程序和职权人为有意识地创设的法律制度。因此从制度供给的角度来讲,我们也可以说我国的海关通关便利化法律制度是由特定的制度供给主体(包括立法主体、政策制定主体)通过法定程序和职权人为有意识地创设的法律制度。制度供给主体的相关主、客观情况对于制度供给产生了不容忽视的影响,是我们探寻制度供给不足原因的重要线索之一。

第二,制度供给本身所处的制度环境问题。制度环境是一个国家用来建设、生产、发展制度的基础性政策、宪法等秩序环境。[①] 制度供给作为一种制度创设和输出的行为过程,本身也会受到外部制度环境的约束,具体可以理解为外部的立法和政策创制制度的约束。当然,这种外部制度环境的约束最终也会作用到制度供给主体,影响其供给制度的客观能力和主观意愿,最后反映于对制度供给的效果。但为考察问题的系统全面,相较于将外部制度环境因素内化到供给主体的主客观情况进行考察的做法,笔者决定将这部分因素单独列出,以为后续更加全面地提出增强制度供给的应对之策提供便利。

一、"有限理性"限制了主体供给制度的客观能力

制度供给主体供给制度的客观能力从客观因素的视角考察制度供给主体充分供给制度的可能性。"有限理性"在制度主义上是指行为人在交易活动中,对交易环境的辨识、交易对象的分析以及交易信息的处理能力是有限的。[②] 在"有限理性"的影响下,制度供给主体在出现制度需求时,往往无法完全地、充分地供给制度。"有限理性"导致的我国海关通关便利化法律制度主体供给制度的客观能力有限,主要包括主体对外部环境变化的捕捉能力有限,对通关交易活动的判析能力有限以及对制度安排的规范阐述能力有限。

(一)制度供给主体对外部环境变化的辨识分析和处理能力有限

这里的"外部环境变化的辨识、分析和处理"应理解为制度供给主体对外部环境变化的信息获取,对外部环境变化的分析以及对外部环境变化的反馈等一系列活动。如果制度供给主体可以无成本地辨识、分析、处理一个制度安排和制度结构外部环境的变化,那么在主观因素无障碍的情况下,制度供给也往往是迅捷有效的。但是现实情况恰恰是制度供给主体捕捉外部环境

---

① 参见卢现祥主编:《新制度经济学》(第2版),武汉大学出版社2011年版,第192页。

② 参见洪名勇主编:《制度经济学》,中国经济出版社2012年版,第7页。

变化的能力是有限的,即获取外部环境变化特别是诱发制度非均衡的外部环境变化的信息能力是有限的,分析外部环境变化同制度供需的关联能力是有限的,对外部环境变化进行反馈、增强制度供给的能力也是有限的,最终导致现实的制度供给往往是不充分、不充足的。我国海关通关便利化法律制度供给主体在辨识、分析和处理诱发制度非均衡的我国外贸环境诸多方面变化的过程中能力有限,由此导致我国海关通关便利化法律制度供给不足,也反映为未能充分地同步适应前述外贸环境变化中的有关新需求、新挑战、新规划等。

第一,制度供给主体难以充分辨识诱发我国海关通关便利化法律制度非均衡的外贸环境变化。外贸环境的变化是诱发我国海关通关便利化法律制度非均衡以及衍生出制度供需问题的逻辑起点。制度供给主体对外贸环境变化的整体把握和处置,直接关系到我国海关通关便利化法律制度的有效和充分供给。其中,对外贸环境变化的充分辨识更是处置环境变化调整制度供给的基本前提。然而,一方面,我国的海关通关便利化法律制度供给主体的认知水平、能力有限;另一方面,外贸环境变化十分迅速、十分复杂,导致我国海关通关便利化法律制度供给主体对这些环境变化很难充分辨识,由此也给后续的制度供给带来阻碍。以立法式的制度供给为例,立法者基于自身立场、认识的局限,可能很难预见到社会现实的全部情况,加上立法本身也会不断滞后于社会的快速发展,从而不可避免地导致立法的制度供给与现实环境存在不适应的问题。①

第二,制度供给主体分析外贸环境变化并将其与我国海关通关便利化法律制度供给不足建立联系的能力有限。制度供给主体在分析我国外贸环境变化的过程中,一方面对外贸环境变化的性质分析能力是有限的,另一方面对外贸环境变化的短期或长期变化、局部或整体变化的分析能力也是有限的。由此,基于对外贸环境变化有限的分析,很多情况下制度供给主体并不会将外部环境变化与事实上的制度供给不足问题联系起来,由此也给制度供给造成了客观阻碍。

第三,制度供给主体对外贸环境变化后海关和贸易商潜在、现实制度需

① 参见杨磊、吴斌主编:《法理学》,浙江大学出版社2007年版,第239~240页。

求的理解和处理方式未必是直接增强供给。一方面,制度供给主体对海关和贸易商的制度需求理解未必是希望扩大制度供给。另一方面,基于自身利益的衡量,制度供给主体对外贸环境变化以及由此引发的海关和贸易商对制度需求的处理方式,很可能仅是对现行制度进行"小修小补"的细化和完善或者进行边际调整以维持现有制度安排。

(二)制度供给主体对通关交易活动的理性判析能力有限

通关交易活动,作为一种从制度主义的视角对法制度调整的社会关系的跨学科表述,或者理论研究工具对研究对象核心概念的工具主义表述,是制度供给主体提供通关便利化法律制度进行约束的活动对象;就法学的角度而言,是通关便利化法律制度规范和调整的社会关系。但无论是从制度主义的视角抑或法学研究的本体看,通关交易活动都是通关便利化法律制度供给的出发点和立足点。法律制度供给源自制度供给主体对通关交易活动的理性认识和性质判析。受到外部环境因素的作用以及制度供给主体在制度变迁的过程中路径依赖和自我强化的影响,特别是一系列非正式制度的约束,制度供给主体对通关交易活动的性质会形成一些固化判析,由此反映出有限的判析能力。

制度主义的研究表明:"长期演化而来的非正式制度,如传统认知、对某种对象的习惯思维判断等,由于是代代传承而来,故处于该制度下的个人可能生来就接受其熏染和影响。依据心理学规律,长期被影响特别是从小就被影响而接受的东西要从意识中被消除或改变是困难的,受此类制度安排制约的人可能很少从理性角度考虑遵守它,而只是一种潜意识,很多时候是应该遵守它,却不知道也不想知道为什么应该遵守它。这是一种不自觉的心理活动,具有非理性的特征。"①非正式制度对主体的约束,"不是一种理性的随机选择,而是一种习惯心理在特定环境刺激下所作出的行为复制;它没有缜密的逻辑推理形式,仅仅靠一种稳定的心理定势和人类长期实践活动形成的习

① 唐绍欣:《非正式制度经济学》,山东大学出版社2010年版,第58页。

性及取向,来判断主体与对象存在的关系"[①]。这种长期演化的非正式制度,由于个体在遵守时缺少理性的权衡,而可能仅仅是直觉的价值观上的判断,所以很难用成本收益的分析方法去解释它。深入分析起来,遵守一些制度的成本可能远远大于收益,但是它仍能被成员所接受和遵守;反而抛弃它或用效率更高的制度替代它,会给成员带来更大的冲击或心理的痛苦。从效用理论来看,改变后的制度对成员的效用更低,尽管他们的收益可能更高。[②] 这种对非正式制度的遵从反映到制度供给的问题上,将成为对制度供给的一种客观限制。

第一,制度供给主体在传统制度关系的认知下,将通关交易活动法律性质固化判析为一种纵向不平等的行政管理法律关系,阻碍了平等型通关便利化法律制度的供给。

长期以来,无论是立法者抑或政策制定者甚至对立法和政策制定具有重要影响的学术界,对于海关和贸易商之间的通关交易活动在法律性质上,基于对海关法行政法的传统认知,基本上都判定为一种行政管理法律关系。[③] 从法理上来讲,这种行政管理法律关系具有典型的不平等性。[④] 制度供给主体对通关交易活动法律性质的判析固化,实际上也反映出或者加深固化了制度供给主体对调整通关交易活动的通关便利化法律制度性质的判析,也将这类法律制度固化为一种具有不平等属性的行政管理法律制度。具体来讲,通关便利化法律制度作为一种固化的行政管理法律制度本身强化了海关行政主体的本位和优位地位,[⑤]强化着海关相较于贸易商对通关交易活动具有更强的把控和影响力。最关键的是,制度供给主体对通关交易活动行政管理法律关系的性质判析固化,以及由此导致的制度供给主体对通关便利化法律制度行政管理法律制度的性质判析固化,使制度供给主体强烈地认同和接受了制度供给中的"不平等"属性和特点。这可能使通关的便利化程度受到制约,

① 张雄:《习俗与市场——从康芒斯等人对市场习俗的分析谈起》,载《中国社会科学》1996 年第 5 期。

② 参见唐绍欣:《非正式制度经济学》,山东大学出版社 2010 年版,第 58 页。

③ 参见陈晖:《海关法是一门什么性质的法?——综合性海关法概念之提倡》,载《上海海关学院学报》2008 年第 2 期。

④ 参见舒国滢主编:《法理学导论》(第 2 版),北京大学出版社 2012 年版,第 149 页。

⑤ 参见冯兴元:《消除行政本位,强化法治观念》,载《社会科学报》2012 年 4 月 19 日,第 3 版。

从而导致弱化海关优位、本位特点，强化贸易商权利保障以及最终实现关企平等的通关便利化法律制度供给存在显著阻碍。

第二，制度供给主体受到传统制度价值认知的影响，对通关交易活动的法律价值固化判析为一种海关职能为本位的法律价值，也在很大程度上阻碍了关企平等化法律制度的供给。

通关交易活动的法律价值是在法律上规范通关交易的意义或者需要解决的现实问题。长期以来，制度供给主体对通关交易活动的法律价值判析倾向固化为一种海关职能的履行和实现。也就是说，通过通关交易活动，保障海关妥善、顺利地履行好税收以及保障贸易安全的法律职能，而对于贸易商本身在通关交易中的价值关注相对并不充足。这反映出在通关便利化法律制度的供给方面，制度的供给更多地解决海关高效履职的问题，舒缓海关在贸易环境变化发展中的各种压力和突出矛盾，如外贸总量增长带来的执法力量相对不足的矛盾等，附带性地实现了贸易商高效率通关放行，甚至有时把贸易商的通关放行时效作为海关工作绩效的指标。[①] 尽管这种价值判析在一定程度上能够解决通关便利的问题，提升制度的便利化水平，毕竟海关和贸易商在通关便利方面是价值趋同的，但是如果希望进一步释放制度活力尤其是期望在当前外贸环境复杂变化的过程中进一步适应环境要求，强化海关职能本位、弱化贸易商相对价值的判析固化思路会在很大程度上阻碍关企平等的法律制度供给，由此导致我国海关通关便利化法律制度供给遇到瓶颈。

（三）制度供给主体对制度安排的规范阐述和解释能力有限

制度供给主体对制度的规范阐述和解释是制度供给的重要环节。成文法律制度或者虽不成文但依托于文字表达[②]政策型的法律制度，均对制度供给主体的规范表达和制度解释具有较强的依赖。[③] 另外，对制度的规范阐述

---

① 参见邱博：《海关通关效率问题研究——以济南海关为例》，山东大学 2018 年硕士学位论文。

② 不成文法并非不具有文字形式，而是指不具有“法律条文”化的形式，也即“不成条文”的法。成文法制度是依托成文法形式、法源表达的法律制度，不成文制度是依托不成文法形式、法源表达的法律制度。参见舒国滢主编：《法律学导论》（第 2 版），北京大学出版社 2012 年版，第 58 页；[日]穗积陈重：《法律进化论》，黄尊三等译，中国政法大学出版社 1997 年版，第 79～134 页。

③ 参见张志铭：《法律解释操作分析》，中国政法大学出版社 1998 年版，第 16～23 页。

和解释也是制度供给主体在一定程度上辨识、分析外部环境变化并考虑制度供给问题后的一种重要反馈，[①]直接关系到制度供给的实际效果。我国海关通关便利化法律制度兼具成文法渊源以及政策渊源，以政策为辅助引导，以成文法为主要架构，同时以海关总署颁布的公告性行政规范性法律文件设置具体的执法操作细则和标准尺度。制度供给主体在供给法律制度的过程中，对通关便利化法律制度的规范阐述和制度解释，有助于明确制度框架、廓清制度外延，从而有助于制度实施主体即海关和贸易商充分了解制度要求及其内涵，保障制度更好地运行并约束通关交易成本。然而，当前我国海关通关便利化法律制度供给不足，一部分客观原因是在制度供给过程中对制度的规范阐述和解释的能力有限，导致法律制度未能充分与现实制度需求相契合。

首先，制度表述的笼统粗放本身导致了制度供给不足。一方面，基于法的作用的局限性理论，规范阐述通关便利化法律制度内容的语言文字本身具有抽象性、概括性、模糊性和歧义性，由此导致制度表达只能在一定程度上反映出制度供给主体的规范意图并在一定程度上揭示出制度的价值定位，客观上导致了制度供给不足的必然现象。[②] 另一方面，我国海关通关便利化法律制度在规范阐述的过程中，上位法渊源如法律、行政法规等，一般以简明扼要的原则性规范"点到为止"，然后授权下位法渊源对具体问题规范予以明确细化。[③] 尽管下位法渊源在一定程度上细化了制度规范，但是通常仍会将一定的裁量空间留于现实法律实施活动。从优点上来讲，这样的制度供给方式能够尽可能全面地捕捉社会现实需求，"留白"充裕、灵活性更强，能够在相对长的时期内同动态发展的社会关系相契合。但是如果制度供给主体对这种方式的运用程度把握不足，往往会导致制度安排本身笼统粗放，制度规范的可

---

① 参见宋明玉：《法的适用中的法律解释与漏洞填补》，载李昕主编：《燕京法学第 4 辑：法律适用与法律解释》，中国民主法制出版社 2010 年版，第 146 页。

② 参见杨磊、吴斌主编：《法理学》，浙江大学出版社 2007 年版，第 239 页。

③ 例如，我国《海关法》中对很多海关制度包括通关制度，只作原则性规定，然后授权国务院或海关总署另行规定，而主要用一般概括的方式授权或者间接授权，较为笼统模糊。又如，《海关法》第 5 条第 1 款"国家实行联合缉私、统一处理、综合治理的缉私体制。海关负责组织、协调、管理查缉走私工作。有关规定由国务院另行制定"则是以概括授权"另行规定"方式责成国务院具体细化；第 33 条第 1 款"企业从事加工贸易，应当按照海关总署的规定向海关备案。加工贸易制成品单位耗料量由海关按照有关规定核定"强调"按照海关总署的规定"则间接地授权海关总署对相关制度规则进行具体规定。

操作性不足、标准模糊以及透明度较差。在更深层次上讲，制度法源对制度规范细化权限的下沉往往会导致制度法源行政化突出，同时导致海关系统本身不断强化对法源的主导，制度法源上位法对下位法的"留白"，成文规则对不成文的法律实施自由裁量以及执法习惯的"留白"，都会加深海关与贸易商之间通关交易活动属性以及制度属性的固化，对新型的制度供给造成巨大阻碍。

其次，制度的规范解释发展迟缓导致制度供给不足。制度解释是制度供给活动中的重要内容，可以在一定程度上弥补法的作用的局限性导致的制度语言模糊以及有限反映制度价值含义的不足。对上位法的制度解释可以在一定程度上约束下位法的制度细化规范权限，防止下位法制度供给主体滥用制度创设权。我国海关通关便利化法律制度溯源于海关法体系，海关法作为一个新兴法学学科，[①]无论是法学界抑或法律实务部门，对海关法规范尤其是通关便利化法律制度规范的解释学工作尚处于初级阶段，尚未形成系统的法律解释理论和方法体系，给制度的充分供给形成了客观的阻碍。

二、既得利益与摩擦成本降低了主体供给制度的主观意愿

在我国海关通关便利化法律制度的供给中，海关是主要的制度供给主体。同时，海关也是制度实施过程中通关交易活动的重要执法主体。海关长期的执法实践和执法习惯使海关在既有制度下形成了既得利益，但与此同时不断地约束着制度运行过程中的摩擦成本。一方面，这部分既得利益在海关同时作为制度供给主体时限制了海关对制度的充分供给。另一方面，在既有制度之下海关长期的执法实践和执法习惯形成的对制度运行摩擦成本的既有约束，使海关作为主要主体，在供给制度的过程中受到新旧制度交替导致摩擦成本增加的影响，供给意愿也会不足。

（一）既得利益对制度供给的意愿形成阻碍

所谓制度之下的既得利益一般可以理解为在一项制度安排和制度结构

---

① 参见万曙春：《我国海关法研究的基本状况和发展趋势综述》，载陈晖主编：《海关法评论》第1卷，法律出版社2010年版。

之下,实施制度的主体既已形成的相对稳定的利益结构、利益关系以及利益预期等。“利益分配不科学,权力不受约束,自由裁量权过大,政府权力和利益挂钩等,都会催生既得利益,导致公权私分,权力部门化,而长此以往将会形成既得利益。”①在我国海关通关便利化法律制度之下,海关在长期的通关交易活动中反复的执法实践和养成的执法习惯使海关既已形成了有关妥善履行税收与贸易安全保障职责的利益结构、利益关系以及利益预期,也使得海关自然地成为当前制度安排之下的既得利益主体。当然,长期与海关从事通关交易活动的贸易商主体也能够凭借反复的通关守法实践形成一定的既得利益,但是考虑到贸易商主体对通关便利化法律制度供给的影响相对较弱,因而在此不作过多探讨。

与此同时,海关不仅是现行通关便利化法律制度实施过程中的既得利益主体,还是我国通关便利化法律制度的主要供给主体。根据我国《海关法》第2条②,我国海关通关便利化法律制度的供给主体可以分为两大类,一类是最高国家权力机关及其常设机关(通过法律创设法律制度)、最高行政机关(通过行政法规创设法律制度);另一类是海关系统自身,主要是海关总署(通过部门规章和总署公告创设、细化法律制度)。③ 这两类主体在制度供给的过程中,法律和行政法规一般只作相对原则和宏观的制度规范,具体问题和执法标准往往交由海关总署灵活完善。另外,对于新制度在现行制度框架下的边际创新甚至突破性创新,主要由海关总署通过规章或者公告进行制度供给。④因此,以海关总署为代表的海关系统对通关便利化法律制度的供给实际上是

---

① 王长江:《政治体制改革:既得利益在作怪》,载《人民论坛》2010年第28期。

② 《海关法》第2条:中华人民共和国海关是国家的进出关境监督管理机关。海关依照该法和其他有关法律、行政法规,监管进出境的运输工具、货物、行李物品、邮递物品和其他物品,征收关税和其他税、费,查缉走私,并编制海关统计和办理其他海关业务。

③ 《海关立法工作管理规定》第2条:海关规章、海关总署规范性文件的立项、起草、审查、决定、公布、备案、解释、修订、废止等,适用该规定。海关总署与国务院有关部门联合制定、公布规章和规范性文件,适用该规定。直属海关在其职权范围内制定、发布直属海关规范性文件,依照该规定执行。

④ 例如,我国当前跨境电商零售贸易的海关通关便利化法律制度主要依托海关总署的公告体系进行制度供给。包括《关于跨境电子商务零售进出口商品有关监管事宜的公告》(2018年第194号),海关总署《关于加强跨境电子商务网购保税进口监管工作的通知》(2016年第246号),财政部、海关总署、国家税务总局《关于跨境电子商务零售进口税收政策的通知》(财关税〔2016〕18号),财政部、海关总署、国家税务总局《关于完善跨境电子商务零售进口税收政策的通知》(财关税〔2018〕49号),等等。

具有较强的主导力和影响力的,可以认为是我国海关通关便利化法律制度实质上的主要供给主体。

当海关作为通关便利化法律制度的供给主体时,其在制度实施过程中形成既得利益便会对制度供给形成阻碍。诚如相关研究表明,“既得利益群体并不渴望变迁,对于那些威胁、有损既得利益的变迁,他们都是持反对态度的”①。既得利益导致海关不愿意突破当前的制度安排和制度结构进行制度供给。因为当前的通关便利化法律制度安排,包括原则理念的安排、制度规则的安排以及实施标准的安排等,海关在执法过程中已经相对熟悉,能够以较小的成本实施制度进而妥善履行有关的法律职责。更进一步讲,在当前的通关便利化法律制度之下,海关与贸易商之间的法律关系属性、法律地位属性等已相对固化,对海关在执法中把控贸易商乃至把控整个通关交易活动而言都相对有利,海关由此形成的既得利益使其并不愿意主动地突破当前制度安排供给新的制度。当然,在外部政策环境以及贸易环境发展变化的影响下,海关往往不得不对当前的制度安排和制度结构进行调整,增强供给以适应新的制度需求。但需要注意的是,海关的既得利益同样会导致其进行制度突破创新时倾向于作出有利于自身的制度创新化突破。例如,海关在进行通关便利化制度创新时,一般都会延续先前制度的原则理念以及精神传统,在此基础上对监管或者把控通关交易的方式、模式等进行优化改革,但是对于创新关企关系、优化法律关系主体结构和地位,往往创新较小,这也使通关便利化法律制度的创新发展长期受困于海关单侧改革瓶颈,制度活力受到一定程度的约束。

(二)摩擦成本对制度供给的意愿形成阻碍

摩擦成本是制度供给过程(包括制度的反复探索设计过程以及新旧交替的制度实施过程)中所产生的损耗成本。因为制度供给过程中的诸多客观因素,诸如制度主体对外部环境的辨识、分析反馈能力有限,对通关交易活动的属性认识固化以及对制度的规范阐述和解释能力有限等,都会导致制度供给

---

① [美]威廉·费尔丁·奥格本:《社会变迁——关于文化和先天的本质》,王晓毅、陈育国译,浙江人民出版社1989年版,第91页。

的过程中不可避免地出现摩擦成本。相较之下,一项既有制度的长期实践磨合已经使制度主体对制度的认知、运用和边际完善趋于高效化,已经极大地约束了制度在边际创新和实施中的摩擦成本。鉴于此,作为制度供给主体和制度实施主体的海关,基于摩擦成本的考虑,往往更倾向于或者更愿意在既有制度的安排之下开展通关交易活动,并不愿意突破或者大幅突破既有制度安排进行制度供给。

首先,"每一项制度设计都会耗费成本"①,通关便利化法律制度探索设计过程中的摩擦成本会阻碍制度的充分供给。一方面,制度探索设计过程中的摩擦成本来自海关体系内部。发达地区的海关在通关实践方面经验成效较为突出,不发达地区海关的通关实践较为守旧传统,地区海关发展水平不平衡对于全国统筹创新通关便利化法律制度往往会产生摩擦成本、阻碍制度供给。同时,一线海关长期的通关执法实践经验与海关总署的通关规划和政策部署之间的不对称在协调和磨合的过程中会产生摩擦成本,阻碍通关便利化法律制度的充分供给。② 另一方面,制度探索设计过程中的摩擦成本来自海关体系同其他进出境口岸管理部门的协调。通关便利化法律制度设计的出发点和立足点是优化通关交易活动,提升通关活动效率;具体来讲,是精简通关流程,简化通关单证,整合通关监管职能,科学高效管控进出境物流。因此,通关便利化法律制度的设计探索必然需要海关系统同其他口岸管理部门,包括环保部门、交通运输部门、安全生产监管部门等进行流程、单证、信息以及物流等方面的协调和统筹。其间基于部门间的壁垒与执法实践导致的隔阂往往会产生较大的摩擦成本,由此阻碍通关便利化法律制度的充分供给。

其次,制度更替更新过程中的摩擦成本会阻碍制度的充分供给。制度的生命在于实施。制度的法律价值实现更有赖于制度规则高效地转化为实践。从诺斯制度经济学对于制度的构成来讲,制度的实施机制本身就是制度的组成部分。制度在实施过程中基于实施主体能力的有限性以及主体之间的博弈,往往需要长期的实践磨合以约束实施中的摩擦成本。制度供给带来的新旧制度交替,制度实施主体对新制度的实施往往会在一时间增加摩擦成本,

---

① 卢现祥主编:《新制度经济学》(第 2 版),武汉大学出版社 2011 年版,第 179 页。

② 参见顾佩军编著:《图解:全国海关通关一体化》,中国海关出版社 2018 年版,第 1 页。

由此导致制度实施主体同时作为供给主体时本身不具有供给制度的意愿。例如,在海关通关便利化法律制度的供给过程中实施新型的海关经认证经营者制度,意味着海关需要对经认证经营者制度进行系统培训和学习,尤其是对海关认证企业的标准在实践中的实施进行系统培训和能力提升。结合认证标准的要求,这需要海关充分掌握安全、环保、贸易以及财务等多方面综合领域的知识和技能,①其间的摩擦成本导致海关对这一制度的供给往往进展迟缓。再如,在新型关检融合的制度创新之下,检验检疫职能和机构纳入海关系统,职能的整合带动的单证、流程的简化使这一制度创新极大地约束了通关交易成本。但是,在协调检验检疫机构纳入海关系统后同海关通关监管机构之间的衔接关系,协调检验检疫风险防控同单证、税收、安全准入风险防控的对接关系过程中不可避免的摩擦成本,②也使关检融合之下进一步的制度安排和供给受到了一定的阻碍性影响。

三、外部基础制度环境限制了主体供给制度的选择集合

通关便利化法律制度供给活动本身受到制度供给相关外部基础制度环境的约束。制定法型和政策型的通关便利化法律制度安排本身也要受到源自立法制度和政策制定制度的约束。在这些外部基础制度约束的作用和影响下,尤其是外部基础制度约束在未能充分同通关便利化法律制度高效供给相互之间充分契合时,制度的高效供给往往会受到一定的阻碍和影响,表现为制度供给的选择集合受到约束。有学者指出,作为制定规则的规则,宪法与基础政治秩序的制度环境,自然也影响制度供给。诺曼·尼科尔森总结了制度环境影响制度供给的四个方面,一是可能有助于或阻碍制度社会实践;二是直接影响进入政治体系的成本和建立新制度的立法基础的难易;三是直接为制度安排规定了选择空间;四是一种稳定而有活力的宪法与基础政治秩序会给政治经济引入一种文明秩序的意识,也就是一种解决冲突的基本价值

---

① 参见匡增杰、孙浩:《贸易安全与便利视角下加快实施我国 AEO 制度的路径探析》,载《上海对外经贸大学学报》2017 年第 2 期。

② 参见孙超英:《试论关检融合法律制度及其执法衔接》,载陈晖主编:《海关法评论》第 9 卷,法律出版社 2020 年版,第 45 ~63 页。

和秩序理念，从而大大降低制度成本和风险。[①]

（一）制度供给立法模式的限制

我国海关通关便利化法律制度的立法模式，是一种法律、行政法规作原则性规范，海关部门规章以及行政规范性文件作细化规定的立法模式。[②] 尽管这种“上位法作原则规范，下位法作具体细化”的模式符合我国一般问题的立法结构安排也具有一定的优越性，但是对我国海关通关便利化法律制度的充分供给也具有一定的限制性影响。

从根本上讲，法律和行政法规作为海关系统的外部法源，对通关便利化法律制度的规范原则性强，而将制度的具体安排、具体细化、具体标准乃至在原则边际的创新下沉给海关系统，直接导致海关对通关便利化法律制度供给获得实质性的、较大的权力，而且这一权力也存在膨胀和权限范围不清的问题。这样往往会导致以下几方面影响，一是海关对通关便利化法律制度的细化和制度的创新界限模糊，以至于海关可以很大程度上突破法律和行政法规进行制度安排；二是海关对通关便利化法律制度的供给获得不断强化的影响力，直接影响后续法律、行政法规对制度的原则部署，从而主导整个制度的制定法渊源；三是海关不断成为制度供给的主要和直接法律主体，海关和贸易商对制度规则的话语权、地位进一步不平等，关企之间的隔阂和博弈也会进一步加深；四是由于海关不断获得并强化了自身在制度供给上的地位和话语权，关企之间的不平等进一步拉大，制度供给活动更多的是有利于海关并受海关客观能力和主观意愿限制的供给活动，制度供给也因此受困于海关，其活力遭遇瓶颈。

（二）制度供给立法与政策关系的限制

立法与政策是我国海关通关便利化法律制度的两大重要法律渊源，在实践中对制度的部署安排发挥着重要的影响。但是，二者之间关系的模糊和定

---

① 参见胡乐明、刘刚：《新制度经济学》，中国经济出版社2009年版，第300页。

② 参见陈晖：《我国海关法的历史发展、贡献和展望——纪念〈中华人民共和国海关法〉颁布三十周年》，载陈晖主编：《海关法评论》第7卷，法律出版社2017年版，第3～44页。

位不清以及二者之间相互转化机制的不畅,很大程度上也约束了通关便利化法律制度的充分供给。

首先,立法与政策之间的关系不清,"政策代法"的现象导致通关便利化法律制度规则模糊、透明度较低,①由此导致制度供给不清晰、不充分。在海关通关便利化法律制度的供给过程中,有时是立法贯彻政策的安排和部署进行制度供给,有时是政策依据立法的原则和精神进行制度安排和供给。政策作为一种非正式法源以模糊的地位、模糊的属性介入海关通关便利化法律制度供给的制定法体系,出现"政策代法"的现象,以政策安排立法、以政策部署供给制度,尤其是在制度创新以适应新环境变化的制度需求时,政策凭借其灵活性优势会很大程度上直接供给制度以作为海关与贸易商之间的通关交易依据。这也导致通关便利化法律制度供给过程中,制度规则不清晰且透明度较差,制度实施主体尤其是贸易商难以充分预测、获取制度依据,从而导致通关的便利程度降低。

其次,立法与政策之间的转化机制不畅通,会在一定程度上限制通关便利化法律制度的高效供给。外贸环境的不断发展变化需要灵活、高效的制度供给以适应通关交易复杂多变的现实需求。政策对于制度供给宏观协调、宏观部署的灵活优势不容忽视。但是,考虑到立法的权威性、稳定性以及清晰、透明度,制定法型的法律制度供给应成为通关便利化法律制度供给的主要类型。当前来讲,由于立法与政策之间的转化尚未形成明确的法律机制,②即通关便利化法律制度的政策应当如何部署制定、政策的职能和权限范围为何以及如何及时转化为立法等问题较为模糊,故实践中成熟的制度政策未能高效地向立法转化,从而限制了权威高效的制定法型通关便利化法律制度的充分供给。

(三)制度供给立法与政策制定对权利关注不足的限制

权力与权利是法律制度供给过程中的两方面重要因素。权力所代表的公共利益与权利所代表的私人利益在法律制度供给过程中协调并行,能够高

① 参见朱京安:《中国外贸法律制度变迁研究:以制度主义为视角》,人民出版社 2008 年版,第 180 页。

② 参见王伟奇:《法治理论中政策与法之关系分析——以社会权利的发展为背景》,载《湖南文理学院学报(社会科学版)》2008 年第 2 期。

效优质地供给法律制度。[①] 但是,我国海关通关便利化法律制度供给过程中,立法与政策对于制度服务于贸易商约束贸易成本、提升贸易便利度的价值关注较低,权利色彩较为薄弱,进而导致制度供给因权力和权利未充分协调而受到一定的限制。

首先,通关便利化法律制度供给过程中,立法与政策制定本身就是一项权力运行活动,权利因素吸收不足。具体而言,通关便利化法律制度供给的立法和政策制定过程中,权利因素主要以公众参与立法和政策制定的方式通过建言献策发挥影响。但是,最终无论是制定法型抑或政策型的法律制度供给,公众参与的影响力是十分有限的,[②]公众意见是否吸收以及多大程度吸收仍旧是以海关等制度供给主体的权力进行决策的,权利因素的影响力并不充足。

其次,立法与政策制定进行的制度供给本身也强化着对海关权力的规范授权,对权利因素的关注较少。一方面,从通关便利化法律制度供给的内容来讲,强制性的法律制度几乎占据了全部,主要是海关强制要求贸易商予以配合的命令性法律义务以及禁止贸易商采取某行为的禁止性法律义务,对于自治性的、可供贸易商自由选择和设计安排的制度内容较少。即便是在以关企合作为基础的经认证经营者制度中,认证的标准以及便利化通关的待遇也由海关以权力进行设置,贸易商仅有是否参与的选择权,权利因素在制度内容方面仍旧介入不足。[③] 另一方面,在通关便利化法律制度供给过程中,立法

---

① 参见汪习根、武小川:《权力与权利的界分方式新探——对“法不禁止即自由”的反思》,载《法制与社会发展》2013 年第 4 期。

② 参见朱京安:《中国外贸法律制度变迁研究:以制度主义为视角》,人民出版社 2008 年版,第 262 页。

③ 《海关注册登记和备案企业信用管理办法》第 15 条:“企业申请成为高级认证企业的,应当向海关提交书面申请,并按照海关要求提交相关资料。”第 19 条:“海关对高级认证企业每 5 年复核一次。企业信用状况发生异常情况的,海关可以不定期开展复核。经复核,不再符合高级认证企业标准的,海关应当制发未通过复核决定书,并收回高级认证企业证书。”第 30 条:“高级认证企业是中国海关 AEO,适用下列管理措施:(一)进出口货物平均查验率低于实施常规管理措施企业平均查验率的 20%,法律、行政法规或者海关总署有特殊规定的除外;(二)出口货物原产地调查平均抽查比例在企业平均抽查比例的 20% 以下,法律、行政法规或者海关总署有特殊规定的除外;(三)优先办理进出口货物通关手续及相关业务手续;(四)优先向其他国家(地区)推荐农产品、食品等出口企业的注册;(五)可以向海关申请免除担保;(六)减少对企业稽查、核查频次;(七)可以在出口货物运抵海关监管区之前向海关申报;(八)海关为企业设立协调员;(九)AEO 互认国家或者地区海关通关便利措施;(十)国家有关部门实施的守信联合激励措施;(十一)因不可抗力中断国际贸易恢复后优先通关;(十二)海关总署规定的其他管理措施。”

与政策的制定对贸易商权利的保障并不充分。贸易商对权利的维护和救济只能依托于一般的行政复议、行政诉讼方式进行，特色化的增进关企平等氛围下的权利救济和沟通保障机制尚不成熟。这导致在通关过程中一旦产生关企纠纷，贸易商难以快捷高效地寻求保障，通关的便利化程度降低。

我国海关通关便利化法律制度供给，无论是立法和政策制定本身还是立法和政策输出的法律制度内容，都对贸易商的权利因素关注程度不足。这种不足反映了贸易商主体及其所代表的权利和私益在通关便利化法律制度供给过程中的影响力十分有限。一方面，海关单侧的影响力不断自我强化，制度供给越发受限于海关方面主客观因素的瓶颈；另一方面，关企之间在制度供给甚至制度实施方面地位越发不平等，关企的博弈和对抗不断增加，[①]更多地释放制度活力、优化通关方式的平等型法律制度供给经受显著阻碍。

第四节　我国海关通关便利化法律制度供给不足的负面影响

我国海关通关便利化法律制度供给不足的负面影响主要反映在三个层面，一是海关和贸易商之间的通关交易活动的效率降低；二是以通关交易活动为基础的海关国际贸易管理无法充分适应我国外贸环境变化发展的新需求；三是我国国际贸易在世界范围内发展的竞争力也因通关便利化法律制度供给不足受到一定程度的限制。

一、降低了海关和贸易商之间的通关效率

制度的作用就是在现实的经济生活中发挥激励和约束，在信息不完全的

---

① 参见王瑜、黄胜强：《海关与企业间关系：内涵、模式与路径构建》，载《海关与经贸研究》2021年第1期。

条件下，通过限制有限理性和机会主义行为，保证现实经济活动有效率地运行。[①] 当我国海关通关便利化法律制度供给不充分、相对不足时，也即制度主义下的"制度供给出现时滞"问题，[②]最直接的危害就是海关和贸易商之间的通关交易效率有所降低，即海关和贸易商的通关成本有所提升、通关的收益有所减少或者收益减少的风险有所加大。

（一）海关执法成本和关境安全风险增高

通关便利化法律制度供给不足导致制度空白，进而导致海关在现实的通关执法活动中成本提升且关境安全受到侵害的风险加大。实际上，随着改革开放尤其是加入世界贸易组织以后我国经济的快速发展和市场消费水平的大幅提升，传统的集装箱式进出口贸易已不再是我国外贸活动中"独占鳌头"的进出口方式和消费方式；在"互联网＋"外贸的激励政策影响下，跨境电子商务全球购、"海淘"、"海代"等业态模式迅猛发展。[③] 尽管我国海关对于电商零售贸易已作初步的制度安排和部署，但是对于"海淘""海代"等模式相对来讲仍存在制度空白。事实上，长期以经营为目的的"海淘""海代"活动本质上就是一种进口贸易活动，和电商零售贸易具有相似性，即以碎片化的方式将海外商品输入境内且直销消费者。但不同的是，长期以经营为目的的"海淘""海代"活动一般仅以互联网为招揽业务、发布商业信息的媒介，以个人或者组织形式将海外商品以"物品"申报入境、运达消费者，本身并不以平台化方式进行运营，这对于海关而言具有相比平台化的电商零售贸易更复杂的监管难度。类似于电商零售贸易，"海淘""海代"商品也具有"货物"和"物品"的双重属性，[④]具有较强的走私违法风险，为设置、监管以及核查消费额度，防范、精准查处伪装成"海淘"包裹的走私违法行为，在有关制度空白的情况下，海关的执法成本必然提升，关境安全利益、税收安全利益受到违法侵犯的风险也必然有所加大，最终导致通关的效率有所下降。

---

① 参见胡乐明、刘刚：《新制度经济学》，中国经济出版社2009年版，第12页。

② 参见卢现祥主编：《新制度经济学》（第2版），武汉大学出版社2011年版，第181页。

③ 参见卢玲、涂裕春：《我国海淘的发展现状分析及发展思考》，载《电子商务》2019年第6期。

④ 参见陈晓：《"货物"还是"物品"？——刍议海关法律制度中的"物"是"物"非》，载《海关与经贸研究》2020年第6期。

(二)执法标准难以统一且通关效率下降

通关便利化法律制度供给不足,制度规则较为滞后、模糊、笼统以及可操作性较低,往往会导致海关的执法活动因缺乏统一、清晰尺度且任意性增强。我国海关通关便利化法律制度供给在法律、行政法规作出顶层设计和原则规范以后,主要是由海关系统自身进行制度细化、制度解释和边际创新安排。当然这是制度本身的技术性、专业性以及面对复杂多变的现实情况所需的灵活性所决定的。但是,海关总署基于规范的全国统一性问题,很难对地方关区进行个别、单独制度供给,例如,天津口岸在平行进口汽车行业领域独树一帜,[①]既有体量上的领先地位,也有进境通关实践方面的优势经验成果,但海关总署并不会对天津海关关区平行进口行业本身进行单独制度安排和标准设计。这在结果上导致一线海关在通关执法方面对依据的选择、对尺度的把握以及对行政决定的作出过程中,自由裁量权较大,[②]相对地可能会产生通关迟缓以及权力寻租的风险,由此导致通关的效率降低。

(三)贸易商的通关守法成本提升

第一,贸易商本身对其据以遵守制度规则尤其是具体的实施标准的可预测性降低,反映在现实的守法活动中可能因对有关规则、标准的不理解或不知晓而违反法律规范或法律标准,从而导致贸易商的顺利通关受到阻碍,通关成本增高。

第二,在规则较为模糊笼统的情况下,由于海关系统本身是制度规则或制度标准的制定者,贸易商基本处于规则创制中的顺从者和被动接受者地位,故在制度实施过程中,海关对于规则的理解和运用则更具有话语权,由此引发的权力膨胀和权力寻租风险也会导致贸易商的通关成本提升。

第三,在海关过分主导通关交易过程的情况下,制度供给的不充足、不充分会导致贸易商因为其通关程序和实体性法律权利的保障不到位而或受到

---

① 参见陈耀东、刘子睿:《天津自贸区绩效梳理与法治化建设》,载《法治现代化研究》2020年第5期。

② 参见沈国栋:《公共政策执行力视角下的海关执法统一性建设研究》,广西大学2014年硕士学位论文。

侵犯而使通关成本提升，通关效率下降。

第四，法律制度本身具有限制机会主义的作用，[①]通关便利化法律制度供给的不充足、不充分会导致贸易商基于机会主义的心理，增强其同海关之间的违法博弈，不仅为海关监管带来更多压力和挑战，对贸易商本身而言也会增加其正常的通关成本。尤其是部分违法者博弈带来商品进出境违法风险提升后，守法的贸易商也会因此受到牵连影响，导致通关效率降低。比较典型的是，海关收到走私违法的举报后，会对当前的通关程序收紧并转入特殊的严格审核流程，从而导致守法的贸易商也因程序的收紧和严格而增加了顺利通关的成本。

二、凸显了海关在国际贸易管理中的矛盾

由于我国现行海关通关便利化法律制度存在一些供给不充分、不充足的情况，应由制度所规范和调整的通关交易活动以及由通关交易活动所代表和反映的海关国际贸易管理无法充分适应外贸环境发展的新要求，最终导致海关国际贸易管理在外贸环境发展中，海关公共职责履行同贸易商高效通关之间的矛盾更加突出。[②]

（一）在我国外贸总量递增中贸易安全与贸易自由的矛盾更加突出

外贸总量的逐年递增，包括商品总量和贸易商主体总量不断扩大膨胀，要求有限的海关力量对更大体量的贸易总量保障安全妥善履行职责，维系安全的职责自然更高。外贸总量增长、贸易商群体扩大，进出口贸易的商业竞争越发激烈，贸易商对低成本高效通关的需求更加强烈，也更需要通关便利化法律制度妥善保护好其高效通关的法律权利。制度供给不足导致海关为

---

① 参见胡乐明、刘刚：《新制度经济学》，中国经济出版社2009年版，第12页。

② 海关履行贸易安全保障职责、确保商品进出境行为具有合法性与保障贸易商依法顺利获得通关放行许可、减少海关壁垒对国际贸易的不利影响，这组矛盾关系本身就是我国海关通关便利化法律制度核心需要协调的价值矛盾。我国外贸环境发生变化，对海关履行贸易安全保障职责要求更高，同时对贸易商依法高效通关的权利保障要求也大幅提升；在有关的通关便利化法律制度供给不足、不充分时，二者之间的矛盾关系则会越发凸显。

妥善监管体量庞大的贸易而不得不牺牲效率时，贸易商的高效通关权利保障也因此受到削弱；海关为迁就通关时效不得不降低查验率时，维系贸易安全的效率也将降低，①由此二者的矛盾更加凸显。

（二）在我国电商零售贸易发展中贸易安全与贸易自由的矛盾更加突出

电商零售贸易业态模式的发展，从根本上冲击了传统贸易模式，也对海关有针对性地进行通关监管提出新挑战。② 这种贸易的直对消费者的零售模式、技术性、碎片化等特征，要求海关应当更加注重一般通关监管以及防范走私违法等贸易安全职责的履行。③ 与此同时，电商零售贸易的发展正得益于消费者和贸易商等群体对其高效便捷以及节约成本的优势青睐。这方面的通关便利化法律制度供给不足，直接导致海关对电商零售贸易的监管效率、商品通关效率下降，零售贸易的优势也将受到削弱。

（三）在我国自贸体制改革中贸易安全与贸易自由的矛盾更加突出

在自贸体制改革背景下，自贸港区的建设发展，一方面要求海关结合自贸港区的功能定位做好港区进出安全准入准出保障，避免自贸港区成为走私违法的工具；另一方面要求港区建设能够促进合法贸易要素进出港区流动的高效便利，充分保障实现贸易商的便捷通关法律权利，推进自贸港区经济红利辐射带动内地周边地区建设发展。有关自贸港区建设中的海关通关便利化法律制度供给不足、不充分会导致港区功能定位和设计价值无法充分实现，导致在港区建设发展的过程中，要么照搬一般关税区通关实践，通关便利化程度并不突出，要么港区贸易要素快速流动，安全无法充分保障，走私违法风险提升，从根本上导致海关的贸易安全保障职能与贸易商的便利通关权利之间的矛盾更加突出。

---

① 参见王星宇：《利用跨境电子商务零售进口模式进行走私犯罪的若干问题探析》，载《海关与经贸研究》2020 年第 6 期。

② 参见董一臻：《跨境电子商务海关监管探究》，首都经济贸易大学 2016 年硕士学位论文。

③ 参见尹浩华、李美林：《我国进口零售跨境电商的海关监管研究》，载《经营与管理》2023 年第 6 期。

(四)在外贸关系复杂压力上行中贸易安全与贸易自由矛盾更突出

在外贸关系更加复杂以及外贸压力上行的背景下,海关的贸易安全保障职能与贸易商便利通关的权利保障,会因通关便利化法律制度供给的不足、不充分而更加突出。一方面,外贸关系的复杂和外贸压力的上行,意味着我国的国际贸易发展要面临来自西方发达国家经济体的诸多挑战和摩擦;另一方面,其意味着我国在外贸发展的过程中要妥善运用“一带一路”倡议、《区域全面经济伙伴关系协定》合作等优势应对外贸发展,这对于海关和贸易商而言,既要求海关能够在贸易对抗和摩擦中更加严格地维系关境的税收以及合法保障安全,依法严格实施维护我国经济主权的贸易救济措施和反制措施,也要求海关对国际贸易的管理能够服务于我国外贸新发展,促进贸易商同“一带一路”共建国家的合作往来,加强包括经认证经营者国际互认在内的海关国际合作,促进对贸易商高效便利通关的权利保障。从这个意义上讲,海关通关便利化法律制度的供给不足,导致海关在当下的国际贸易管理过程中,难以充分协调好加强国际贸易安全保护与贸易商便利通关权利保障之间的关系,从而导致二者之间的矛盾关系更加突出。

三、限制了我国进出口贸易的国际竞争力

(一)贸易要素本身的国际竞争力会受到限制性影响

其一,商品的国际竞争力会受到限制性影响。通关便利化法律制度的供给不足导致通关交易活动对贸易成本的增加影响显著,直接反映在商品的价格方面会使商品优势减弱,在海外市场上的国际竞争力受到约束和限制。

其二,商品的国际供应链竞争力会受到限制。① 我国在世界范围内的制造业产业链条较为完善,一方面得益于我国的劳动力优势,另一方面得益于我国产业链上贸易要素流动的便利高效。但是需要注意的是,在当前我国外贸环境复杂变化的背景下,有关通关便利化法律制度供给的不足,会在原本

---

① 参见戴影:《通关成本与全球价值链参与——基于“一带一路”沿线国家的研究》,南京大学2020年硕士学位论文。

劳动力优势减弱的情况下“雪上加霜”，导致贸易要素跨境流动的成本增加，加速制造业链条向我国周边的发展中国家迁移。

其三，外贸企业拓展海外业务的国际竞争力会受到影响。通关便利化法律制度的供给不充分直接导致通关交易的成本较高，通关效率较低，外贸企业开展国际合作的成本因此提升，与海外企业达成合作的难度也因此加大，最终导致外贸企业拓展国际贸易业务的竞争力受到制约和限制。

其四，港口贸易如仓储贸易、加工贸易、转运贸易等，也会受到限制性影响。通关便利化法律制度供给的不足导致贸易要素在港口流动的过程中成本提升，由此也会很自然地削弱我国港口贸易的国际竞争力。

（二）以海关制度为代表的我国外贸制度规则的国际竞争力也会受到影响

其一，我国海关在同世界范围内其他关境海关进行制度合作的过程中出现障碍。例如，我国的海关经认证经营者制度在认证标准方面较为笼统，强制色彩突出，自治性较低，而且认证的企业范围较为狭窄，这会阻碍我国同其他国家进行认证企业的国际互认合作安排。① 又如，我国海关在口岸部门合作的过程中信息流动共享存在部门隔阂，单一窗口制度供给较为笼统，具体标准不充分等，②也会导致我国海关同世界范围内其他海关进行单一窗口合作与执法信息交流过程中存在阻碍。

其二，我国的海关通关便利化法律制度规则对世界范围内的海关规则的引导力受到削弱。《经修订的京都公约》目前正处于全面审核、面临再度修订的重要时期。此次公约修订在很大程度上是要结合当前国际贸易形势的新发展以及此前已建议推行的有关海关法律制度，呼应《贸易便利化协定》的颁行而进行海关制度协调的再创新。当前我国也正处于世界经贸规则包括海关规则重塑的重要时期，我国的海关通关便利化法律制度在外贸环境变化中供给不足、相对笼统和陈旧，会导致我国的海关通关制度规则在《经修订的京都公约》再度修订中的引导力受到削弱，由此使我国以海关通关制度规则为代表的国际经贸规则的世界竞争力受到限制性影响。

---

① 参见赵丽、颜乐天、张泽：《“一带一路”背景下推进“经认证经营者”（AEO）国际互认合作的策略与路径研究》，载《中国集体经济》2020 年第 29 期。

② 参见杨欣、王淑敏：《〈贸易便利化协定〉单一窗口条款对我国的影响及对策研究》，载《上海对外经贸大学学报》2017 年第 6 期。

第三章

我国海关通关便利化法律制度设计实施的成本问题研究

研究我国海关通关便利化法律制度的设计实施成本,是在微观的维度将法律制度的规范塑造同规范运行的成本问题进行系统考察,有助于进一步深入剖析我国海关通关便利化法律制度的现实困境。近年来,随着我国海关现代化改革进程的持续加快以及海关全面深化改革部署不断向纵深推进,通关便利化法律制度的设计实施成本已经在一定程度上得到了约束,相关问题解决取得了一定的成效,特别是在优化执法理念、创新执法模式和革新执法方式等方面都取得了明显的进展。但是,如果从制度设计实施的总体安排上讲,尤其是关于制度的规范框架以及规范框架下的主体间结构关系,当前我国海关通关便利化法律制度的设计实施成本仍然普遍偏高。

第一节　我国海关通关便利化法律制度降低设计实施成本取得的成就

从20世纪80年代开始,国际社会掀起了一场有关海关现代化建设的发展浪潮,主要在管理理念、管理对象、管理方法和管理方式四个方面推动海关现代化转变,以在根本上应对海关业务量高速增长而管理资源相对缺乏所导致的“严密监管与高效运作”之间的矛盾。我国也在20世纪90年代提出了海关现代化建设的基本框架,并提出了海关现代化建设的两个步骤,一是通关制度改革以顺应外贸发展的需要,二是以风险管理为中心进行管理理念和方式创新。[①] 实际上,我国在20余年的海关现代化建设和发展过程中围绕商品进出境行为的通关便利化法律制度革新,依托现代化科技,紧扣“风险管理”要求,以合理分配海关力量“缓解贸易量激增与有限海关资源的矛盾”为导向,制度发展水平得到了较大提升,体现了我国海关通关便利化法律制度在不断约束制度成本方面的努力和成果。

① 参见韦毅:《海关现代化刍议》,载《上海海关学院学报》2012年第1期。

一、吸收了现代科学技术因素

制度主义的视角下，科学技术本身具有与制度发展的辩证关系。① 在马克思历史唯物主义之下，作为经济基础的科学技术与作为上层建筑的法律制度之间本身存在作用和反作用的关系。② 一方面，现代科学技术的发展促进了我国海关通关便利化法律制度的现代化发展，制度规则不断吸收现代科技、强调对现代科技的运用，同时现代技术在制度实施过程中的推广使用极大地节约了传统制度实施的成本。③ 另一方面，我国海关通关便利化法律制度本身不断强化对现代科技的吸收，增进现代科技面向海关领域的推广发展，推进技术与法律制度的深度融合。2007 年海关总署《海关信息化建设指导方案》（署厅发〔2007〕505 号）指出，为实现海关制度发展战略目标，必须发挥现代科技的基础性、先导性作用，这是法律制度能动地推进技术面向海关通关普及发展的具体表现。在部分制度主义学者看来，制度是现代化进程和科技发展的根本动因。④

当前，随着 21 世纪科技的飞速发展以及电子信息化的商务形式在国际贸易领域的广泛运用，我国海关在通关便利化法律制度逐步吸收了海关 H2010 通关系统工程、⑤大数据技术、人工智能技术、区块链技术⑥等电子信息智能化执法手段，使现代化的技术性成为我国当前海关通关便利化法律制度的典型特征之一，对于约束制度成本发挥了极大的促进作用。

---

① 参见洪名勇主编：《制度经济学》，中国经济出版社 2012 年版，第 139 ~ 140 页。

② 参见王德佩：《马克思主义历史学》，北京体育学院出版社 1992 年版，第 20 ~ 21 页。

③ 参见刘秀生主编：《新制度经济学》，中国商业出版社 2003 年版，第 80 页。

④ 参见汪洪涛：《制度经济学：制度及制度变迁性质解释》（第 2 版），复旦大学出版社 2009 年版，第 104 页；袁庆明：《新制度经济学》，中国发展出版社 2005 年版，第 363 页。

⑤ 参见何若冰、张娟：《从 H2010 工程看海关组织级项目管理体系的成熟发展》，载《上海海关学院学报》2011 年第 2 期。

⑥ 参见刘建军等：《区块链技术在海关智慧通关领域的应用研究》，载《天津科技》2021 年第 1 期。

二、贯彻了现代风险管理理念

我国在21世纪初加入世界贸易组织多边贸易体制,国际贸易总量和国际贸易地位飞速提升。作为世界第一大货物贸易国和第二大经济体,我国有限的海关执法力量和资源面对庞大的贸易监管对象,必须回答"合理分配执法力量和执法资源"的重要课题。所谓"合理分配执法力量和执法资源",其实就是将更多的精力和执法活动如审核、查验等投放在违法风险、安全准入和税收风险较大的进出境贸易活动上,对于低风险的国际贸易货物加快放行。

我国海关从2009年开始实施的分类通关改革模式正是风险管理手段在通关便利化法律制度中的典型运用:通过报关单位的信用信息以及申报的通关信息,根据系统预设的风险参数进行通关风险评估,甄别出高、中、低不同类型的货物风险以采取不同的通关监管措施。①

三、实现了物流的高效率管控

海关作为国际贸易的管理机关,对国际贸易要素——商品(货物)的跨境流动、商品(货物)的进出境行为实施通关监管是海关职责身份最鲜明的特色。海关对商品(货物)进出境行为通关监管中对进出境物流的管控,如加快、暂缓以及扣留、禁止物流往往是海关对国际贸易施加影响最直观的反映,也是海关影响贸易成本的重要因素。正如世界海关组织《标准框架》所指出的那样,海关之所以能在全球贸易安全和便利中发挥核心作用,正是因为其对国际贸易物流和全球供应链要素跨境流动具有其他机关所没有的查验进出境货物、加速和禁止货物进出境的权力。因此,海关对物流进行高效率的现代化科学管控,在妥善履行税收和贸易安全保障职责的同时,便捷高效地放行物流成为海关通关便利化的关键。

第一,以信息为本位进行通关监管。其中,报关单位一次性依法全面、规范、准确地提交给海关的报关信息作为海关通关监管的基础前提,是报关单

① 参见王雅丽:《海关风险管理的国际实践与中国对策》,载《海关与经贸研究》2023年第1期。

位引发通关监管程序的实质法律要素。传统上,强调“以物流验证信息”的通关思路,使海关牢牢掌控物流直至验证报关信息的真实准确,通关的时效相对较低。当前,逐步强调“以信息管控物流”的通关思路,使海关更加以信息为本位采取分类执法决策,根据报关信息风险甄别的参数捕捉结果,确定只有被安全风险参数、重大税收风险参数以及报关风险参数捕捉的商品需要采取现场布控措施,其余未被捕捉的或只被一般税收风险参数捕捉且可由税收征管中心事后核查的,往往直接放行。以信息为本位的通关监管使海关可以更加科学地管控物流,实现低风险商品快速通关,促进了通关便利、贸易便利的实现。

第二,海关税收风险防控后置。以关税为核心的关上税费征收作为海关的核心职责之一,是海关对商品进出境行为通关监管程序的关键,也是长期以来影响传统通关程序效率的重要变量。[①] 在传统“串联式”的通关模式中,税收风险防控内置于通关流程,使关上税费的申报、计算、核查以及缴纳等环节置于通关环节并对物流的快速放行造成极大阻碍。当前,除了存在重大税收风险事后难以核查、稽查的以外,税收风险防控均后置于物流放行,通关过程中完全由纳税义务人根据海关系统的提示完成税费自报自缴,物流放行后由海关税收征管中心根据计税的要素进行税费的核查、稽查,极大地提升了商品进出境的通关效率。

第二节　我国海关通关便利化法律制度设计实施成本仍然存在偏高问题

一、制度设计成本偏高

我国海关通关便利化法律制度的设计成本即立法与政策制定主体对制度创设、细化完善以及进行边际创新过程中所花费的代价。当前,我国海关

① 参见高琦等:《全国通关一体化背景下海关税收征管问题研究》,载《金融文坛》2023 年第 12 期。

通关便利化法律制度设计成本偏高主要体现在立法不够细化且具有一定滞后性、立法与政策的界限不清晰等方面。

(一)立法不够细化且具有一定滞后性

我国海关通关便利化法律制度的立法不够细化,一方面反映于法律规范本身原则性强、旨在表达法律精神和立场;另一方面反映于法律规范对“便利化”的内涵规定模糊,并未精确地内化到法律规范表述之中。尤其是处于较高位阶的法律、行政法规往往为了保障在较长时间范围内的稳定性以及对全国范围内一般问题的宏观统筹,对通关问题都仅作原则性的安排,这实际上造成了下位立法在具体塑造、细化安排通关便利化法律制度的过程中,弹性空间较大且任意性较强。这在上位法律规范并未将“便利化”内涵内化到具体规则的情况下,往往导致下位法难以准确地把握好便利化通关制度安排的具体制度结构、制度要素和制度规范内容,从而导致制度的设计成本偏高。

立法具有一定滞后性也导致我国海关通关便利化法律制度的设计成本偏高。所谓立法的滞后在学理上溯源于法的滞后性,即法总是滞后于社会关系的发展。[①] 尽管这是法作用不可避免的局限性,但这种立法的滞后确实在一定程度上造成了制度的设计成本偏高。

第一,从立法的理念上看,我国海关通关立法仍主要以贸易安全保障职能为突出的立法价值本位,尚未充分彰显出贸易安全保障与贸易便利协调的现代化关系。[②]

第二,从立法的结构上看,我国海关立法的结构以法律、行政法规等海关系统外部法律渊源为基础构建原则性框架,具体制度构建不断下沉至海关系统本身对制度进行规范塑造,外部法源对海关系统的约束性较弱,尤其是在制度解释、细化和创新安排的过程中很大程度上可能突破法律的安排,出现

---

① 参见章戎编著:《法理学原论》,云南大学出版社2007年版,第133页。

② 我国《海关法》第1条“立法目的”指出:“为了维护国家的主权和利益,加强海关监督管理,促进对外经济贸易和科技文化交往,保障社会主义现代化建设,特制定本法。”海关核心职能的主权安全保障利益明显突出,贸易便利化的职能价值尚未充分凸显。

低位阶法源同高位阶法源冲突等问题，[①]由此反映出海关立法的结构也相对滞后。

第三，从立法的功能上看，我国的海关立法更多地发挥对海关的授权性立法功能，即赋予海关管理、把控商品进出境通关活动的法律权力，但对权力的约束限制性规范相对不足，海关中心主体本位现象较为突出，立法约束公权力的现代功能相对滞后。从立法的主体和自治性元素上看，我国的海关立法贯彻了一般立法的公权力属性，贸易商等自治性主体参与立法的方式主要体现为公众参与立法程序表达意见；但立法规范的内容本身并未赋予贸易商较多的同海关平等协商的空间，立法规范的自治性相对滞后。

（二）缺乏相关立法规范的法律调整

我国海关通关便利化法律制度的缺位主要表现在以下几个方面：一是外贸关系和通关管理需求的快速发展导致立法无法迅速作出反应从而出现缺位；二是外贸体制的创新发展导致很多新型通关管理活动需要制度主体探索实践“摸着石头过河”，无法迅速通过立法固定有关的通关要求从而出现立法缺位；三是通关立法有意为执法活动“留白”，赋予海关现实通关监管的自由裁量权，从而导致有关事项缺乏相关立法规范的法律调整。[②] 事实上，客观上缺乏相关立法规范的法律调整基于法的作用的局限性，往往不可避免地导致立法的滞后、模糊和笼统，也由此导致了前述的制度设计成本偏高的诸多表现。但在另一种意义上，这种有意识的“不够完善”实际上是一种通过立法进行制度安排的主观部署，旨在协调制度立法权威性、稳定性同制度执法、守法之间灵活性的矛盾关系，但是这个“度”的把握尤为重要。

我国海关通关便利化法律制度立法有意识的“不够完善”，具有如下作用。首先，赋予了海关很大程度、很大空间的制度细化权限，包括细化通关制度中的通关程序、通关文件、通关信息、通关标准以及通关企业管理的权限等，一定程度上导致海关在立法缺位之下凭借制度细化的权限完成了海关权

---

① 参见吴展：《我国现行海关法律体系之立法检视》，载《海关与经贸研究》2016 年第 3 期。

② 参见左宏愿：《基层一线公职人员的自由裁量权及其责任机制》，载《西北师大学报（社会科学版）》2021 年第 2 期。

力的扩张。[①] 其次，赋予了海关灵活的制度创新权限，海关凭借这一权限可以完成对诸如自贸港区体制创新等新型通关制度的安排部署，可以完成对跨境电子商务零售进出口通关的规范要求，从而导致海关在制度创新中相对完成了权力的扩张。

这种通关便利化法律制度的缺乏相关完善立法规范的现象，从直观上讲，导致海关逐步实现了对法律制度的主导以及对制度规则和制度标准的把控，不断巩固和强化了海关主体在通关交易关系中的核心地位；更深一层次上讲，这种现象导致了海关的行政立法乃至非立法的行政规范性文件并非为实施法律而“立”，实为弥补立法不完善而“立”，海关行政立法的功能定位偏离了初衷，一定程度上导致制度设计的立法结构出现紊乱。[②] 实际上，我国海关通关便利化法律制度立法并未很好地掌握好“不完善”的“度”，尚未明确划分哪些事项应当由立法特别是法律进行规范、进行何种程度的规范细化，以及哪些事项应当由海关进行细化和创新。从某种意义上讲，这种不适度的立法缺位导致了我国海关通关便利化法律制度的设计成本偏高。

（三）立法与政策的界限不够清晰

所谓“立法”，从动态意义上讲，是指国家有权主体依照法定的职权和程序通过一定的法的形式创设法的内容的过程，因而职权性、程序性以及立法活动、法律规范形式和内容的专业性是立法的主要特征。[③] 静态意义上的“立法”即指动态意义上“立法”活动的结果。相较之下，政策的制定是国家党政机关基于对国家经济社会建设和发展进行的宏观部署或者行动方案安排，因为政策的宏观性、原则性和指令性都是较强的。[④]

立法和政策是我国海关通关便利化法律制度设计的两种基本方式。但是，长期以来立法与政策在通关便利化法律制度中的定位不清，也在一定程度上导致了制度的设计成本偏高。

---

① 参见吴展：《我国现行海关法律体系之立法检视》，载《海关与经贸研究》2016 年第 3 期。

② 参见严存生、宋海彬：《“立法冲突”概念探析》，载《法学论坛》2000 年第 1 期。

③ 参见杨磊、吴斌主编：《法理学》，浙江大学出版社 2007 年版，第 246 页。

④ 参见杨磊、吴斌主编：《法理学》，浙江大学出版社 2007 年版，第 378 ~ 379 页。

1. 我国海关通关便利化法律制度设计中立法与政策分工定位

我国海关通关便利化法律制度设计中立法与政策的分工定位不清，即对于哪些制度事项应当由立法制定、哪些制度事项应当由政策引导尚未形成明确的功能定位和界限划分，即便在国家宪法和基本法律中也未见明确清晰的安排。一般来讲，现实中立法主要用于制定较为成熟的制度规范和较为基础、较为原则的制度内容，政策主要用于立法改革指引，弥合成文法的僵化，①以及对一些改革创新中尚不成熟、仍需探索实践的制度规范进行过渡性的部署安排。这样的一种立法与政策的分工定位方式，实际上并不充分利于我国海关通关便利化法律制度的设计，会导致设计成本偏高。

首先，这是一种凭借制度设计主体经验判断的分工方式，在长期的“政策偏好社会心理”的作用和影响下，②叠加政策制定的程序性成本本身就低于立法的程序性成本是客观现实，制度设计主体会有意无意地通过政策代替立法进行制度设计安排，弱化了制度设计的权威性、稳定性和透明度，从而导致通关便利化法律制度总是以较高的代价向外宣示。

其次，海关通关便利化法律制度约束的通关交易活动以及制度所处的外贸环境是迅猛发展和不断变化的，尤其在近年来这种变化的势头是十分突出的。长期的制度实践探索以及政策发挥立法的功能，一定程度上会导致“政策代法”作为制度设计的主流方式，制度输出成本提升，易获取性、可预测性和稳定性降低，导致制度成本偏高。

最后，这种立法与政策的分工定位可能导致海关通关便利化法律制度演进为“通关便利化政策制度”。尽管以灵活的政策塑造制度能够实现制度设计的“便利化”，但在某种程度上会对海关的法治化发展产生不利影响。

2. 我国海关通关便利化法律制度设计中立法与政策衔接关系问题

首先，对于立法应当如何按照政策的指引进行法律制度的安排部署，目前我国海关立法尚未达成明确的认识和实践。也就是说，如何将宏观的、原

① 参见史际春、胡丽文：《政策作为法的渊源及其法治价值》，载《兰州大学学报（社会科学版）》2018 年第 4 期。

② 参见朱京安：《中国外贸法律制度变迁研究：以制度主义为视角》，人民出版社 2008 年版，第 179 页。

则性和指令性的政策语言转换为具有国家强制性的、符合法学专业化色彩的法律语言,如何以具有法的精神的法律规范诠释和贯彻党政领导机关的政策部署,在我国的海关立法特别是在通关便利化法律制度的立法中仍是较为模糊的。例如,以当前政策较为集中的海关自贸体制改革为例,2020 年中共中央、国务院颁布实施了《海南自由贸易港建设总体方案》,将自贸港作为一种综合职能型的海关制度进行了政策部署,其中涉及"一线"、"二线"的通关理念、通关目标的政策安排,如何将其中的"一线"、"二线"以及零关税清单、进出境管制清单等通过专业化的法律规范进行设计和阐释,使其既符合政策精神,又符合法解释学要求,就目前来讲还是较为模糊的。当前主要是直接将政策语言写入立法,转化为法律规范表述,这种方式可能导致立法成为政策的"代言书",对法解释体系和法规范体系形成冲击,对于长期系统的法制度设计而言是较为不利的。①

其次,政策应当如何在立法的框架下进行制度探索和方案设计对于目前的海关通关便利化法律制度设计而言也是较为含混的。一般情况下,我们认为只要政策不违反法的一般原则和精神就可以进行大胆的探索与尝试。但这对于海关通关便利化法律制度的设计而言,同样可能导致制度设计的成本偏高。其一,通常来讲,海关法的原则和精神是相对宽泛的也是模糊的,尤其在海关法解释学尚不完善的背景下,这对于约束政策来讲是力度不足的。海关政策在现实中可以很灵活地运用于制度安排,尽管这是制度创新的必要条件之一,但同时导致制度的政策探索过于泛化,容易背离法的中心主线的牵引形成较高的摩擦成本。其二,在海关法相对滞后和笼统的背景下,海关政策如何既不违反滞后法的原则精神,又为法的改革创新大胆探索,这本身也存在一定的矛盾关系,该矛盾关系的含混和理顺的困难,也会限制政策对制度的创新,导致制度设计成本偏高。

---

① 例如海关总署《关于发布海南离岛旅客免税购物邮寄送达和返岛提取提货方式监管要求的公告》(2021 年第 13 号)、《关于发布〈海南自由贸易港进口"零关税"原辅料海关监管办法(试行)〉的公告》(2020 年第 121 号)等贯彻落实《海南自由贸易港建设总体方案》海关通关便利化政策安排的总署公告,作为一种"海关立法"(《海关立法工作管理规定》第 2 条、第 3 条将之界定为"立法"),同时是海南通关便利化海关监管的法律依据,主要是对政策语言的翻译,法律规范的专业性表述较差。

(四)制度设计与实施主体同一的问题

海关通关便利化法律制度具有较强的专业性、前沿性和系统性特点。其中,通关便利化法律制度的专业性体现在具有一系列专业的法律和实务概念,以及具有一系列专业化的技术和操作标准,[①]而且海关通关便利化法律制度的设计实施通常也需要一系列专业化的队伍具体开展有关工作。制度的前沿性体现在通关便利化法律制度往往需要紧贴外贸发展的关系、模式、类型和实务前沿,以适应新型贸易不断涌现背景下的各种商品进出境监管需求。[②] 通关便利化法律制度的系统性体现为一系列海关制度包括关税制度、保税制度、海关特殊监管区制度、海关统计制度、海关稽查制度、走私防控制度、海关知识产权保护制度等基础性和统筹性法律制度,这些具体的法律制度分支往往渗透或搭建在海关通关便利化法律制度的实体和程序之上,使通关便利化法律制度相对独立于其他制度分支,但同时由于这些制度分支形成紧密关联的制度系统,通关便利化法律制度对通关效率的不断追求也需要有关制度系统性地予以协调完善。

海关通关便利化法律制度的专业性、前沿性和系统性,决定了海关体系包括海关总署及其领导下的全国直属、隶属海关,对通关便利化法律制度的设计具有极强的影响力和实质的主导力。第一,高位阶的法律、行政法规和政策等具有较强的原则性,赋予了具有专业性、处于执法前沿且对制度体系系统把握的海关体系对制度进行具体和实质性规范塑造的权力;第二,海关凭借其对制度专业性、前沿性和系统性的掌握,对法律、行政法规以及政策的制定具有较强的影响力,其制度建议在很大程度上能为这些高位阶的法律渊源所吸收,由此在客观上形成了海关体系既是主要的制度设计者又是主要的制度实施者的局面。

尽管这种现实情况下海关能够凭借其制度实施经验对制度的设计节约一定的成本,但是其隐含地造成制度设计成本偏高的现象则需要引起足够的

① 参见陈晖:《海关法是一门什么性质的法?——综合性海关法概念之提倡》,载《上海海关学院学报》2008 年第 2 期。

② 参见陈晖:《贸易便利化下国际海关立法的新特点及贡献》,载《东方法学》2010 年第 4 期。

重视。

第一,海关系统是与贸易商在商品进出境监管过程中开展通关交易的法律主体,同时是为这一交易活动制定制度规则的制度设计主体,这在很大程度上会导致制度的权威性、公信力、社会认可度以及透明度降低,从而带来较大的制度设计成本。

第二,海关既是制度设计的主要主体又是制度实施的主要主体,其制度设计会在很大程度上倾向于海关自身便利,从而将"通关便利化法律制度"设计为实质意义上的"执法便利化法律制度":制度的不断设计革新在理念、思路和具体模式方案上都主要体现为海关执法的手段方式和模式创新,通关交易活动的性质、海关的地位以及关企关系趋于固化,为进一步实质性地突破制度固化僵局、释放制度活力造成了较高的设计成本。

(五)部门壁垒问题

海关通关便利化法律制度的设计从一定程度上讲,有赖于多口岸进出境管理部门的协调配合,比如为整合口岸管理职能、避免权限职能分散多头造成通关效率降低而设计的"单一窗口"制度,正是一种有赖于多口岸部门协调配合的海关通关便利化法律制度典范。但是,我国当前存在的口岸管理部门之间的行政壁垒问题,在一定程度上造成了海关通关便利化法律制度设计的成本偏高现象。① 诚如学者指出,我国在建立单一窗口这样的通关便利化法律制度的过程中,真正的困难其实并非在于技术化平台的搭建,而在于行政部门的壁垒对制度设计的阻碍。② 这种部门壁垒阻碍造成制度设计成本偏高的现象具体表现在加重了部门间的信息不对称和信息不完全,从而造成了制度设计成本偏高。

海关、运输、环保、安全、金融、外汇等口岸行政执法部门之间各自制度体系和执法实践相对独立,由此在相当长的实践过程中已形成了各自具体的制度规则体系和办事流程体系。与此同时,口岸部门在各自为战的制度实践过

---

① 参见宋丹丹:《地方行政服务中心公共服务效能研究——以安徽省三市行政服务中心为例》,安徽师范大学2010年硕士学位论文。

② 参见尹红、陈利强:《破解中国自贸试验区国际贸易"单一窗口"制度难题研究》,载《海关与经贸研究》2018年第5期。

程中，相对独立地形成了各自为中心的行政信息收集、分析和处理模式，并在相互之间形成了一定的差异。不同的执法部门之间也因职责权限和办事流程的差异，塑造了各自一系列不同的行政利益诉求和价值导向。这些部门间差异化的因素形成了部门间的壁垒与隔阂，导致部门之间原本因各自为战而出现的信息不对称、信息不完全在部门隔阂日渐加深的过程中程度更高，从而对那些需要部门联合、部门合作的通关便利化法律制度的设计带来了更高的成本。第一，制度设计者需要照顾更多的差异化内容并尽更大努力地求同存异，进而在部门间形成协调与联合。第二，制度设计者需要面对和处理更多的部门对抗和冲突，包括价值导向的冲突、具体权限的冲突以及业务流程的冲突等。第三，制度设计者需要应对部门间貌合神离的协同合作带来的各种摩擦成本。因此，部门壁垒的存在以及长期存在，加重了原本各自为战的部门间的信息不对称和信息不完全，这对于需要信息共享、执法合作的制度安排来讲，无疑给制度设计的过程带来更高的成本，制度设计者要面对更多的挑战并付出更大的代价。①

二、制度实施成本偏高

制度实施成本主要是指制度的运行成本，也即海关和贸易商等法律关系主体根据通关便利化法律制度的规范要求进行行为和选择从而开展通关交易的成本。制度实施成本在很大程度上反映了制度对交易成本约束的效果，是评价制度优劣以及进一步提升和完善制度的重要标准。从一定程度上讲，通关便利化法律制度安排的目的和初衷，就是保障通关过程的便捷高效，使通关过程在制度的规范和约束下能够以更低的成本实现各方收益，实现一种低成本制度实施的现实状态。当前，我国海关通关便利化法律制度在实施过程中，仍然存在一系列成本偏高的表现，包括内部政策偏好的社会心理导致的偏高成本，执法过程中的寻租行为导致的偏高成本，海关系统区域性差异导致的偏高成本，利益层级错位导致的偏高成本，制度设计与实施的脱节导

---

① 参见张五常：《经济解释——张五常经济论文选》，易宪容、张卫东译，商务印书馆2000年版，第408页。

致的偏高成本，权利救济安排的薄弱导致的偏高成本，等等。

（一）内部政策偏好的社会心理

所谓“社会心理”，一般可以理解为法律主体在长期的社会实践和关系行为的社会交往过程中基于外部环境的影响和内在因素的作用而形成的一种行为倾向。内部政策偏好的社会心理实际上是行为主体在行为时诉诸主体体系的内部政策并从内部政策中寻求行为依据和行为准则的一种行为倾向。[①] 事实上，我国海关在同贸易商开展通关交易的过程中，具有较强的内部政策偏好的社会心理。一方面，计划经济时期的国家外贸法规政策尚不完善，对当前的海关通关执法政策产生了重要影响；另一方面，海关体系本身作为通关便利化法律制度规范的重要塑造者和实质性主导者，在凭借自身行政立法权和行政规范性法律文件制定权进行制度规则的塑造中，依托于海关政策进行制度安排的现象十分普遍，特别是在一些尚未通过立法进行制度安排的新型制度创新过程中，如全国通关一体化的制度创新、关检融合以及海南自贸港的通关监管等制度创新中具体的规范内容都直接、间接源于政策或者海关体系的内部政策。这导致了海关在具体制度实施的过程中具有明显的依赖、寻求内部政策的行为倾向，包括在判别通关执法标准、执法尺度，掌握通关时效，布防走私防控以及进行关企合作、与其他执法部门合作等过程中多寻求上传下达的政策开展有关通关活动。

在我国海关通关便利化法律制度的实施过程中，海关内部政策偏好的社会心理导致制度实施成本偏高主要表现如下。

第一，内部政策的模糊性和任意性较强，海关在通关过程中过分倾向于寻求内部政策作为行为准则和依据，直接导致通关过程的制度规则的不确定性增强，通关规则的透明度和可预测性降低，由此，海关与贸易商之间进行通关交易的过程中因为制度规则的透明度和可预测性降低，会新增一系列对抗、博弈和摩擦成本，从而提升了制度实施成本。

第二，内部政策不同于具有国家强制性且公开透明的国家立法，其权威

---

① 参见朱京安：《中国外贸法律制度变迁研究：以制度主义为视角》，人民出版社 2008 年版，第 179 页。

性和社会公信力较低。海关长期依托于单方面的系统内部政策,将其作为与贸易商开展通关交易活动的直接依据,直接导致贸易商群体乃至社会对海关通关执法活动的信任度降低,在贸易商同海关进行通关交易的过程中基于海关公信力的下降而产生的违法机会主义心理也会增加通关便利化法律制度实施的成本。

第三,内部政策偏好的社会心理会进一步导致海关和贸易商在制度实施过程中的信息不对称和信息不完全,从而导致制度的实施成本偏高。国家安排通关便利化法律制度本身是期望凭借法律制度为通关交易过程搭建一个公开透明的规则框架,以使海关和贸易商能够在这个框架下以低成本的方式完成通关过程。但在制度实施的过程中,制度框架的一系列具体标准和操作细则都在很大程度上依托于海关体系单方面且不透明、不稳定的内部政策,这就导致原本设计来矫正信息不对称和信息不完全的法律制度框架在实际运行中变成加深信息不对称和信息不完全的制度因素,贸易商等海关外部主体难以第一时间获知政策规则,难以第一时间像海关一样系统全面地分析理解制度规则,特别是难以同海关系统平等地讨论制度规则,这种信息不对称和不完全直接导致海关和贸易商之间的通关交易也即制度实施因诸多不确定因素和摩擦变得成本较高。

第四,从长远来讲,海关在制度实施过程中的内部政策偏好会反过来进一步加深政策在制度设计中的分量和异议,从而再次进一步强化海关依托于内部政策设计实施制度的现实情况,形成内部政策偏好同制度设计实施的恶性循环,导致制度实施成本居高不下,通关便利化的程度也因此无法进一步提升。

(二)执法过程中的寻租行为

“寻租”这个术语是克鲁格于1974年在《寻租社会的政治经济学》一文中最先使用的,而在此之前,塔洛克已于1967年在《关税、垄断和盗窃的福利代价》一文中阐述了有关理论。不同的学科对寻租活动的含义给出了不同的解释。政治学从政治制度和法律规范的角度出发,认为“寻租”是公务人员为私利而违反法律和制度的一种权力滥用行为;传统经济学立足经济租金,认为寻租是指“经济人”通过合法或非法手段谋求经济租金的政治经济活动;公共选择学说则同时从政治学和经济学的角度论述了寻租行为，认为寻租是指有关利益集团通过游说、行贿等行为追求一种高额垄断利润（租金）的行为。[①]

由此，我们可以认为，权力寻租是权力腐败的类型之一，通常是指权力主体在权限的裁量范围内通过滥用权力等方式，谋求权力对应职责以外的利益的一类不法活动。[②] 从实质上讲，权力是法律制度设计安排赋予制度主体的管控力和强制力，并获得源自法律制度的强制性保障设施。权力的设计安排通常情况下对应着法律制度预设的制度价值及其具体的制度目标，并作为一种实现有关制度目标的工具手段而存在，权力实现的制度目标则表现为权力所对应的法律职责。

我国海关是国家商品进出境行为的监督管理机关，依法负有对进出境商品实施监督管理的法定权力和职责。我国海关通关便利化法律制度在对海关监督管理进出境商品的权力和职责进行具体的规范和安排部署的过程中，也对应地将权力具体地规范为获取有关商品进出境信息的权力，管控商品进出境物流的权力，对商品课征关上税费的权力，对有关进出境商品防控走私的权力，基于对商品的监管而对有关人员实施强制措施的权力，等等；将海关的职责具体地规范为计征税费的法律职责、确保有关商品具有贸易合法性即符合我国关境有关法律法规要求的法律职责，缉查走私的法律职责，贸易信息统计的法律职责，等等。就通关便利化法律制度的安排初衷的角度而言，制度的设计是期望有关的海关权力全部地运用于海关职责的履行并且在这一过程中通过权力整合、流程精简、单证简化等一列方式促进通关乃至贸易的便利高效。然而，由于制度安排中不可避免的滞后、疏漏以及为制度实施留下的自由裁量空间，由此出现的海关在通关执法活动中的权力寻租行为也会导致制度实施成本偏高的现象发生。

第一，权力寻租行为会导致海关与贸易商在正常的通关便利化法律制度约束下的通关交易活动之外产生寻租的交易活动，进而增加制度实施的总成本。在正常的通关便利化法律制度约束下，海关与贸易商根据制度的权力职责和权利义务规范的实体和程序要求按部就班地开展通关交易活动，以实现

---

① 参见卢现祥主编：《新制度经济学》（第 2 版），武汉大学出版社 2011 年版，第 108 页。

② 参见刘汉霞：《我国权力寻租的影响因素研究》，华南理工大学 2010 年博士学位论文。

制度既有安排预设和优化下对交易成本的约束和便捷高效的通关交易和优质的贸易监管服务体验。但是,这期间权力寻租行为的出现会导致在这样的按部就班的通关交易活动之余形成围绕海关权力寻租的交易活动。海关凭借其在获取商品信息、管控物流以及防控走私方面的神圣职责和近乎绝对的权力,在自由裁量的空间范围内,可以任意地延长审核期限、暂缓货物放行、增加对商品的抽查等,而贸易商对此一方面要揣摩海关的用意进而形成博弈和摩擦成本,另一方面要为能够获得来自海关应有的正常待遇而满足海关权力寻租要求,进而形成大量的时间和物质成本。寻租交易活动是在海关依据通关便利化法律制度开展正常通关交易活动之外或者说潜在形成的交易活动。这种寻租交易活动之下,贸易商对满足寻租所支付的时间、人力和物力成本以及博弈过程中的摩擦成本使得通关便利化法律制度实施的总体成本提升。特别需要注意的是,如果权力寻租的问题未能得到有效遏制和杜绝,长此以往反复的寻租交易习惯和实践会形成非正式的专门用于指导寻租交易潜在制度规则即权力寻租的"潜规则",这种规则依附于正常的通关便利化法律制度之下如"附着于人类正常身体的毒瘤"一般,必将导致正常的通关便利化法律制度实施长期处于高成本低效率的状态,甚至对制度的创新和增强供给形成阻碍,也会在制度长期的变迁过程中干扰制度发展轨迹,导致制度变迁陷入方向锁定的危机。

第二,权力寻租会导致执法资源和执法力量被占用,有限的执法资源同贸易监管压力间的矛盾更加突出进而导致制度实施的成本出现偏高现象。当前来讲,我国的海关执法人员数量规模是相对稳定的,同与日俱增的贸易总量和日益发展创新的贸易类型形成的新增监管压力之间的矛盾是长期存在的。我国为此通过制度的优化革新,执法理念、方式和模式的创新协调二者间的压力,不断优化实现着有限的海关执法力量和执法资源能够高效率地监管商品进出口活动。然而,权力寻租问题会导致原本紧张的执法资源和执法力量因此被占用。一方面,海关执法者将原本应当用于监管商品进出境活动、履行海关法律职责的时间精力用于权力寻租以及同贸易商的寻租博弈;另一方面,海关系统内部因为要遏制和杜绝权力寻租问题而将一部分海关力量用于内部监管和审计,这样一来,实际上海关权力寻租内外分化了海关原本就有限的执法资源力量,从而导致能够集中用于贸易监管和法律职责履行的力量减弱,原本与贸易监管的高压力之间的矛盾也因此更加突出,制度优化期望提升的通关便利程度的实际实施效果也因此受到了削弱,从而出现制度实施成本偏高的现象。

第三,权力寻租会导致海关的利益层级错位,将原本用于实现公共利益的权力等公共资源力量用于实现自身私利,从而导致制度实施过程的实际效果与制度价值目标“渐行渐远”,制度实施的效率降低而成本偏高。就公共信托理论的角度而言,海关作为“护国守关”“保卫国门”的国家机关,是国家维系关境安全公共利益的“代理人”,代表国家和全体人民保障关境公共安全,实现着关境安全带来的公共利益的满足。但与此同时,海关作为一种抽象的国家机关,海关权力和职责在现实中主要依托于海关的执法工作人员依法履行。海关执法工作人员一方面肩负海关职责、行使海关权力、维系和保障关境安全的公共利益;另一方面作为私主体具有维系自身生存发展的包括工资待遇、升迁进步等一系列私人利益需求。权力寻租问题会导致海关执法工作人员在履行职责过程中的利益层级错位,权力本来对应公共利益的实现但因为权力寻租而运用于私人利益的实现,从而导致原本由法律制度的配置来实现公共利益的权力因寻租用于私人利益,使公共利益的维系和实现仅流于制度规范的形式层面,制度运行的实际效果仅能在有限的权力运行中一定程度地实现公共利益,从而导致制度实现公共利益的成本升高而效率降低。[①] 如果说制度的实施是将形式上的制度规范运用于实践进而实现制度价值目标,那么制度实施中的权力寻租就是导致制度实施“事与愿违”的元凶之一。我国海关通关便利化法律制度的实施希望海关和贸易商主体通过制度安排能够降低通关成本、提升通关效率,但是其间的权力寻租问题导致利益层级错位,海关权力未能充分用于关境安全等公共利益的维系,进而导致通关便利化法律制度实施与制度目标逐渐南辕北辙,制度约束通关成本、增进通关便利的目标实现越发困难,从而反映出制度实施成本偏高的情况。

(三)海关系统区域性差异

根据我国《海关法》以及国务院办公厅《关于印发海关总署主要职责内设

---

① 参见张治、刘蓉:《权力寻租理论文献回顾及启示》,载《商业会计》2019 年第 24 期。

机构和人员编制规定的通知》(国办发〔2008〕86号)的规定,[①]我国海关系统是中央垂直领导的系统体制,即海关总署作为中央海关机关领导全国关境上的直属、隶属海关,全国关境范围内直属、隶属海关的关区以及一般、特殊海关监管区的划分也由中央统一部署安排,也由此形成了海关管辖区域的划分与地方行政区划划分的二元结构。尽管海关管辖区域的划分与地方行政区划之间并不存在隶属关系,但不可否认的是,基于同样地理区域的不同制度体制划分(海关的体制划分和地方行政区划的体制划分),海关发展与地方间是存在实际上的相互作用和影响的。

其一,地方的经济发展水平会影响到相关关区海关的建设和发展水平。地方的经济发展水平很大程度上表征了该地区的消费市场活力以及进出口贸易的规模体量和类型。地方经济发展水平高,消费市场活力大,外贸活动频繁且类型多元会在很大程度上促进该地区有关口岸海关不断应对和解决贸易监管中的新问题、前沿问题,从而刺激海关建设发展不断向更高水平迈进。反之,如果该地区经济发展水平相对落后,贸易发展相对迟缓,则海关的建设发展也会由于长期能够适应现实需求趋于固化,从而相较于经济发达地区海关逐步形成差距。除此之外,地方经济发展水平也会深刻地影响到人才的流动和聚集。地方发展水平较高的东南沿海地区,由于人才的流动聚集,也会在很大程度上使当地的海关执法人员能力和水平相对在一定程度上优于其他地区,从而导致该地区海关相对于其他地区建设发展较快。

其二,地理位置的特殊和优越也会对海关的建设和发展形成优势。比如,沿海港口地区由于区位优势能够同时开发海运、空运、陆运等多元化综合型国际贸易运输方式,从而提升口岸的综合性和国际性建设水平。由于海运是国际贸易的主要运输方式,包含海运功能的港口同时会成为国际贸易往来的重点区域以及国际海洋运输中转的世界性关键枢纽。由此,沿海港口地区海关在多元商品运输监管、国际货物转运监管以及应对与日俱增的贸易体量创新化监管方面,往往会走在全国海关建设发展的前列。

---

① 《海关法》第3条:国务院设立海关总署,统一管理全国海关。国家在对外开放的口岸和海关监管业务集中的地点设立海关。海关的隶属关系,不受行政区划的限制。海关依法独立行使职权,向海关总署负责。国务院办公厅《关于印发海关总署主要职责内设机构和人员编制规定的通知》第2条“主要职责”第9款“垂直管理全国海关”。

其三，地方的政策法规和制度建设水平也会影响海关的制度建设和实施水平。尽管海关的垂直领导体制决定了海关的制度渊源以及执法依据仅是国家法律、行政法规和部门规章，地方性的立法与政策并不能作为海关的执法依据，但是在很多实际情况中，地方立法和政策对海关制度建设实施的影响是巨大且不容小觑的。这主要是由于国家法律法规和政策主要针对适用于全国的海关监管事项进行统一规范、统一标准，对于地方关区特色化的贸易监管，特别是个别地方具有突出创新性的特色化监管，往往不会专门针对该地区海关直接制定法律法规或政策。例如，天津港是我国平行进口汽车贸易主要口岸，天津海关在监管过程中除依据国家法律法规政策外，针对个别创新性的特色内容，例如海外仓运输模式监管、平行进口汽车仓储展销一体化模式监管、自贸试验区内"符合性"整改的监管等，往往需要参照适用天津市地方的相关法规政策从而与有关地方执法机关形成合力，有效地监管相应的贸易活动。这样的海关制度实践方式也使海关制度的建设发展在较长时期内会受到地方法规政策和制度发展水平的影响，从而不断发展和进步。

由此可见，我国海关系统在区域上的发展存在差异，①不同区域海关对新制度的探索和创新能力存在差异，对新制度的理解和实施水平存在差异，对制度实施中的执法理念、执法模式和执法方式等也存在差异。② 这种区域差异导致我国海关通关便利化法律制度在全国范围内海关贯彻实施的过程中，会出现实施成本偏高的现象。

第一，执法理念上的区域差异导致我国整体上实施通关便利化法律制度的成本偏高。我国探索发展并实施通关便利化法律制度，比如全国通关一体化制度、关检融合制度、"单一窗口"制度等，从执法理念的角度来讲，是一种现代的风险管理理念、职能整合以及协同监管理念在通关执法中的凸显和强

---

① 参见谢晶、李迪：《贸易便利化视角下我国口岸通关协同绩效区域差异研究——基于长三角、珠三角和环渤海三大经济圈的实证分析》，载《上海对外经贸大学学报》2020年第2期。

② 参见曾文革、江莉：《〈贸易便利化协定〉视域下我国海关贸易便利化制度的完善》，载《海关与经贸研究》2016年第1期。

化，也是一种行政管理权力本位向行政服务本位转化的执法理念。[①] 掌握现代的风险管理、行政服务本位等先进的海关执法理念对于高效地理解通关便利化法律制度，低成本地实施法律制度而言至关重要。由于制度实施主体在理念上与法律制度的理念要求是保持一致的，这会减少实施制度过程中误解制度含义、滥用制度规则等情况导致的摩擦成本，从而使法律制度能够更加高效率地运行。然而现实中，由于地方经济发展水平差异、海关所处地理区位差异以及地方制度发展水平差异等，我国海关整体上在执法理念方面存在区域性差异的现实情况，在执法理念方面发展较为先进的海关往往因为能够更好地适应通关便利化法律制度创新，更好地契合新型制度要求而精准高效地实施制度；在执法理念方面发展较为落后的海关往往因为理念的陈旧和僵化，与新型的通关便利化法律制度之间存在差距与隔阂，从而使法律制度在实施的过程中出现南辕北辙的低效情况。就整体上而言，这种执法理念的区域差异使我国的海关通关便利化法律制度在全关境上普遍实施的过程中，其实施成本往往会高于制度预设的成本情况。

第二，执法者的水平和能力的区域差异导致我国整体上实施通关便利化法律制度的成本偏高。由于地方经济发展水平的差异及其对我国人才聚集流动的影响，一般在地方经济发展水平高的有关海关人才也相对集中，相关人员的业务能力和办事水平也相对较高，而经济相对落后地区的海关工作人员很大程度上来讲业务能力和办事水平与经济发达地区海关的工作人员之间是具有一定差距的。这反映在海关通关便利化法律制度创新实施的过程中，对于新制度的理解、适应以及最关键的妥善掌握制度标准并高效运行制度方面，发达地区海关工作人员往往相较于不发达地区海关工作人员能更好地以更低成本掌握和运行相应制度，如“单一窗口”制度、全国通关一体化下的关检融合制度等。执法水平和能力较为落后的地区海关在实施制度的过程中业务能力和水平的局限，极易导致制度的运行与设计初衷相背离，从而导致制度的实际运行成本偏高。另外，很多高效的通关便利化法律制度都是从发达地区较为先进区域的海关探索实践而来并向全国范围内进行推广的，

① 参见[日]室井力主编：《日本现代行政法》，吴微译，中国政法大学出版社 1995 年版，第 13 页。

比如全国通关一体化下的“两中心、三制度”以及自贸港区建设的海关一线、二线制度创新等，都是从较为先进的试点地区向全国范围复制推开的。在这一过程中，相对落后区域的海关基于其工作人员业务能力和对有关制度实践经验的不足，在复制实施相关制度的过程中，一方面学习掌握这一制度需要花费额外的成本，另一方面将该制度与本地通关实际相结合并灵活掌握仍需要成本，这也是其实施创新制度成本偏高的主要表现。因此，在我国海关的执法水平和能力整体上存在区域性差异的情况下，我们贯彻实施新型通关便利化法律制度的过程中，就难以做到全面统一地高效实施该法律制度，从整体上来讲，制度的实施成本也是偏高于制度的初衷预想的。

（四）权利保障和救济安排的薄弱

我国海关通关便利化法律制度实施成本偏高的重要表现之一，是海关所代表的公权力因素过于强化，而相对的贸易商的私权利保障和救济相对薄弱，从而导致海关与贸易商在实施通关便利化法律制度的过程中出现成本偏高、各方博弈和摩擦代价较大的情况。① 在海关通关便利化法律制度实施过程中，公权力因素表征为海关对商品进出境通关的干预和强制，私权利因素表征为贸易商在通关过程中的各项实体和程序性私益。实质上，海关的公权力作用于贸易商的私权利并对之发生约束和限制，而贸易商则能通过私权利的法律保障和救济在一定程度上制度性约束海关的公权力，防止其滥用。②但是，在我国海关通关便利化法律制度的规范塑造之下，海关的公权力因素过于强化“近乎绝对”，但是对相关程序性规定以及贸易商的权利保护相对薄弱，由此导致海关在实施制度的过程中可以近乎绝对地制约贸易商的私权利，而贸易商的私权利却很难对海关公权力形成有效限制，由此一方面可能带来海关权力寻租风险，另一方面可能导致贸易商与海关的博弈、摩擦甚至私下交易，从而导致制度实施成本偏高。

第一，我国当前海关通关便利化法律制度从规范安排和实施上来讲，海

---

① 参见王瑜、黄胜强：《海关与企业间关系：内涵、模式与路径构建》，载《海关与经贸研究》2021年第1期。

② 参见张翔、赖伟能：《基本权利作为国家权力配置的消极规范——以监察制度改革试点中的留置措施为例》，载《法律科学（西北政法大学学报）》2017年第6期。

关的公权力是通关实体和程序的核心,通关的过程主要围绕海关的权力运行展开,贸易商的义务性内容较多,主要表现为对海关权力运行的配合与顺从。通关过程实质上是海关权力运行的过程也是海关权力价值实现的过程,而贸易商权利运行和实现的过程表现则是十分弱化的。这就导致了除前述海关权力滥用和寻租带来的成本外,还会形成贸易商因权利弱化而增加与海关博弈和摩擦的成本。一方面,贸易商揣摩海关权力的具体实施方式而增加通关实际成本;另一方面,在揣摩海关权力的具体实施方式后,贸易商试图通过“贿赂”“找关系”“走后门”等正式制度以外方式寻求减弱海关权力对自身的约束而增加实际成本。总之,制度内贸易商的权利薄弱带来的制度外贸易商为增强自身“权利地位”而采取的一系列措施有的甚至是不法措施,会直接导致通关过程的实际成本增加。

第二,贸易商的权利受到海关公权力的侵害后,尚未形成专门化高效的权利救济途径和方式来促进保障通关便利化,实际上也造成了制度实施的成本偏高。贸易商在商品通关过程中,如果认为海关对自身的权利造成侵犯,一般均以行政法上的救济途径开展法律救济。第一,行政复议的权利救济方式。这仍属于海关体系内对贸易商权利的救济恢复,也是一种行政化的自我纠错过程。很大程度上讲,在海关权力近乎绝对化的体系下,同时基于行政复议本身可能存在的“先天不足”,①难以对贸易商权利充分公平地保障。第二,行政诉讼的权利救济方式。一方面,海关通关过程在实体和程序方面的专业性较强,对于一般的行政诉讼审判组织而言本身在审理上就具有较高成本;另一方面,诉讼的时间、人力和物力成本都较高,而且审判实效也较长,与追求效率的便利化而言冲突较大,也难以较好地在通关便利化法律制度实施中高效率地救济贸易商权利。② 此外,对于通关过程中的关上税收争议属于“先议后诉”案件(《海关法》第 64 条),考虑到程序对接中的“内耗”,③其争议解决的成本实际上可能更高。第三,无论是行政诉讼抑或行政复议,在救济贸易商权利的过程中,原则上并不停止海关对贸易商行政决策的执行(《行政

---

① 参见曹鎏:《作为化解行政争议主渠道的行政复议:功能反思及路径优化》,载《中国法学》2020 年第 2 期。

② 参见邹焕聪:《行政诉讼成本控制论》,载《南京人口管理干部学院学报》2006 年第 3 期。

③ 参见姚建涛:《论行政复议与行政诉讼的对接》,载《临沂师范学院学报》2005 年第 2 期。

复议法》第 42 条、《行政诉讼法》第 56 条、《海关法》第 64 条）。易言之，如果贸易商的权利被海关侵犯，即便在行政复议或诉讼中支持了贸易商，实质上贸易商高效便利通关的权利也已经因时间的耽搁而无法恢复了，损失的效率已成既定事实，实际上导致了贸易商“名胜实败”。在传统的行政化权利救济方式不足而尚未形成专门化高效的权利救济途径和方式来促进保障贸易商通关便利化权利的情况下，贸易商往往也会形成违法博弈，即尽量避免海关实际上耽搁自身的通关时效，即便在认为海关侵犯自身权利的情况下，也会避免采取法定的行政化救济途径而采取制度外的路径和手段，甚至一些不法手段如“贿赂”“找关系”等，由此导致制度实施的实际成本偏高。

第三节　我国海关通关便利化法律制度设计实施成本偏高的成因分析

我国海关通关便利化法律制度设计实施成本偏高的原因，一是通关便利化法律制度设计实施的基础保障不足，二是传统海关制度阻碍了通关便利化法律制度的设计实施，三是通关便利化法律制度的设计与实施间交互机制不健全。

一、我国海关通关便利化法律制度设计实施的基础保障存在不足

通关便利化法律制度的设计实施作为一种以“法规范”为主线的规范塑造和规范运行的系统性过程，其基础建设和保障一方面源自法规范外在的法秩序建设和保障情况，另一方面源自法规范内在的法价值和法理念的彰显。尽管我国海关法体系在新中国成立以来特别是改革开放以来不断发展完善，形成了相对多元的海关法规范系统并进行长期的海关通关便利化法律制度设计实施的实践活动，但是我们发现在制度的设计和实施过程中仍旧存在成本偏高的诸多表现，[①]或者说仍旧存在可以进一步约束制度设计实施成本的

① 参见吴展：《我国现行海关法律体系之立法检视》，载《海关与经贸研究》2016 年第 3 期。

明显空间。从制度设计实施基础建设保障的原因角度分析,一是制度设计的实施的基础法律秩序建设保障方面较为不足,二是制度设计实施的基础性法学研究相对薄弱。

(一)制度设计实施的基础法律秩序建设较为不足

第一,我国海关通关便利化法律制度设计实施所处的立法与政策环境存在不足,从而导致制度的设计实施成本偏高。我国的海关通关便利化法律制度设计和实施系统是建立在我国的立法与政策环境基础之上的。制度的规范塑造依托于立法和政策,制度的运行也相应地以立法和政策为依据。从这个意义上讲,我国立法与政策环境构成了我国海关通关便利化法律制度的基础法律秩序环境,对于我国海关通关便利化法律制度的设计实施过程中的成本约束尤为重要。

从前文可知,我国海关通关便利化法律制度设计实施成本偏高的表现可以总结出我国的立法与政策环境存在以下几个方面的问题。一是立法与政策在通关便利化法律制度的设计实施过程中功能定位不清,相互衔接也并未形成明确的法律机制,立法和政策在制度设计实施的过程中分别应当扮演什么角色是较为模糊的,从而导致通关便利化法律制度的权威性、透明度和可预测性降低,制度实施过程中基于源自计划经济时期的"内部政策偏好的社会心理",从而出现制度设计实施成本偏高的一系列情况。二是在制度立法和政策安排方面,海关系统外部的法律和行政法规对通关便利化法律制度的塑造较为滞后、模糊,缺位明显,海关系统自身对规范的塑造较为突出,实质上形成了海关主导制度设计和制度实施的全过程,巩固和强化了海关自身在通关便利化法律制度设计实施中的地位和影响力,也在很大程度上加深了海关系统的封闭性以及通关便利化法律制度规范的不透明情况。贸易商等海关企业难以充分参与到制度设计过程中,在制度实施中往往处于被动地位,关企之间的平等关系塑造越发困难,[①]关企摩擦、对抗和冲突也导致了制度的设计实施成本偏高。

---

① 参见王瑜、黄胜强:《海关与企业间关系:内涵、模式与路径构建》,载《海关与经贸研究》2021年第1期。

第二，我国海关通关便利化法律制度所依托的海关信用体系建设相对不足也导致了制度的设计实施成本偏高。所谓海关信用体系建设，是在“诚信守法奖励、失信违法惩戒”的国家基本信用管理原则的基础上（《海关注册登记和备案企业信用管理办法》第3条[①]），将信用管理具体运用在海关通关便利化制度设计实施中的一种重要的机制方法。通过海关信用体系建设，海关系统能够对与之直接、间接发生法律关系的贸易商等主体的信用等级进行分类评价并分别采取差异化的监管措施。可以说，海关信用体系建设能够促进海关合理分配执法力量，推进企业诚信守法，[②]增强关企之间的透明度和互信互赖，有助于减少关企之间不必要的博弈和摩擦从而增进关企之间通关的便利高效。当前，我国的海关信用体系建设仍存在一定程度的不足之处，作为通关便利化法律制度设计实施的基础，未能充分发挥出其约束制度成本的功用。

首先，当前的海关信用体系建设的位阶层次较低，属于海关系统内部通过部门规章搭建的一种海关对贸易商等企业主体进行信用管理的行政执法方式。从信用体系建设的属性上来讲，当前的海关信用体系建设是一种海关对企业的行政管理手段，并为能够上升到国家立法层面上海关通关便利化法律制度建设的一种基础模式。实际上，我们这里需要的海关信用体系建设，是一种能够实现海关与贸易商之间信用信息共享，能够增进关企之间互信互赖的信用体系建设。一方面，海关可以充分获得贸易商主体的信用信息即诚信守法信息；另一方面，贸易商主体能获得海关的信用信息即诚信廉政执法信息，从而增进通关交易中海关与贸易商之间的透明度，扭转二者之间信用信息不对称、不完全导致的相互博弈、猜疑以及由此形成的高交易成本的局面。海关单方面的信用管理仅有限地辅助海关管理贸易商，无助于贸易商对海关信息不对称问题的矫正，这对于降低设计实施通关便利化法律制度的成本而言意义十分有限。其次，当前的海关信用体系建设中，海关对企业的信用管理主要及于与海关直接发生行政管理法律关系的企业主体，对于与这些

---

① 《海关注册登记和备案企业信用管理办法》第3条：海关按照诚信守法便利、失信违法惩戒、依法依规、公正公开原则，对企业实施信用管理。

② 参见郑俊田、郜媛莹：《我国海关企业分类管理政策的演变与分析》，载《国际贸易》2015年第5期。

企业发生直接商事关系的上下游供应链企业未能纳入海关信用体系，这对于海关综合判断企业信用等级来讲也具有一定的局限性。最后，当前的海关信用体系建设强制性色彩较为突出，更多地体现为海关单侧根据自制的规章标准和指标认定企业信用等级，企业对此的抗辩以及信用信息的补充、核对等仍显不足，这实际上也不利于海关与贸易商等企业间开展平等互信的通关活动，制度的设计实施成本也因此未能得到充分约束。

第三，对海关权力的基础性监督和约束机制存在一定的不足。在传统的观念中，海关作为彰显国家主权威严、护国守关的国家机关，理所当然地应当具有较大的权限以充分管理商品的进出境活动。这种海关权力近乎一种绝对化的管控商品进出境的实质能力，即在通关过程中一切皆由海关命令决定。但是，这种绝对化的权力如果缺乏必要的监督和约束，在权力行使的过程中出现权力膨胀、滥用权力以及权力寻租等问题，便会影响通关的便捷高效，增加通关便利化法律制度设计实施的成本。我们设计实施通关便利化法律制度进行制度规范塑造和规范运行，旨在通过制度规范海关与贸易商在法律规则的框架下高效率地开展通关活动，确保海关高效履职，贸易商高效获得通关放行许可。然而，如果制度的设计实施过程中缺乏对海关权力因素有效制约的基础建设，权力在制度框架中寻租或者滥用便会导致较高的制度成本。整体上讲，我国的海关权力监督和约束机制主要源于国家监察体制。国家监察体制能够在一定程度上制约海关公职人员的权力腐败，但是对于海关体系自身不断凭借其在制度规范塑造中主导者地位巩固强化自身权力的问题，海关与贸易商主体地位不充分平等的问题以及海关权力在规范的程序中滥用裁量权的问题（如任意延长通关审核时限的问题）等，仍存在一定的局限。另外，我国当前对于海关权力进行系统性监督和约束的法律秩序建设稍显不足，对海关的授权性法律规范较多，如我国现行《海关法》基本上主要赋予了海关权力，而对该权力的制约和限制以及滥用权力的法律责任等方面的规定较为零散和模糊，对于海关权力滥用的处置问题也缺乏必要的透明度。

（二）制度设计实施的基础性法学研究相对薄弱

长期以来，尽管我们的海关法学学科研究取得了一定程度的突破和进展，对基础理论问题、学科体系问题等进行了不断深入的探讨，但是，海关法学的研究仍存在依附行政法理论、注释性研究较多的问题，[①]法学界关于海关法学以及海关通关便利化法律制度的关注和专门研究仍相对薄弱。相较于学界普遍的民法学、刑法学以及行政法学等部门法学研究，海关法学的研究显得“无人问津”。这种关于海关法学上基本问题——通关便利化法律制度问题的基础法学研究薄弱，直接导致当我们的立法、执法部门在设计实施制度时，其法治化的水平和能力受到很大局限，制度在设计实施的系统性程序中不可避免地会与法治化轨道存在一定差距，甚至使制度在法治化发展过程中逆向选择，从而整体上导致制度的设计实施出现成本偏高的问题。

第一，对于海关通关便利化法律制度的法价值定位还较为模糊，缺乏提纲挈领的法价值定位，导致制度的设计实施无法充分、准确、统一地摆正制度位置或者制度设计与制度实施者对制度定位存在分歧，设计与实施的方向相背离，最终导致制度的成本偏高。传统上，我们习惯性地将海关和海关法制度视为国家行政机关以及国家行政法律制度，[②]从而较为接受和认同海关对行政法律关系的主导性以及这种海关行政法律关系的纵向不平等属性定位。然而，这种传统的属性认知显然与海关以及海关制度的现实价值并不充分契合。海关作为关境管理机关，其核心职能在于国际贸易中商品的进出境管理，海关与海关制度是面向国际、面向关境外部的法律主体和法律制度。作为国际贸易的管理主体和法律制度，海关及其法律制度是国际贸易网络和全球供应链上的重要关节点，对影响国际贸易要素跨境流动的成本和效率具有举足轻重的意义。尤其是世界范围内自 20 世纪 80 年代开启海关现代化改革进程后，在世界贸易组织法和世界海关组织法关于全面协调海关制度以及削减海关通关壁垒的国际法义务的约束下，海关法律制度特别是通关制度越发强化海关对国际贸易便利化发展的服务、保障和促进职能，强调关企之间、海关之间以及海关与其他行政部门之间开展合作，[③]由此可见，传统的海关法价值定位显得片面和陈旧。海关法学研究相对薄弱，海关法制度特别是通关便利化法律制度未能充分吸收现代海关的贸易便利化价值，就会导致实践中的

① 参见万曙春：《我国海关法研究基本状况和发展趋势》，载《上海海关学院学报》2010 年第 1 期。

② 参见陈晖：《海关法是一门什么性质的法？——综合性海关法概念之提倡》，载《上海海关学院学报》2008 年第 2 期。

③ 参见何力：《国际海关法和国际海关法学基本问题初探》，载《上海海关学院学报》2007 年第 4 期。

制度设计实施在现实中摇摆和徘徊，制度设计实施时而契合价值要求，时而背离价值要求，甚至具有制度发展中逆向选择的风险，制度的摩擦成本也由此较高。

第二，对于海关通关便利化法律制度调整通关活动的法律方法尚无明确认识，这在很大程度上导致了制度的设计实施成本偏高。具体而言，海关通关便利化法律制度的设计实施旨在约束通关交易获得的成本、提升通关的效率，这也符合制度主义下的一般制度作用原理。① 但这里一个很关键的问题是法律制度通过何种法律方法作用于通关交易活动从而约束通关成本，基础法学对这一问题未能形成系统性的研究，这在一定程度上导致了制度的设计实施由于调整方法的模糊不定而成本偏高。

一方面，制度约束交易成本的方法基础是制度的透明度问题。② 我国当前对海关通关便利化法律制度透明度的基础法学研究相对不足，制度规则通过何种方式、在多大范围内公开，相关贸易商主体如何参与制度规则的创制，社会公众对制度规则“易获取”的标准等问题都缺乏系统的研究，从而导致制度的设计实施无法充分契合法律制度调整通关关系过程中对制度规则透明度的要求，导致制度成本偏高。

另一方面，从理论上讲，海关通关便利化法律制度的设计实施应同时约束海关和贸易商的通关交易行为选择集合，二者共同作为制度主体依照制度规则进行通关交易。现实中，我们对这一问题的法学研究不足。例如，法律制度如何进行权力职责、权利义务的安排，制度实施中如何对权力进行约束以及对权利进行保障等问题的法学研究较为薄弱，导致制度的设计实施中平等性较差，海关过于强势而贸易商过于弱势，在很大程度上导致海关与贸易商因为制度规则的不平等性增加了交易中的博弈和摩擦成本。对通关便利化法律制度平等性的基础研究不足，也导致通关便利化法律制度在创新发展中，更多地体现为一种海关单侧的行政管理手段、方式、模式的改革创新，海关与贸易商之间的关系性质、二者之间的主体结构并未发生实质变化，制度约束交易成本的能力因此未能充分彰显。

---

① 参见胡乐明、刘刚：《新制度经济学》，中国经济出版社 2009 年版，第 12 页。

② 参见卢现祥主编：《新制度经济学》（第 2 版），武汉大学出版社 2011 年版，第 151 页。

第三，我国尚未形成关于海关通关便利化法律制度的法解释学体系。法解释学是在一定的原则精神和法律立场的基础上，通过一定的法学解释方法对法律规范进行解释，使之符合法的原则精神，并弥合法与社会关系发展之不对称裂痕的重要学科体系。[①] 在很大程度上讲，法解释学的发达程度表征了有关部门法学科的发达程度。从法解释学的角度来讲，我国海关通关便利化法律制度规范的解释学发展相对滞后和薄弱，甚至并未形成有权主体对制度规则的系统法解释，从而导致通关便利化法律制度在规范设计实施的过程中，对制度的原则、含义以及具体适用问题极易产生分歧：一方面，制度设计的过程中，新旧法之间、上下位法之间、不同部门法之间以及法与政策之间会形成一定的冲突；[②]另一方面，制度实施的过程中，不同海关、贸易商等对制度规则具有不同的理解，也因此形成执法、守法不同的标准，[③]由此海关与贸易商在依据制度规则进行通关交易的过程中便会形成更多的摩擦和冲突，导致制度成本增加。

二、传统的海关制度理念阻碍了通关便利化法律制度的设计实施

长期以来，我国关于海关通关便利化法律制度的理念认知是，这是一项关乎关境安全和国家主权安全的行政管理法律制度，[④]海关是重要的国家行政管理机关，通关便利化法律制度理所应当具有鲜明的行政化色彩以及行政法意义上的纵向不平等性。在这样的制度理念影响下，我国的海关通关便利化法律制度在设计实施过程中总是强化海关的行政主体本位，巩固和凸显海关对通关交易过程的绝对把控，海关与贸易商之间的地位越发地不平等，贸易商长期处于被动服从与配合的法律地位。当前，我国海关通关便利化法律制度在设计实施过程中成本偏高，在一定程度上正是因为这样传统的制度理

---

① 参见王利明：《法律解释学》（第2版），中国人民大学出版社2016年版，第4页。

② 参见吴展：《我国现行海关法律体系之立法检视》，载《海关与经贸研究》2016年第3期。

③ 参见谢晶、李迪：《贸易便利化视角下我国口岸通关协同绩效区域差异研究——基于长三角、珠三角和环渤海三大经济圈的实证分析》，载《上海对外经贸大学学报》2020年第2期；曾文革、江莉：《〈贸易便利化协定〉视域下我国海关贸易便利化制度的完善》，载《海关与经贸研究》2016年第1期。

④ 参见侯彩虹等：《总体国家安全观视域下国门安全与海关风险管理关系研究》，载《海关与经贸研究》2023年第6期。

念因素始终作用于制度设计实施,使制度在发展的过程中总是或多或少地具有前制度的"影子",表现为我们花费了较大的代价来设计实施制度,但是制度似乎"换汤不换药"似的"原地打转",传统的行政化制度理念对制度的设计实施向现代化迈进以及进一步约束制度成本造成了一系列阻碍。

(一)阻碍了真正意义上的通关便利化价值在制度设计实施中的贯彻落实

真正意义上的通关便利化价值在于凭借法律制度的规范设计和实施,使海关与贸易商之间可以更加透明、预测性更强地进行通关交易活动:海关可以合理分配执法力量、高效率地履行职责,贸易商可以高效率地履行法律义务并获得放行许可。从制度主义的角度来讲,通关便利化应当保障通关的流程更加精简透明,权力寻租、潜在交易得到极大的约束和避免,通关的过程十分顺畅、无摩擦和关企对抗。从法学的"权力与权利"关系的角度讲,①通关便利化应当保障海关的权力与职能相匹配即"权责统一",②应当保障贸易商的法律权利并配套充分的权利救济机制。我们所说的"通关便利化"是在公正的立场上讨论海关与贸易商共同的便利化,是同时约束双方的交易成本的价值取向和目标期许。因此,我们在设计实施通关便利化法律制度的过程中应当对海关与贸易商作为制度主体等量齐观,在赋予海关权力和贸易商法律义务的同时,兼顾对权力的约束和对贸易商法律权利的保障,强化贸易商与海关之间的自治性与计划性合作的开展,从而尽量避免关企之间的信息不对称、地位不平等导致的对抗、博弈以及摩擦所造成的通关成本。

传统的行政主体本位理念固然具有其存在的历史原因和价值,出于对国家关境安全和公共利益维护的考虑侧重对海关力量的强化和巩固无可厚非。但需要注意的是,在传统理念的影响下,过于侧重对海关力量的凸显和强化,僵化地将海关通关法律关系视为海关对贸易商纵向的不平等管控关系并理所应当地认为这种关系性质是不可动摇、不容置疑的,会导致我们在设计实施通关便利化法律制度的过程中难以将真正意义上的通关便利化价值贯彻

---

① 参见张翔、赖伟能:《基本权利作为国家权力配置的消极规范——以监察制度改革试点中的留置措施为例》,载《法律科学(西北政法大学学报)》2017 年第 6 期。

② 参见谭波:《权责统一:责任型法治政府建设的基本思路》,载《西北大学学报(哲学社会科学版)》2020 年第 4 期。

进去,更多的是将制度的价值几乎完全置于海关的立场进行考虑:通关便利化是为了实现海关的执法便利化、履行职责便利化,间接地保障贸易商放行的便利化,通关的流程、时限、标准等制度因素完全取决于海关的意愿。这实际上尽管会在一定程度上约束通关成本,但是关企之间的寻租、潜在交易以及对抗、摩擦和博弈并不会显著减少,甚至会因为关企的不平等性的强化反而有所增加,制度成本更进一步寻求约束,也因此遭遇一种基于制度理念形成的瓶颈。

(二)阻碍了制度设计实施过程中减少关企对抗成本目标的实现

在传统行政主体本位、行政优位制度理念的影响下,海关在通关执法的过程中,会潜移默化地获得交易过程的优越感,而与此同时贸易商因为长期在制度中的被动服从地位而具有潜在的自卑感。当制度从设计到实施,到再设计、再实施的系统性过程中反复贯彻强化海关的主体本位理念而弱化贸易商的主体地位时,制度规范的安排会更加凸显海关地位,强化海关权力的行使,同时贸易商更加表征为对海关权力的服从与配合。在制度实施的过程中,海关基于自身权力的膨胀以及主观理念上的优越地位,权力寻租、滥用以及与贸易商开展潜在交易的风险进一步加大,贸易商也因为自身潜在的自卑感以及对被动服从地位的无力感,更可能通过“找关系”“走后门”等途径试图获得海关优待。也就是说,一味强化海关地位的制度理念以及在此理念支配下的制度设计实施,尽管从初衷上讲是期望海关可以在力量强大后完全掌控通关过程,凭借海关单侧的力量在妥善履行职责的基础上给予贸易商通关便利,但是制度实际情况很可能事与愿违。最终增加的无非是海关与贸易商在制度框架外更多的博弈、摩擦和对抗以及由此形成的交易成本。

(三)阻碍了制度设计实施过程中透明度的进一步提升

制度的透明度对通关便利化法律制度的设计实施而言尤为重要。根据世界贸易组织《贸易便利化协定》的透明度规则,制度透明度应当包含三个方面的基本含义。一是制度本身公开透明,即制度在设计实施过程中应当保证制度规范信息向社会以及制度主体全面、具体、清晰地公开,避免制度信息本身的模糊不透明导致信息不对称、不完全,否则原本用以矫正交易信息不对称的制度，[①]非但无法发挥矫正功能，反而还会加深交易信息的不对称和扭曲。二是制度应当以易获取的方式为有关的利益相关方获得，即有关的制度主体以及社会公众在获得制度信息的过程中应当是高效、便捷、低成本的，不能让原本用以约束交易成本的制度因为自身的获取代价高等问题，反而在制度发挥功能的过程中增加额外的交易成本（制度获取成本）。三是就法律制度的角度而言，公开易获取的法律制度应当以具有国家权威性的成文立法方式加以呈现并提供国家强制性保障和法律效力来源，以保障制度本身具有权威性、公正性、可预测性和公信力，而具有灵活性、政治性，非国家强制性的政策文件、会议纪要等文件应减少、避免成为主要或者说骨干性制度规则的载体形式。[②] 制度的透明度与通关便利法律制度设计实施过程中的“便利化”要求是紧密契合的。海关与贸易商之间在制度规则下开展通关交易活动要便捷高效，首先就要保证这个“制度规则”本身对于海关和贸易商而言应当公开透明、易获取，[③]而且具有国家立法的权威性、可预测性和公信力，以保障双方可以低成本乃至无成本地、充分完全地获取制度信息。如果制度规则不够透明，非但不能约束双方的通关成本，反而会加深双方的信息不对称和不完全，给通关活动带来更大的不便，通关成本也会更高。

传统的制度理念过于强化海关的主体本位并凸显海关职责在通关过程中的价值与地位，这本身导致海关相较于贸易商在设计制度规则、实施制度规则方面具有更加突出的优势地位和优越感；通关便利化法律制度更趋向于一项“为海关的职责履行而设计实施”的法律制度，海关在塑造规则、实施规则、细化规则以及边际上创新规则的过程中，也因为这种优势地位和优越感而倾向于采取便利自身的方式设计实施法律制度，从而导致制度设计实施过程中政策文件、内部纪要文件、行政规范性文件等制度形式较多，很多制度规则和具体操作方式只在海关系统内部上传下达，贸易商以及社会公众对制度规则的了解程度较低甚至完全不了解，更无法对制度规则本身提出异议。由此可见，在传统的制度理念的影响下，海关在贸易商面前更加权威，由海关主

---

① 参见胡乐明、刘刚：《新制度经济学》，中国经济出版社 2009 年版，第 12 页。

② 参见杨磊、吴斌主编：《法理学》，浙江大学出版社 2007 年版，第 378 ~ 380 页。

③ 参见卢现祥主编：《新制度经济学》（第 2 版），武汉大学出版社 2011 年版，第 151 页。

导的制度规则也因此在贸易商面前更加不透明，关企之间因为制度规则的不透明、制度信息的不完全必然使通关便利化法律制度在设计实施过程中成本始终存在偏高的现象。

三、我国海关通关便利化法律制度设计与实施间交互机制不健全

制度的设计实施过程应当是一种围绕法律规范进行塑造、运行、再塑造、再运行的螺旋式前进的联动过程。制度设计的规范塑造活动与制度实施的规范运行活动之间紧密相连。① 从制度成本的角度来讲，制度设计活动本身需要考虑到制度实施过程中遇到的或者可能遇到的现实问题，也需要分析处理现实中发生的或者可能发生的交易主体间的博弈，然后形成有关的具体制度规范供制度实施主体作为交易活动过程中的行为选择依据。② 从这个意义上讲，制度设计与制度实施之间实质上存在一种成本转化关系，即制度约束交易成本或者说制度实施过程中成本的降低实质上是实施成本向设计成本的一种转化。这种转化一方面可以直接约束交易活动（制度实施）过程的交易成本，且实施成本向设计端转化后可以在制度设计环节预先考虑到实施中可能因制度不足而增加的交易成本以及连带可能产生的更广泛的社会成本从而加以避免；另一方面，实施成本向设计端转化实现了相对稳定的一次性的制度设计为后续反复大量的交易活动提供依据，反复地约束现实成本。因此，从整体上讲，制度设计过程与制度实施过程的充分联动以及其中制度成本由实施端向设计端转化对于社会整体而言是具有重要效用的。但是，如果在某些因素的影响下，制度设计过程与制度实施过程之间交互机制不健全，制度实施成本未能妥善地向设计端转化，设计端未能为实施提供有效的制度规则安排，就会导致制度整体的设计实施成本偏高等一系列问题。

整体来讲，我国海关通关便利化法律制度的设计安排与实施之间的交互机制尚不充分健全，多种因素导致我国海关通关便利化法律制度的实施成本未能充分高效地向设计端转化，设计端也未能充分契合现实地为制度实施提

① 参见王宝明：《立法与法律实施问题研究》，载《河北法学》1995 年第 4 期。

② 参见崔晓燕：《论法律制度安排与法律实施成本》，重庆大学 2006 年硕士学位论文。

供制度规则安排，从而导致海关通关便利化法律制度设计实施成本偏高的现象出现。

（一）制度实施成本未能向制度设计端充分转化

我国海关通关便利化法律制度的实施面临多方面因素形成的成本问题。首先，纷繁复杂且发展迅速的外贸环境为通关便利化法律制度的实施带来了高成本问题。从国际贸易形势上来讲，当前世界经济的不稳定、不确定因素增多，单边主义、保护主义抬头，而且世界范围内面临国际经贸关系波动带来的经济增长压力。[①] 近年来，我国的进出口贸易总量逐年递增，外贸类型多元化发展，外贸体制改革、自贸港区建设发展迅速，这使我国的海关面临着传统贸易风险与新增贸易风险的双重压力，有限的海关资源与增长的贸易监管要求之间的矛盾更加突出，贸易安全保障与贸易便利发展的关系协调也更加迫切。我们实施通关便利化法律制度，希望海关可以在这样的复杂环境中高效履行职责，贸易商也可以高效获得放行许可、节约贸易成本。归根结底，我们的通关便利化法律制度实施是为了不断应对发展中的外贸环境带来的各项新的挑战。但是，外贸环境的复杂且快速发展总是会出现制度实施过程中无法预料的新情况和新问题，这也就导致了制度实施过程中总是会出现一些与现实环境不相适应甚至滞后于现实环境的困难，从而出现制度实施的高成本现象。另外，制度实施过程中海关本身内部政策偏好的社会心理问题、权力寻租问题以及海关与贸易商之间基于对制度塑造的实质影响力和主导力差异而形成的信息不对称、不完全问题等，也都会在很大程度上导致制度实施的高成本问题。从原理上讲，制度实施过程中的高成本需要通过一定的机制安排向设计端进行转化从而约束成本，但是一些因素的作用和影响导致这种转化机制并不健全完善，从而致使我国的海关通关便利化法律制度实施长期面临高成本问题。

第一，通关便利化法律制度实施所处的外部环境快速发展变化在客观上导致其潜在的成本问题难以充分地预测。一方面，外贸总量的逐年递增以及外贸形式的多元化发展，致使海关的通关监管执法压力不断增大，海关与贸

---

① 参见雷达、初晓：《国际经济秩序演变与百年未有之大变局》，载《国际商务研究》2021 年第 1 期。

易商需要面对的商品进出境违法风险也越发增加。以走私违法风险为例，电子商务零售贸易的发展以及对国际商务平台化方式的普及，海关与贸易商的通关活动需要面临和防控更多以电商零售贸易形式为掩护的“蚂蚁搬家”式碎片化的走私违法行为。[①] 另一方面，我国近年来的外贸体制创新发展、自贸港区建设发展十分迅速。以海南自贸港为例，国家为支持海南港区建设、辐射内地地区经济发展，出台了诸如离岛免税购物政策等一系列红利保障机制。但是，面对新时期海南自贸港与周边内地联动发展的新模式，海南与内地海关也需要应对不法分子利用港区优惠政策如离岛免税购物政策将境外商品碎片化走私输入境内的违法行为。这些外部外贸环境发展、创新与改革带来的机遇与挑战并存的新局面，也为海关的通关监管提出更高水平的新要求，通关便利化法律制度在实施的过程中也相应地产生许多难以预料的新成本，无法充分地实现事先向制度设计端转化并加以约束。

第二，对于已知的制度实施过程中的成本如权力寻租带来的交易成本，我们尚未准确地找到将成本向设计端转化并通过制度约束海关权力的平衡点。一方面，海关是国家商品进出境的监督管理机关，也是国际贸易政策贯彻实施的核心执法主体，其职责的重要性以及面对的监管对象、贸易关系的复杂性在很大程度上决定了海关权力大且权限宽泛（包含许可、检查、征税、强制、配备和使用武器、追缉、处罚等一系列权力类型）的必要性。[②] 另一方面，通关便利化法律制度的设计旨在约束通关交易成本，包括基于海关权力和权限宽泛可能带来潜在交易的寻租成本，海关权力和权限范围需要进一步约束。也就是说，我们既需要赋予海关权力因素以使其有力地干预国际贸易商品进出境活动，又需要限制其权力因素以防止权力滥用带来通关成本的增加。[③] 这里“赋予权力因素”与“限制权力因素”的平衡点是不容易一劳永逸地确定的。首先，海关面对的外贸监管对象复杂且不断发展，海关的职责权限尤其是自由裁量的方式和标准本身就处于动态调整当中。对权力的赋予是为了保障海关可以妥善履行职责，此时对权力的限制也需要进行动态调整

---

① 参见钱锦：《论跨境电商我国海关监管困境的再突破》，载《现代商业》2017年第1期。

② 参见白雪燕主编：《中国海关概论》，中国海关出版社2008年版，第104～107页。

③ 参见白雪燕主编：《中国海关概论》，中国海关出版社2008年版，第107～108页。

并与赋权相对应,因而“赋权”与“限权”本身就处在一种动态平衡当中。其次,赋予海关权力使之可以代表国家主权威严强有力的进行关境管控具有长时间形成的传统海关观念基础;对海关权力的规范和限制,即通过当代法治精神约束海关权力以避免寻租带来的额外成本阻碍通关便利,是随着海关发展逐渐形成的新型法治海关理念。这种传统与新型理念之间的碰撞与革新以及其中的摩擦,本身也为赋权与限权的平衡带来一定的困难。最后,海关权力的赋予和限制本身源自海关法制度特别是源自通关便利化法律制度,制度的法源即制度的有效表现形式在很大程度上都受到海关系统整体的影响和主导,在很大程度上海关既是制度的实施者也是制度的主要设计者,因而实践中的制度设计更多的是向海关赋予权力而非对权力进行有效限制,赋权与限权之间在这种法源特点下也难以达到有效的平衡。

第三,对于区域性的经济发展水平以及海关建设水平差异导致的全国范围内海关通关便利化法律实施的高成本问题,难以在短期内通过向设计端进行转化约束交易成本。海关在全国范围内的建设发展能力和水平存在差异甚至长期存在差异,这是一个客观且现实的问题。① 这种差异在整体上会导致新型的通关便利化法律制度在全国范围内贯彻实施的过程中形成一系列成本,造成制度实施成本增加。在制度设计端对这种海关建设差异形成的制度实施成本进行规范安排以约束成本的过程中,海关作为全国全境统一的法律制度体制,一般难以针对不同地区、关区进行不同的通关法律制度安排,因而在制度设计端安排规范以约束区域性差异造成的制度成本往往也具有一定的现实困难。

(二)制度设计与实施之间存在一定程度的脱节

制度的设计与实施之间存在一定程度的脱节,制度的规则原则未能充分地适应制度实施的现实需要,从而导致制度设计与实施之间存在断裂,这是在整体上导致制度设计实施成本偏高的原因之一。

第一,制度设计在客观上存在滞后和笼统的问题,与制度实施脱节。一

① 参见曾文革、江莉:《〈贸易便利化协定〉视域下我国海关贸易便利化制度的完善》,载《海关与经贸研究》2016 年第 1 期。

方面,传统海关法上对通关便利化法律制度的设计中,通关理念、通关职责以及通关模式等相对滞后,与当前外贸发展背景下海关的现行通关实践存在脱节。制度设计的滞后导致现行的通关成文立法规则与现实的制度实施需要的规则(或者说实际依据的海关系统的政策规则、公告性文件颁行的规则等)各说各话,从而导致制度的设计成本、实施成本偏高。另一方面,传统海关的通关便利化法律制度设计在理念精神和具体通关规则方面表现较为笼统,仍存在进一步通过制度解释加以细化以弥合与现实差距的空间。在海关法制度解释仍相对不尽完善的情况下,这种制度设计的笼统往往造成难以对现实的通关实践提供有效力的直接国家立法依据。

第二,制度设计在形式上存在均衡性不足的问题,与制度实施脱节。当前的通关便利化法律制度设计安排无论是成文法的制度设计抑或不成文法的制度设计,在形式上讲更多的是海关的通关执法设计、对贸易商的通关守法制度设计,如通关过程中贸易商的权利保障制度设计以及贸易商的自治性制度设计等存在欠缺和不足。海关过于强势与贸易商过于弱势,导致现行的通关制度设计并不充分均衡,无法充分契合海关和贸易商之间便利高效实施制度的现实需要。

第三,制度设计在表现上存在透明度不足的问题,与制度实施脱节。当前的海关通关便利化法律制度设计在表现上来讲,一方面,公开权威的国家法律、行政法规的制度安排相对滞后笼统,未能成为制度法源的主要组成部分,而占据制度规范主要组成的法源形式基本上都是不公开的内部政策以及海关系统的内部执法标准。这导致在通关交易关系中,海关与贸易商难以通过信息对称和信息完全的方式平等地获得制度安排信息,从而造成了制度设计与现实中关企之间期望平等地在制度框架下进行便利化的通关交易的需求相脱节。另一方面,贸易商获取制度规则的渠道、机制较为模糊,尤其是在外贸环境纷繁复杂且快速发展的时代背景下,海关的通关执法规则与执法标准层出不穷,存在大量且更新迅速地具体执法规则,贸易商难以通过清晰的获得机制高效获取制度信息,这是制度不透明问题带来的制度设计与现实中便利通关的需求相脱节的问题。

第四节 我国海关通关便利化法律制度设计实施成本偏高的负面影响

从制度主义的角度而言,假定制度所实现的功能既定,则成本较低的制度是更有效的制度。[①] 制度成本偏高将从根本上导致制度低效,阻碍制度目标的实现。具体而言,我国海关通关便利化法律制度设计实施成本偏高的负面影响主要表现在以下几个方面:一是阻碍了我国海关通关便利化法律制度的高效率创设和运行;二是阻碍了我国外贸改革中贸易安全和贸易自由间的高效率协调;三是阻碍了我国海关通关便利化法律制度的国际对标与合作。

一、阻碍了我国海关通关便利化法律制度的高效创设和运行

在我国当前的外贸发展实践进程中,我国急需高效率地进行海关通关便利化法律制度的创新发展。我国海关通关便利化法律制度的设计实施成本偏高,会阻碍相关法律制度的高效创设和运行。

(一)阻碍了我国自贸区(港)实践发展中的通关便利化制度高效创设运行

我国的自贸试验区、自贸港探索实践和快速发展要求创新通关便利化的制度措施,制度的设计实施成本偏高会在一定程度上阻碍制度的高效创设。

自贸试验区建设是我国新时期外贸体制改革的重大举措。[②] 我国自贸试验区建设的功能定位极具中国特色。[③] 其一,追求贸易的区域性便利化,减少行政性、制度性等人为因素对市场要素流动不适当、不必要的限制;其二,贸易功能的综合化,自贸试验区集海关、外资、外汇、外贸、金融和设企营商等经

① 参见袁庆明:《新制度经济学》,中国发展出版社2005年版,第261页。

② 参见张翼:《高水平开放激发改革澎湃动能》,载《光明日报》2024年7月4日,第15版。

③ 参见王淑敏、朱晓晗:《建设中国自由贸易港的立法必要性及可行性研究》,载《中国海商法研究》2018年第2期。

济性功能为一体，相互衔接促进；[①]其三，全面覆盖我国的地方区域，通过外贸制度创新先行先试，对我国外向型经济发展发挥示范引领和"桥头堡"的作用；其四，对标国际吸引外资，与我国"一带一路"倡议落实和推进海外投资发展相互配合。[②]

总体上讲，我国自贸试验区改革发展和制度创新的基础与核心是发展完善海关通关便利化法律制度，并以该制度驱动其他自贸区制度的改革创新。[③]第一，"自贸试验区"本身作为一项重要的外贸法制度形式，在国际法上溯源于《经修订的京都公约》专项附约四第二章的"自由区"制度，是一项重要的通关便利化法律制度。[④] 第二，海关通关监管因素是贸易限制的关键枢纽因素。自贸试验区实现贸易便利，减少人为因素对贸易市场要素流动的限制，关键是通过富有绩效的通关便利化法律制度减少和约束不适宜、不必要的监管规则、程序和手续，从而降低贸易活动整体的交易成本。第三，自贸试验区对外贸体制改革的示范引领，很大程度上是引领我国海关体制、海关制度和通关理念与模式的改革创新。自贸试验区建设的重要使命之一是高效发挥海关保护贸易安全的基本职能，同时与时俱进地以便利化的法律制度约束通关交易成本，最大效率地实现贸易保护基础上的贸易自由。第四，自贸试验区具有"境内关外"的法律地位，实施特殊的海关（通关）监管和关税制度。通关便利化法律制度是区内其他贸易便利法律制度的基础和保障。

但是，我国海关通关便利化法律制度的设计实施成本偏高问题，在一定程度上阻碍了自贸试验区、自贸港改革发展和制度创新过程中对海关通关便利化法律制度的高效创设和运行要求。其一，较高的制度成本直接导致制度的创设和投入运行以及再创设的渐进式过程时间成本较大，直接导致制度的供给进程缓慢并滞后于自贸试验区、自贸港改革进程发展。其二，较高的制

---

① 参见佟家栋：《中国自由贸易试验区改革深化与自由贸易港建设的探讨》，载《国际贸易》2018年第4期。

② 参见孙元欣：《中国自由贸易试验区对"一带一路"建设的作用》，载《中国经济特区研究》2018年第1期。

③ 参见王淑敏、冯明成：《〈贸易便利化协定〉与〈京都公约〉（修订）比较及对中国自由贸易港的启示》，载《大连海事大学学报（社会科学版）》2019年第2期。

④ 参见郭永泉：《中国自由贸易港建设和自由贸易试验区深化改革的策略研究》，载《国际贸易》2018年第3期。

度成本特别是制度的实施成本,会降低制度的实践绩效,使制度的现实效果受制于低效境地,从而导致自贸试验区、自贸港创新发展进程中,实际的通关便利化程度和效果落后于自贸体制改革的发展初衷。其三,较高的制度成本之下,需要以优化完善通关便利为基础的自贸体制改革和自贸港区建设不断加大约束制度成本的人力、物力投入,从而在一定程度上延缓自贸港区建设发展的进程。

(二)阻碍了"一带一路"背景下通关便利化法律制度的高效创设运行

"一带一路"倡议是新时期我国进一步融入世界贸易规则体系,深化外向型经济体制改革的重要国际合作机制和平台。2015 年我国公布《推动共建丝绸之路经济带和 21 世纪海上丝绸之路的愿景与行动》,将贸易畅通作为"一带一路"要实现的"五通"目标之一,是政策沟通的目标,也是设施联通、资金融通和民心相通的前提。① 然而,贸易畅通的关键是构建符合"一带一路"倡议发展需求的通关便利化法律制度保障体系。

第一,"贸易畅通"即"贸易便利",意指减少行政性人为因素对自由贸易活动产生的不合理、不必要限制,而通关便利化法律制度作为实现贸易便利的核心制度手段正是题中之义。第二,"一带一路"倡议的贸易畅通,需要营造法治化的通关便利化制度体系,以法治提升和保障制度约束的透明度,降低贸易中交易的不确定性,从而实现共建国家贸易往来的畅通无阻。第三,"一带一路"倡议的贸易畅通,需要以法律制度固定通关便利化的模式、机制等创新实践成果,从而推动倡议实践的长期稳健发展。第四,"一带一路"倡议的贸易畅通,需要在通关实践中构建海关高效执法和企业严格守法的秩序关系,这一点仍旧需要以通关便利化法律制度予以规范确立和实践保障。②

然而,我国海关通关便利化法律制度设计实施成本偏高问题,阻碍了"一带一路"倡议发展背景下的"贸易畅通"对海关通关便利化法律制度高效创设运行要求的实现。其一,较高的制度成本阻碍了我国与"一带一路"共建国家

---

① 参见周跃雪:《"一带一路"倡议下我国海关贸易便利化措施和法制改革:国际法义务与参考》,载《特区经济》2017 年第 5 期。

② 参见王颂吉、韩瑞:《"一带一路"贸易便利化的十年进展、问题分析与推进路径》,载《西北大学学报(哲学社会科学版)》2024 年第 2 期。

之间贸易要素的高效流动。其二,较高的制度成本阻碍了我国海关同“一带一路”共建国家的海关开展国际合作。其三,较高的制度成本,特别是法律制度的设计成本较高,阻碍了“一带一路”倡议发展进程中我国海关同共建国家的海关间合作实践的法制度转化与固定。

(三)阻碍了我国跨境电商发展中通关便利化法律制度的高效配套创设

近年来,跨境电子商务跨境电商小额贸易、跨境电商零售贸易等形式蓬勃发展,与我国传统的集装箱式贸易形式并驾齐驱,共同成为推进我国进出口贸易增长的重要引擎。① 需要指出的是,我国跨境电子商务的发展不仅是“线下贸易”向“线上贸易”形式的表面转换,更存在诸多深层次的外贸形式变革特征。其一,跨境电子商务是依托互联网电子信息技术进行的国际交易活动,交易背景、物流以及支付等信息均以电子形式呈现和传递。其二,跨境电子商务相较于传统的集装箱式贸易,呈现出碎片化、单票货物价值低、交易效率高以及交易总体量大的各项新特征。其三,跨境电子商务特有的跨境电商零售贸易形式中贸易商与消费者直接交易,引发了海关法理论和政策实践上跨境商品“货物”和“物品”属性的争论,进而对商品通关程序和关税税则的实施形成一定阻碍。其四,跨境电子商务的发展需要政策支持,同时也需要与传统贸易之间进行政策平衡。跨境电子商务中交易商品的通关程序、手续,关上税费的征收程序以及仓储和保税等均较一般货物贸易呈现差异化特点。

新型的跨境电子商务贸易形式需要通关便利化法律制度建设与之配合,主要表现在以下几点:第一,海关通关的电子信息化法律制度建设,确保海关能够通过互联网平台、人工智能、X 光机、人脸识别系统等技术措施开展执法活动,从而与跨境电子商务的信息化特点相契合;②第二,“海关—跨境电商平台—电商企业”的三维监管、服务制度建设,充分发挥跨境电商平台的信息收集、准入监管、市场监管的角色优势,海关通过与电商平台合作,实现对

---

① 参见于立新主编:《跨境电子商务理论与实务》,首都经济贸易大学出版社 2017 年版,第 5~10 页。

② 参见黄正一等:《人工智能技术在海关应用的探讨》,载《中国口岸科学技术》2024 年第 1 期。

碎片化小额贸易形式的跨境电子商务给予优先监管和优质服务;第三,跨境电子商务商品的专门海关通关监管制度建设,跳出了传统通关制度框架的锁定效应,设立符合跨境电子商务交易商品特点的通关程序、手续和风险审核、查验机制,从而与跨境电子商务特有的商品属性和交易特点相适应。

我国海关通关便利化法律制度的设计实施成本偏高,阻碍了跨境电商背景下通关便利化法律制度的高效配套创设和运行。其一,制度成本偏高直接导致有关跨境电商的制度设计和投入运行过程迟缓,从而导致法律制度滞后于跨境电子商务快速发展下对通关便利化法律制度高效配套供给的现实需求。其二,较高的制度成本消弭了跨境电商自身对国际贸易要素便利化跨境流动的积极贡献,原本通过贸易形式约束的交易成本又会因为通关便利化法律制度的设计实施成本偏高而总成本依旧较高。其三,制度成本偏高问题很多情况下会导致跨境电商领域中海关通关便利化法律制度的设计安排政策化和规范性文件化而非正式的法律渊源化,制度规则法源形式的非正式和层级低导致了制度本身的权威性、稳定性较低,制度的透明度不足,从而阻碍跨境电商商品通关过程中通关便利化法律制度的高效运行。

(四)阻碍了我国《海关法》发展中通关便利化法律制度的高效创设

我国《海关法》未来修订的任务之一是完善通关便利化法律制度。《海关法》是规范我国海关体制、职权、监管程序的基本法,具有保护贸易安全、促进对外经济和谐发展的重要价值。我国现行《海关法》自 1987 年首次颁布实施以来共经历了 6 次修正,以不断满足和适应我国外贸体制改革和外向型经济创新发展的现实要求。近年来,我国外贸形势、海关监管理念以及机构体制改革取得了一系列重要的实践成果,包括经认证经营者企业信用评级、加工贸易监管模式、全国海关通关一体化、“两步申报”等,[①]《海关法》亟须在海关基本法意义上予以制度成果固定以期更好地推进制度实施的细则机制。

从整体上看,我国《海关法》修订工作将以创设、完善通关便利化法律制度为重要任务之一。第一,“关检融合”改革下边境检验检疫职能划入海关是

---

① 参见车捷:《关于修订海关法的议案》,载江苏人大网,http://www.jsrd.gov.cn/huizzl/qgrdh/20191302/yajy/201903/t20190313_511964.shtml。

我国《海关法》修订的直接动因，这已在很大程度上表明，我国《海关法》的修订将具有显著的凭借机构体制改革和职能整合构建、完善通关便利化法律制度的逻辑底色。以海关整合边境各类执法主体的主要职能，约束职能分散造成贸易成本不合理增加，优化通关程序和边检程序的有机统一，这正是通关便利化法律制度的基本价值要求和制度形式表现。第二，《海关法》修订回应"全国通关一体化"改革，在全国范围内统一海关通关标准，对接海关通关程序和信息共享，减少地域差异造成的通关成本增加和贸易不便，这是通关便利化法律制度基本要求的体现。第三，海关企业信用管理体制纳入《海关法》，建立基本法意义上的海关企业信用管理制度，并以此为基础建立海关（通关）监管的风险管理机制，合理分配有限的海关力量，降低（通关）监管成本，这是通关便利化法律制度的基本体现。第四，"两步申报"的通关模式纳入《海关法》，通过"概要申报 + 完整申报"两个步骤，将海关通关监管的物流和信息流、财流相分离，极大地节约了各方主体的通关成本，提升了通关的效率。"两步申报"入法实质上也是一种通关便利化法律制度创新成果的海关基本法固定，体现着对这种便利化法律制度的构建和完善。第五，跨境电子商务的专门化海关监管措施将纳入《海关法》，降低行政性执法依据之下执法措施模糊造成的贸易成本，这仍是通关便利化法律制度的重要体现。

当前，我国海关通关便利化法律制度的设计实施成本偏高，会在一定程度上阻碍我国《海关法》作为海关制度基本法在修订完善过程中对海关通关便利化法律制度的创设和发展。其一，制度的政策性、模糊性和海关对制度规则本身的主导把控较强，通关便利化法律制度的原则、理念和价值精神在实践中也较为多元，这会对《海关法》吸收纳入海关通关便利化法律制度本身造成一定的不利影响和阻碍。其二，制度在实施过程中的寻租问题和执法者的政策偏好问题等，会导致制度规则的实际运行形成潜在交易成本，如果这样一个问题未能妥善解决，则制度的实效较低，也会影响《海关法》在未来发展中对通关便利化法律制度的基本法吸收。另外，当前我国的海关通关便利化法律制度仍处于发展探索阶段，制度法源较为多元且分散，制度的框架和细则标准仍较为模糊多元，由此形成的制度成本会在一定程度上阻碍《海关法》对海关通关便利化法律制度的基本法创设和完善。

二、限制了我国外贸改革中贸易安全和自由间高效率的协调

我国的外贸改革更多的是一种体制机制的改革，通过不断的外贸体制机制改革，不断协调、化解我国外贸发展过程中的各种冲突矛盾，不断克服外贸发展中的各项阻力因素，最终实现外贸的进步与增长。其中，贸易安全与贸易自由之间的高效协调问题正是外贸改革进程中需要不断协调的关键冲突矛盾之一。

贸易安全与贸易自由间的矛盾关系，究其本质是贸易保护主义同贸易自由主义间的矛盾关系。无论是国际贸易关系还是对国际贸易关系施加法律调整的国际贸易法，始终存在一以贯之的价值矛盾关系，即贸易保护主义与贸易自由主义的矛盾关系。[①] 贸易自由主义强调减少国家和政府等人为因素（非市场性的政策因素）对贸易市场的干预，减少甚至消除人为因素对贸易要素依据市场自我调节机制自然流动的阻碍，实现以"意思自治"为基础和保障的国际贸易活动，最大化地实现各方商事主体的经济利益。贸易保护主义通常以国家和政府的贸易政策以及贸易管制措施等形式出现，成为对贸易自由主义最大的非市场性壁垒和限制因素。当然，贸易保护主义可能反映着一国政府的政治目的，但不可否认的是，贸易保护主义政策在维系世界、区域和国家贸易安全并确保进出口贸易活动具有合法性的过程中具有重要意义。为此，即使是以"减少和消除贸易壁垒，促进贸易自由"为核心价值的世界贸易组织法，也在其《1994 年关税与贸易总协定》中以第 20 条"一般例外"的立法方式，排除世界贸易组织法规则对合理且必要的 10 类贸易壁垒和管制措施的适用。可见，贸易保护主义基于合理且必要的保障贸易安全的目的所设计、实施的贸易政策措施，将在价值、规则和实践方面，同贸易自由主义形成必然冲突。

在协调贸易保护主义和自由主义矛盾作用下的贸易安全与贸易自由的冲突关系中，贸易便利化的价值理念、规则设计和法律实践应运而生。究其原因，贸易便利化强调以必要合理的贸易保护（维系贸易安全）为基础，因为

---

① 参见余芳菲：《自由贸易与贸易保护的对立统一关系》，载《市场周刊（理论研究）》2016 年第 6 期。

无安全的贸易自由无意义，应在此基础上凭借技术革新、法治进步和社会发展，不断规范和约束不合理、不必要的贸易保护措施，以期最大化地为实现贸易自由主义留足空间。所以说，贸易便利化兼顾了贸易保护（安全）和贸易自由，是在保留必要合理的贸易保护措施的基础上，通过削减不必要的保护措施，规范必要措施的实施，最大化地“逼出”贸易自由的实现。也可以理解为，贸易便利通过尽可能小地牺牲贸易自由的成本，获取保障贸易安全的利益。

不可否认的是，在以保障贸易安全为基础不断约束贸易成本实现贸易自由的制度安排中，海关通关便利化法律制度的设计安排和运行实施具有核心和关键的作用。一方面，海关通关便利化法律制度强调以海关保障贸易安全为基础，一切制度措施、制度程序和制度标准的安排和实施均不应违背对贸易安全的保障要求；另一方面，海关通关便利化法律制度强调高效率、低成本地设计实施有关的制度措施、制度程序和制度标准，通过对有关制度要素的科学设计重组，高效率精准地实施运行，约束和减少商品通关过程中不必要、不适当且可以削减的贸易成本，保障贸易效率。因此，从这个意义上讲，我国的海关通关便利化法律制度的设计实施将海关作为贸易要素流动的重要限制性、政策性、非市场性人为因素，强调海关通关便利化法律制度对贸易安全的保障以及对贸易自由的追求。然而，当我们的通关便利化法律制度设计实施存在成本偏高的问题时，我们在贸易体制改革进程中对安全化自由的价值协调本身也会受到相应的阻碍。

三、影响了我国海关通关便利化法律制度的国际对标与合作

我国海关通关便利化法律制度既是我国对外贸易领域重要的涉外法律制度，更是我国作为两大世界性贸易组织成员的背景下世界海关通关法律制度体系中的重要组成部分，尤其在我国的贸易体量和地位逐年提升的现实背景下，我国的海关通关便利化法律制度很大程度上讲，在维系世界贸易进出口便利化水平方面具有不容忽视的影响意义。因此，我们十分有必要在世界海关法律制度的视野和语境体系下考察我国的海关通关便利化法律制度。可以这样讲，总体来说，我国的海关通关便利化法律制度在世界海关法律制度体系中发挥的影响和现实意义，一方面体现为我国海关通关便利化法律制

度同世界海关通关便利化法律制度的国际法规则（主要是世界贸易组织、世界海关组织法规则）的对标，另一方面则体现为我国海关通关便利化法律制度同世界上其他国家特别是我国的贸易伙伴之间的制度对接与合作。这两方面的现实意义不仅有利于我国海关通关便利化法律制度水平的稳步提升，更有利于世界海关通关便利化法律制度的进步发展。诚然，当前我国海关通关便利化法律制度设计实施成本偏高问题，在很大程度上阻碍了我国海关通关便利化法律制度的国际对标与合作。

（一）制度的设计实施成本偏高影响了制度的国际对标

当前，世界贸易组织的《贸易便利化协定》对世界范围内的贸易成员通关便利化法律制度提出系统性要求。《贸易便利化协定》作为世界贸易组织多哈回合谈判的最新成果，于 2017 年 2 月 22 日正式生效并对世界贸易组织成员正式实施。《贸易便利化协定》中 90% 的内容均与通关便利化法律制度直接相关，[①]因而该协定也可以被称为世界贸易组织法的“通关便利化协定”。作为世界贸易组织成立以后形成的第一项多边协定，《贸易便利化协定》开创了世界贸易组织规则创新的新模式，对于世界贸易组织的未来发展具有重大意义。[②] 该协定的颁布实施，弥补了世界贸易组织法在通关便利化制度方面长期的关注不足，完善了《1994 年关税与贸易总协定》引导下多边货贸协定的构成体系，也标志着世界贸易组织与世界海关组织在海关问题上的制度性与技术性合作将进一步加深。

《贸易便利化协定》对各世界贸易组织成员的海关通关便利化法律制度建设和实施提出了系统性的要求，主要表现在以下方面。第一，通关过程中应当保障信息公开的透明化、便捷化、公平化和易获取，减少行政信息壁垒对成员间贸易成本的增加；第二，对贸易相关方应提供必要的时限和方式，保障其可以知悉通关法律法规的审议修订工作并适度参与评议；第三，建立实施关上税收及其他通关监管事项的“预裁定”制度，分解进口货物实际通关过程

---

① 参见王淑敏、冯明成：《〈贸易便利化协定〉与〈京都公约〉（修订）比较及对中国自由贸易港的启示》，载《大连海事大学学报（社会科学版）》2019 年第 2 期。

② 参见何力：《国际条约法视角下 WTO〈贸易便利化协定〉生效问题探析》，载《海关与经贸研究》2017 年第 4 期。

的监管成本；第四，规范关上规费征收权力和违法行为处罚权力，避免海关权力滥用给进出口贸易增加额外的行政成本；第五，在海关担保制度保障基础上，推行“货物流”和“财务流”相分离的通关监管模式；第六，根据风险管理原则，合理分配海关监管力量，重点监管高违法风险货物；第七，建立经认证的经营者制度，设立相应的法律标准，区分海关企业不同信用等级的差异化通关待遇并开展国际互认合作；第八，推进边境监管部门的联合执法，降低分头执法增加的行政成本，提升监管效率；第九，根据“比例原则”适当减少通关过程中的手续和单证要求，设立“单一窗口”提升手续单证的提交和审核效率；第十，加强海关的国际合作，推进各成员海关间的信息互通和执法互助，协同落实对供应链上下游进出口贸易商的守法管理和违法惩戒。

与《贸易便利化协定》相呼应，世界海关组织的《经修订的京都公约》的全面审核修订工作以及未来的修改也以现代通关便利化要求为重要指引。作为世界海关组织的四大支柱性公约之一，《经修订的京都公约》是国际上唯一全面规定海关各项业务制度和标准的法律文件，①是世界海关组织成员通关法律制度国内构设与国际合作的国际“基本法”。《经修订的京都公约》于2006年2月3日生效，至2018年年底，共有116个缔约方，我国也是该公约的缔约方之一。2018年6月，世界海关组织成立了全面审核《经修订的京都公约》工作组并启动了全面审核工作。②

《经修订的京都公约》此次全面审核修订是继《京都公约》20世纪90年代首次修订后，世界海关组织结合20余年世界各国海关的发展实践以及当前面临的新形势、新问题和新需要作出的重要部署。一方面，《经修订的京都公约》的全面审核修订与《贸易便利化协定》相互协调、相互配合并且机制互补，共同协调世界范围内贸易成员的通关便利化法律制度建设和实施；另一方面，《经修订的京都公约》的全面审核修订是世界海关组织法律体系内部的自我更新、自我完善。作为全球统一协调规范通关法律制度的技术性公约文件，《经修订的京都公约》需要积极吸收世界海关组织《跨境电子商务标准框

---

① 参见伊羊羊：《〈京都公约〉的修改及可能产生的影响》，载《中国海关》1998年第3期。

② 参见上海海关学院：《学校首次派员代表中国海关参加全面审核〈经修订的京都公约〉工作组第五次会议》，载上海海关学院官网2019年6月10日，https://www.sohu.com/a/319662310_656918。

架》的现代贸易理念以及《标准框架》中平等合作的新型海关监管模式，从而在根本上保障世界现代化的通关便利化法律制度能够契合当下全球贸易便利化的发展需求。

可以说，世界两大贸易组织世界贸易组织和世界海关组织分别从削减贸易壁垒和通关便利化的技术性制度要求的多维角度，对规范和协调世界范围内包括我国的海关通关便利化法律制度提出了系统性的指引。

我国在海关现代化改革以来特别是在近年来随着海关全面深化改革的推进落实，海关通关便利化法律制度在通关理念、通关模式、通关执法方式等方面均得到了显著的进步，并不断与世界贸易组织法、世界海关组织法的通关便利化要求相契合。然而，基于制度设计实施成本偏高的原因，我国的海关通关便利化法律制度在向国际海关法通关便利化规则要求对标的过程中，仍旧具有一定的阻碍。

第一，阻碍了我国海关通关便利化法律制度同世界海关组织法关于制度透明度要求的对标。制度的透明度是海关通关便利化法律制度实现其通关便利价值的基础，可以视为制度的基本原则甚至制度原则的原则。因为通关便利化法律制度即便设计得精巧高效，也必须以清晰透明和便利获取的方式呈现在海关与贸易商等通关交易主体面前才能真正地发挥其制度效果。也可以说，制度的透明度既是通关便利化法律制度的内涵和题中之义，更是通关便利化法律制度发挥其实际效果的根本保障。然而，我国的海关通关便利化法律制度设计实施成本偏高表现出的制度笼统、滞后、政策性强，海关单方面主导制度规则以及内部政策偏好等问题，很大程度上阻碍了通关便利化法律制度的透明度，[①]导致制度原本为了矫正交易主体之间的信息不对称、不完全却因为制度的模糊、透明度低更加重了交易主体的信息不对称，不仅制度目的实现受阻，更使原本通关不够便捷的现实更加不便。[②] 从实质上讲，这种制度设计实施成本偏高的现象，实际上阻碍了我国海关通关便利化法律制度的发展符合世界贸易组织法、世界海关组织法关于通关制度便利高效的基本

---

① 参见曾文革、江莉：《〈贸易便利化协定〉视域下我国海关贸易便利化制度的完善》，载《海关与经贸研究》2016 年第 1 期。

② 参见袁庆明：《新制度经济学》，中国发展出版社 2005 年版，第 46 页。

要求,阻碍了我国通关制度的国际对标。

第二,阻碍了我国海关通关便利化法律制度实施效果的体现。通关便利化法律制度的实施效果既是制度水平的检验标准,更是世界贸易组织法和世界海关组织法对制度协调设计的实质追求。世界贸易组织法、世界海关组织法在世界范围内的贸易成员之间提出通关便利以及简化和协调海关制度的宏观理念和具体制度规则指引,不仅在形式上期望世界各贸易成员能够普遍约束海关通关带来的贸易壁垒和成本,还根本上期望实现贸易要素在实际供应链高效流动的实际效果。我国海关通关便利化法律制度的设计成本偏高问题,特别是基于权力寻租等执法问题的制度实施成本偏高现象,在很大程度上阻碍和影响了通关便利化法律制度的实际效果。易言之,尽管我国的海关通关便利化法律制度设计安排不断对标国际,在全国通关一体化、关键融合、无纸化办公、“单一窗口”等方面取得一系列重要突破,但是,制度实施过程中可能出现的权力寻租或者寻租风险,都极易导致制度设计的辛苦努力付诸东流。制度实施的实际成本偏高,也因此在很大程度上阻碍了我国海关通关便利化法律制度同世界海关组织法、世界贸易组织法等国际海关法的通关便利制度的实效要求相对标。

(二)制度的设计实施成本偏高影响了制度的国际合作

无论是我国抑或世界范围内的其他贸易成员,设计实施海关通关便利化法律制度的价值之一,是在海关作为世界贸易枢纽的关键节点意义上,对保障贸易要素自由便捷地沿供应链流动的一种世界性制度安排。这一制度价值的实现,在很大程度上依赖与国际海关通关合作,国际海关通关合作的根本其实就是贸易成员之间海关通关便利化法律制度的合作。通过制度合作,包括制度对接、制度互认,可以凭借更低成本的方式将存在违法性的贸易要素拦截在国门之外,同时减少和约束进出境的反复通关活动带来的贸易成本,因而国际海关合作可以视为一种在世界贸易系统内部通过制度合作减少制度对立、制度摩擦以约束通关成本的高效实践。然而,我国海关通关便利化法律制度的设计实施成本偏高问题,在很大程度上阻碍了我国的海关通关便利化法律制度同其他贸易成员海关之间的制度合作。

第一,制度的设计实施成本偏高问题,会导致我国海关通关便利化法律制度同其他贸易伙伴的海关制度对接互认进程延缓。这主要是因为制度的设计实施成本高,直接反映出的问题就是我们需要花费较大的初始成本安排推行有关的法律制度,包括制度规则和具体的制度标准。同时制度实际过程中的寻租、内部政策偏好等问题导致的制度实效同预设轨道不同程度偏离的所反映出的实施成本高的问题,又在很大程度上对制度的再设计过程增加成本,进而在总体上导致一项现代化的海关通关便利化法律制度需要经过较为漫长的设计过程并在支付大量摩擦成本的情况下推向现实,从而对制度的国际合作对接形成阻碍。比如,海关通关便利化法律制度的国际合作中一项典型的合作安排为海关经认证经营者制度的国际互认。由于我国海关经认证经营者制度的立法位阶层级较低,认证标准的适用范围仍较为狭窄,该制度实施过程仍存在来自执法者本身的实践经验的掣肘。① 这一系列经认证经营者制度设计实施成本偏高的问题最终导致了我国海关对该制度的国际互认安排仍处于初期阶段,与同世界范围内广泛的贸易伙伴开展国际互认的海关合作目标仍有一定的差距。

第二,我国海关通关便利化法律制度设计实施的成本偏高,会阻碍我国的通关程序对有关国际海关合作程序机制的对接和纳入。在国际海关合作的过程中,一项重要的合作内容为商品入境前的境外通关执法合作。尽管我们一般认为海关在关境上的入境通关执法是维系关境安全的第一道防线,但是基于违法商品入境后对关境安全的破坏以及后续补救恢复的难度,实际上我们也可以认为海关关境上的通关执法已经是维系关境安全的最后一道防线。为缓解贸易安全与便利的矛盾,在保障安全的基础上最大限度地促进贸易要素跨境流动,国际海关合作中亟须广泛开展商品入境前的境外通关执法合作,即通过国际海关合作安排,在贸易伙伴关境上的出口通关制度中互设入境前的境外通关程序机制,从而实现在商品由启运地发出前或发出时即完成对商品部分贸易合法性要求的通关执法确认,一方面增强了对自身关境的安全保障,另一方面因为通关程序的"前推"而进一步减少通关本身对物流的制约和限制,提升了贸易的便利程度。由于我国的海关通关便利化法律制度

① 参见马永飞、张树杰:《论我国海关推行 AEO 制度的若干问题》,载《上海海关学院学报》2009 年第 3 期。

的设计实际成本偏高的现实问题,一方面,较高的制度成本阻碍了我国在合作方海关通关制度中嵌入高效的商品入境前的境外通关程序机制;另一方面,基于互惠安排,境外海关预设于我国关境上的出口通关程序中的对应执法机制会受到阻碍,从而对开展国际海关之间的入境前商品通关合作形成限制性影响。

第四章

我国海关通关便利化法律制度变迁的路径依赖问题研究

研究我国海关通关便利化法律制度自新中国成立以来特别是改革开放以来的变迁过程，是在历史观的维度下考察和分析我国海关在各个重要历史时期通关便利化法律制度的具体表现，并对整个法律制度变迁的过程进行总体性评价。对我国海关通关便利化法律制度变迁过程的考察和分析，有助于我们掌握我国海关通关便利化法律制度在历史发展进程中的演化规律；有助于我们清晰地发现并继续秉承发扬我国海关通关便利化法律制度变迁中的进步优势；有助于我们清楚地认识到我国海关通关便利化法律制度变迁过程中的掣肘因素并加以约束；有助于我们继续在未来中开拓、创新我国海关通关便利化法律制度。几十年来，我国海关通关便利化法律制度变迁取得了长足的进步，但与此同时，作为制度变迁普遍的"惯性规律"，[①]我国海关通关便利化法律制度变迁过程中也存在较为明显的路径依赖现象。

第一节　我国海关通关便利化法律制度变迁取得的主要进步

自 1951 年我国首部《暂行海关法》颁布以来，我国海关通关便利化法律制度，历经改革开放、海关现代化改革、加入世界贸易组织以及党的十八届三中全会关于全面深化改革的重要部署等一系列历史环境的发展和变化，取得了重要的历史性进步。

一、我国海关通关便利化法律制度现已形成了多层次的法律渊源体系

我国海关通关便利化法律制度在中华人民共和国成立后 70 年的制度变

① 参见卢现祥主编：《新制度经济学》(第 2 版)，武汉大学出版社 2011 年版，第 88 页。

迁中,取得首要的也是最直观的进步,就是逐步积淀形成了一套相对全面的制度法源体系。[①] 在这套制度法源体系中,制定法渊源是我国海关通关便利化法律制度的效力基础,政策渊源以及行政规范性文件渊源是我国海关通关便利化法律制度改革创新和深化实施的重要保障;与此同时,世界贸易组织法、世界海关组织法以及其他一些代表性的国际自贸协定也对我国海关通关便利化法律制度的法源体系发挥了重要的推动作用。[②]

(一)制定法渊源

制定法渊源作为我国海关通关便利化法律制度的主要和基本效力来源,主要包括法律、行政法规和部门规章。[③]

1. 全国人大及其常委会制定的规范我国海关通关便利化法律制度的现行有效的法律,目前主要包括《海关法》(2021)、[④]《海关关衔条例》(2003)、《船舶吨税法》(2018)、《对外贸易法》(2022)以及在关检融合后纳入该制度渊源体系的法律,包括《国境卫生检疫法》(2024)、《进出境动植物检疫法》(2009)、《进出口商品检验法》(2021)以及《食品安全法》(2021)等。

2. 国务院制定的规范我国海关通关便利化法律制度的现行有效的行政法规,目前主要包括《进出口关税条例》(2017)、《海关事务担保条例》(2018)、《知识产权海关保护条例》(2018)、《保税区海关监管办法》(2011)、《海关对出口加工区监管的暂行办法》(2011)、《海关稽查条例》(2022)、《海关统计条例》(2022)、《海关行政处罚实施条例》(2022)、《海关工作人员使用武器和警械的规定》(2011)、《海关关衔标志式样和佩带办法》(2003)、《货物进出口管理条例》(2024)、《进出口商品检验法实施条例》(2022)、《国境卫生检疫法实施细则》(2019)以及《进出境动植物检疫法实施条例》(1996)等。

---

① 参见吴展:《我国现行海关法律体系之立法检视》,载《海关与经贸研究》2016 年第 3 期。

② 参见何力:《世界海关组织及其法律制度研究》,法律出版社 2012 年版,第 172 ~ 176 页。

③ 由于我国海关垂直领导体制的安排,地方性法规和地方政府规章作为地方立法,尽管对关区海关执法产生一定影响,但是很难直接作为我国海关的制度渊源。另外,机关各关区直属海关也会配套制定关区技术导引和操作规程,但从性质上讲亦不属于制定法渊源的范畴。

④ 此处包括后文未特殊说明的,括号中所示年份为该法律法规最新版本的颁行年份。

3. 海关总署以及国务院有关部委制定的规范我国海关通关便利法律制度的部门规章由于数量较为庞大，截至2020年已有200余部，[①]这里仅就重要的现行有效的部门规章予以简要梳理，目前主要包括《海关对进出口货物监管办法》(1972)、《海关对对外开放地区进出境货物的管理规定》(1993)、《海关关于转关货物监管办法》(2018)、《海关对过境货物监管办法》(2018，已失效)、《海关暂时进出境货物管理办法》(2017)、《海关进出口货物申报管理规定》(2018)、《海关进出口货物集中申报管理办法》(2018)、《海关进出口货物报关单修改和撤销管理办法》(2018)、《海关关于超期未报关进口货物、误卸或者溢卸的进境货物和放弃进口货物的处理办法》(2023)、《海关进出口货物征税管理办法》(2018)、《海关行政裁定管理暂行办法》(2023)、《海关预裁定管理暂行办法》(2023)、《海关保税港区管理暂行办法》(2018，已失效)、《海关监管区管理暂行办法》(2018)、《海关立法工作管理规定》(2009)、《海关政府信息公开办法》(2014，已失效)、《海关注册登记和备案企业信用管理办法》(2021)等。

(二)政策渊源

政策渊源作为我国海关通关便利化法律制度的指导性渊源，在制度改革探索过程中发挥了重要作用。当前，我国海关通关便利化法律制度的政策渊源主要包括中共中央、国务院以及海关总署发布的相关政策性文件。考虑到这部分政策文件的数量较为庞大，此处仅就对我国海关通关便利化法律制度变迁发挥重要影响，对制度创新发展具有顶层设计意义的部署性、规划性政策予以简要梳理。

我国海关通关便利化法律制度的政策渊源，近年来主要包括《中共中央关于全面深化改革若干重大问题的决定》(2013)、《中共中央关于深化党和国家机构改革的决定》(2018)，国务院《关于加快实施自由贸易区战略的若干意见》(2015)、《中国(上海)自由贸易试验区总体方案》(2013)等一系列自由贸

---

① 参见金杜海关业务团队：《借〈海关法〉“大修”之际　展望中国海关进出口监管制度的发展趋势》(上)，载金杜研究院，https://mp.weixin.qq.com/s/fbAt3TvRKLBKsY2gIS2ulg。

易试验区总体方案①,以及《海南自由贸易港建设总体方案》(2020)、《海关分类通关改革实施方案》(2012)、《海关全面深化改革总体方案》(2014)、《2015年深化区域通关一体化改革工作方案》(2015)、《全国通关一体化改革框架方案》(2016)、《全国通关一体化关检业务全面融合框架方案》(2018)等。

(三)行政规范性文件渊源

行政规范性文件渊源作为我国海关通关便利化法律制度渊源体系的重要组成方面,很大程度上成为当前我国海关和贸易商等主体实施制度的直接依据。据统计,截至2024年我国海关总署以公告形式为主发布的现行有效的行政规范性文件多达两千余部。② 这里仅就其中部署我国海关通关便利化法律制度主要的公告性行政规范性文件渊源予以梳理,包括《关于在全国海关进一步深化分类通关改革工作的公告》(2010年第56号)、《关于深入推进通关作业无纸化改革工作有关事项的公告》(2014年第25号)、《关于开展税收征管方式改革试点工作的公告》(2016年第62号)、《关于推进全国海关通关一体化改革的公告》(2017年第25号)、《关于取消区域通关一体化通关模式的公告》(2017年第38号)、《关于企业报关报检资质合并有关事项的公告》(2018年第28号)、《关于开展"两步申报"改革试点的公告》(2019年第127号)、《关于全面推广"两步申报"改革的公告》(2019年216号)、《关于跨境贸易电子商务进出境货物、物品有关监管事宜的公告》(2014年第56号,已失

① 国务院《关于印发中国(上海)自由贸易试验区临港新片区总体方案的通知》(2019)、国务院《关于印发中国(天津)自由贸易试验区总体方案的通知》(2015)、国务院《关于印发中国(福建)自由贸易试验区总体方案的通知》(2015)、国务院《关于印发中国(广东)自由贸易试验区总体方案的通知》(2015)、国务院《关于印发中国(重庆)自由贸易试验区总体方案的通知》(2017)、国务院《关于印发中国(河南)自由贸易试验区总体方案的通知》(2017)、国务院《关于印发中国(湖北)自由贸易试验区总体方案的通知》(2017)、国务院《关于印发中国(辽宁)自由贸易试验区总体方案的通知》(2017)、国务院《关于印发中国(陕西)自由贸易试验区总体方案的通知》(2017)、国务院《关于印发中国(四川)自由贸易试验区总体方案的通知》(2017)、国务院《关于印发中国(浙江)自由贸易试验区总体方案的通知》(2017)、国务院《关于印发6个新设自由贸易试验区总体方案的通知》(2019,包括《中国(山东)自由贸易试验区总体方案》、《中国(江苏)自由贸易试验区总体方案》、《中国(广西)自由贸易试验区总体方案》、《中国(河北)自由贸易试验区总体方案》、《中国(云南)自由贸易试验区总体方案》、《中国(黑龙江)自由贸易试验区总体方案》)、国务院《关于印发北京、湖南、安徽自由贸易试验区总体方案及浙江自由贸易试验区扩展区域方案的通知》(2020)。

② 参见金杜海关业务团队:《借〈海关法〉"大修"之际　展望中国海关进出口监管制度的发展趋势》(上),载金杜研究院,https://mp.weixin.qq.com/s/fbAt3TvRKLBKsY2gIS2ulg。

效)、《关于跨境电子商务零售进出口商品有关监管事宜的公告》(2016 年第 26 号)、[①]海关总署《关于加强跨境电子商务网购保税进口监管工作的通知》(署加发〔2016〕246 号)以及《关于跨境电子商务零售进出口商品有关监管事宜的公告》(2018 年第 194 号),财政部、海关总署、国家税务总局《关于跨境电子商务零售进口税收政策的通知》(财关税〔2016〕18 号),财政部、海关总署、国家税务总局《关于完善跨境电子商务零售进口税收政策的通知》(财关税〔2018〕49 号),《关于调整跨境电商零售进口商品清单的公告》(2018 年第 157 号,已失效),等等。

(四)世界贸易组织法、世界海关组织法以及其他具有代表性的自由贸易协定法渊源

国际法渊源也在很大程度上对我国海关通关便利化法律制度发挥了重要影响。我国作为世界贸易组织、世界海关组织世界两大协调国际贸易管理机制的国际组织成员,世界贸易组织法和世界海关组织法对我国的海关通关便利化法律制度渊源体系产生了重要影响。其中比较典型的包括世界贸易组织《1994 年关税与贸易总协定》、《关于实施 1994 年关税与贸易总协定第 7 条的协定》、《原产地规则协定》、《贸易便利化协定》,《经修订的京都公约》、《商品名称和编码协调国际公约》、《关于临时进口货物的 ATA 单证册的海关公约》(《ATA 单证册公约》)、《暂准进口公约》(《伊斯坦布尔公约》)以及国际海事组织委托世界海关组织管理的《集装箱关务公约》等。

另外,具有代表性的一些国际自贸区法律规则中的双多边通关便利化安排也对我国的海关通关便利化法律制度产生直接、间接影响。2020 年 11 月,历经 8 年 31 轮谈判的《区域全面经济伙伴关系协定》最终达成协议,该协定的签署标志着当前世界上人口最多、经贸规模最大、最具发展潜力的自由贸易区正式启航。在短期内,该协定有助于亚太地区各国共同应对国际经贸关系波动,并通过包容性和可持续发展推动地区经济复苏。从长期看,该协定不仅有助于改善地区发展环境,促进中国的高质量发展,还将为亚太乃至全

---

① 2014 年第 56 号公告和 2016 年第 26 号公告现已被 2018 年第 194 号公告取代。但其内容对跨境电子商务零售进出口通关便利化制度设计和发展具有重要影响。

球的共同发展提供动力。① 作为我国近年来缔结的重要自由贸易协定,该协定在第四章提出“海关程序与贸易便利化”,通过确保海关法律和法规具有可预测性、一致性和透明性的条款,以及促进海关程序的有效管理和货物快速通关的条款,创造一个促进区域供应链便利发展的环境。② 该协定第四章包含了高于世界贸易组织《贸易便利化协定》水平的增强条款,“如对税则归类、原产地以及海关估价的预裁定;为符合特定条件的经营者(授权经营者)提供与进出口、过境手续和程序有关的便利措施;用于海关监管和通关后审核的风险管理方法等”③。

与此同时,据统计,目前我国在世界贸易组织多边体制下,已与22个国家或单独关税地区建立或升级双多边自贸协定,与18个国家或单独关税区正在进行双多边自贸协定研究、谈判或升级谈判。④ 这些自贸协定普遍部署安排了海关通关便利化法律制度的国际协调规则,也是我国海关通关便利化法律制度的重要国际法渊源(见表4-1)。

表4-1 我国已建立(含升级)的双多边自贸协定安排中海关通关便利化国际协调规则的章节统计

序号	自贸协定	与通关便利化法律制度相关的章节
1	中国—毛里求斯	第三章 原产地规则和实施程序,第四章 卫生与植物卫生措施,第五章 技术性贸易壁垒,第十三章 透明度
2	中国—格鲁吉亚	第三章 原产地规则,第四章 海关程序和贸易便利化,第五章 卫生与植物卫生措施,第六章 技术性贸易壁垒
3	中国—韩国	第三章 原产地规则和实施程序,第四章 海关程序与贸易便利化,第五章 卫生与植物卫生措施,第六章 技术性贸易壁垒,第十八章 透明度
4	中国—冰岛	第三章 原产地规则,第四章 海关手续与贸易便利化

① 参见沈铭辉、郭明英:《大变局下的〈区域全面经济伙伴关系协定〉:特征、影响与机遇》,载《当代世界》2021年第1期。

② 参见《〈区域全面经济伙伴关系协定〉(RCEP)各章内容概览》,载中央人民政府官网,http://www.gov.cn/xinwen/2020-11/17/content_5562000.htm。

③ 《〈区域全面经济伙伴关系协定〉(RCEP)各章内容概览》,载中央人民政府官网,http://www.gov.cn/xinwen/2020-11/17/content_5562000.htm。

④ 参见《已签协议的自贸区》《正在谈判、研究的自贸区》,载中国自由贸易区服务网2024年6月20日,http://fta.mofcom.gov.cn/index.shtml。

续表

序号	自贸协定	与通关便利化法律制度相关的章节
5	中国—秘鲁	第三章　原产地规则及与原产地相关的操作程序,第四章　海关程序及贸易便利化,第六章　卫生与植物卫生措施,第七章　技术性贸易壁垒,第十三章　透明度
6	中国—新加坡(升级)	第四章　原产地规则,第五章　海关程序,第七章　技术性贸易壁垒,卫生与植物卫生措施
7	中国—智利(升级)	第四章　原产地规则,第五章　与原产地规则相关的程序,第七章　卫生和植物卫生措施,第八章　技术性壁垒(第64条　贸易便利化)
8	中国—巴基斯坦	第四章　原产地规则,第六章　卫生和植物卫生措施,第七章　技术性贸易壁垒
9	中国—东盟	第二条　全面经济合作措施(建立有效的贸易与投资便利化措施,包括但不限于简化海关程序和制定相互认证安排)
10	内地与港澳更紧密经贸关系安排	《内地与香港关于建立更紧密经贸关系的安排》——《货物贸易协议》第四章　原产地规则及实施程序,第五章　海关程序与贸易便利化;《内地与澳门关于建立更紧密经贸关系的安排》——《货物贸易协议》第四章　原产地规则及实施程序,第五章　海关程序与贸易便利化
11	中国—澳大利亚	第三章　原产地规则和实施程序,第四章　海关程序与贸易便利化,第五章　卫生与植物卫生措施,第六章　技术性贸易壁垒,第十三章　透明度
12	中国—瑞士	第三章　原产地规则和实施程序,第四章　海关手续和贸易便利化,第六章　技术性贸易壁垒,第七章　卫生与植物卫生措施
13	中国—哥斯达黎加	第四章　原产地规则及相关操作程序,第五章　海关手续,第六章　卫生与植物卫生措施,第七章　技术性贸易壁垒
14	中国—新西兰	第四章　原产地规则及操作程序,第五章　海关程序与合作,第七章　卫生与植物卫生措施,第八章　技术性贸易壁垒,第十三章　透明度

资料来源:笔者根据"中国自由贸易区服务网"(http://fta.mofcom.gov.cn/index.shtml)相关自贸协定文本汇总整理。

值得一提的是,由《跨太平洋伙伴关系协定》(Trans-Pacific Partnership Agreement,TPP)升级而来的《全面且进步的跨太平洋伙伴关系协定》(Comprehensive and Progressive Agreement for Trans-Pacific Partnership, CPTPP),作为迄今为止全球标准最高的一项区域贸易协定,[①]其通关便利化

① 常静:《中国加入CPTPP的可行性及策略路径》,载《对外经贸实务》2021年第3期。

的章节内容①对我国的通关便利化法律制度的发展具有一定的启发和参考意义。

综上所述，形成全面的制度法源体系作为我国海关通关便利化法律制度变迁进程中的一项重要进步，其具体意义体现在多个方面。

一是系统性地搭建了我国海关通关便利化法律制度的结构体系。当前的制度法源体系全面覆盖了海关通关的事前监管、申报、审核、查验、税收、缉私、稽查等多项流程要素的具体规范，既包含了通关便利化法律制度的顶层设计，也部署了各类具体的如海关企业信用管理、预裁定、保税、知识产权保护、自由贸易港区通关、跨境电子商务零售进出口通关等具体制度安排，极大地细化了我国海关通关便利化法律制度的轮廓和内涵。

二是多种制度法源之间相互配合，协同推进了我国海关通关便利化法律制度的发展。总体来讲，我国海关通关便利化法律制度渊源体系呈现"法律搭建框架、法规规章进行细化安排，行政规范性文件与政策推进改革创新"的整体局面，在一定程度上兼顾了制度的稳定性和灵活创新性。

三是重点约束了我国海关通关便利化发展进程中因无法可依以及有法难依所产生的交易成本。随着我国国际贸易的迅猛发展，日臻完善的通关便利化制度渊源体系能够极大地降低因为缺乏制度规则缺乏、制度规则不清晰、实施方式不确切以及操作执法任意性强等所产生的摩擦成本，增进了国际贸易的便利和高效发展。

四是为我国对外贸易管理水平的提升以及对标国际增进国际贸易地位提供了重要的基础和保障。全面的制度法源体系是我国海关通关便利化法律制度的直观、具体表现形式，未来我国将不断提升外贸管理水平、不断发挥海关对国际贸易的便利化服务职能以及海关通关便利化法律制度不断对标国际乃至领先国际，当前全面的制度渊源体系既为此打下了良好的规则基础，也为我国沿着优良制度法源传统继续完善塑形新型通关便利化法律制度规制提供了先验性保障。

二、我国海关通关便利化法律制度的立法以及政策制定水平大幅提升

随着我国整体法治化进程的加快和法治化质量的提升，我国海关通关便

---

① 《全面且进步的跨太平洋伙伴关系协定》第五章"海关管理和贸易便利化"、第三章"原产地规则和原产地程序"、第七章"卫生和植物卫生措施"、第八章"技术性贸易壁垒"。

利化法律制度变迁中的制度立法和政策制定水平也取得了较为明显的进步。其中，我国海关通关便利化法律制度立法和政策的国际对标合作意识进一步提升，制度的国际化水准和国际影响力持续加大；“便利化”的通关制度价值理念在制度立法和政策制定过程中得以进一步贯彻落实，通关便利化的制度模式以及海关行政执法方式也不断朝着现代化的便捷高效方向发展；制度立法和政策的系统性得以进一步加强，实现了基础性的制度设计安排、具体制度措施和实施标准的设计安排以及有关制度改革创新的部署和步骤安排相联动；制度立法和政策的多样化特点越发凸显，不断契合适应我国外贸发展中海关管理的各种现实需求。“良法是善治的前提”，我国海关通关便利化法律制度立法和政策制定水平的显著提升，极大地增进了相关制度的良性部署安排，为制度高效实施和功能有效发挥奠定了坚实基础，是我国海关通关便利化法律制度变迁中的重要进步。

第一，制度立法和政策制定中的国际对标合作意识增强。我国作为货物贸易第一大国以及世界贸易组织、世界海关组织“双成员”，推行贸易便利化举措、提升海关通关便利化法律制度立法和政策制定水平，加强制度的国际对标合作，既是契合贸易地位、完善外贸管理的内生需要，也是贯彻落实国际组织法律义务的具体体现。同时，随着海关法律制度特别是通关便利化法律制度的国际化，制度立法和政策的国际对标合作也是通关便利化法律制度当下和未来发展的重要趋势。

新中国成立之初我国外贸发展有限，海关制度的功能主要在于彰显国家主权和威严。改革开放以后我国历经海关现代化改革、加入世界贸易组织以及外贸体制全面深化改革等重要外贸发展历史进程，我国的海关通关便利化法律制度不断发展完善，制度立法和政策制定也更加有意识地面向国际开展更多、更广泛的对标合作。具体来讲，我国的海关通关便利化法律制度，一是有意识地同世界贸易组织和世界海关组织的通关便利化国际公约，如《贸易便利化协定》和《经修订的京都公约》等不断对标；二是有意识地在区域性国际双多边协定中强化通关便利化的制度要求和国际对接标准；三是有意识地同发达国家和发展中国家经济体贸易伙伴开展海关通关便利化制度立法和政策的国际合作；四是在我国外贸体制改革和自贸港区建设过程中，通关便利化等制度立法和政策制定将对标国际先进经验作为重要原则。总体来讲，我国海关通关便利化法律制度 70 年的制度变迁过程中，制度的立法和政策制定的国际对标合作意识已在多个方面明显增强。

第二,制度立法和政策制定中"便利化"的制度价值理念进一步贯彻。"便利化"的制度价值理念是我国海关通关便利化法律制度存续和发展的核心法律精神。改革开放以来特别是海关现代化改革以来,我国海关通关便利化法律制度变迁中"便利化"的制度价值理念在制度立法和政策制定中得以不断强化和贯彻。具体来讲,一是我国海关通关便利化法律制度立法和政策制定中,不断强化风险管理和合理分配海关力量资源的制度要求,力图协调海关贸易安全保障职能同推进贸易便利职能的关系;二是我国海关通关便利化法律制度立法和政策制定中,不断侧重革新海关执法方式和执法理念,通过无纸化办公和电子信息化通关系统等制度措施持续约束海关通关执法成本;三是我国海关通关便利化法律制度立法和政策制定中,不断贯彻"前推后移"的通关制度模式,通过完善"预裁定"和"海关企业信用管理"等制度立法和税收征管改革政策强化通关的事前、事后监管,减少海关通关在事中对贸易物流的影响,约束贸易成本提升通关效率;四是我国海关通关便利化法律制度立法和政策制定中,有意识地部署安排了关企合作的制度内容,对于减少关企对抗和摩擦成本、增进通关便利发挥了显著的积极作用。

第三,制度立法和政策制定的系统性进一步加强。历经 70 年的制度变迁,我国海关通关便利化法律制度从碎片化不断发展,现已形成系统性的法律制度体系。这种"系统性"主要体现如下。一是制度法源也即有效的制度表现形式的系统性。例如,我国海关通关便利化法律制度法源包含多类型制定法、政策、行政规范性文件以及国际法等多重法源形式。二是制度内容的系统性,也即我国海关通关便利化法律制度既有源自法律、行政法规和国家政策的顶层设计,也有源自海关系统自身的具体制度措施和实施标准的安排。三是制度发展的系统性,也即我国海关通关便利化法律制度是一个发展中的、开放式的制度体系,在既有的分类通关、无纸化办公、全国通关一体化、关检融合、"两步申报"以及电商零售贸易通关的基础上,不断吸收新型的制度元素以契合现实贸易管理的各种需要。可以说,我国海关通关便利化法律制度的系统性增强,一方面得益于中国特色社会主义法律体系中的立法体制优势,另一方面也得益于我国海关系统深化改革与外贸体制改革并行的政策红利。制度立法和政策制定的系统性不断增强成为我国海关通关便利化法律制度在变迁中日臻完善的重要标志。

第四,制度立法和政策制定的多样化特点越发突出。在我国一般关税区海关通关便利化法律制度立法和政策以外,结合我国外贸多样化发展的现实特点和要求,我国的制度立法和政策制定也逐步呈现出多样化的现实趋势和特征。

具体来讲,一是我国跨境电子商务零售贸易的海关通关便利化法律制度立法和政策体系逐渐增强。随着我国跨境电子商务蓬勃发展并逐渐成为我国外贸发展新的增长极,对于跨境电子商务零售贸易的通关便利化法律制度立法和政策制定也越发增多并渐成体系。这部分立法和政策主要集中于跨境电商零售贸易通关的基本模式、商品通关申报方式、平台物流职能和税收流程等,对于适应电商零售贸易海关监管的新特点发挥了重要功能。二是我国自贸港区的海关通关便利化法律制度立法和政策制定随着我国外贸体制改革进程的推进而不断强化。自贸港区作为"境内关外"的法律区域,其特殊化的通关便利化法律制度立法和政策制定是其区域法律效果得以保障的生命线。当前,随着我国自贸港区的建设发展,相关的海关通关便利化法律制度立法和政策制定也逐步清晰,主要通过"一线放开、二线管住"基本要求协调港区安全和便利的关系以及港区、境外和一般关税区三块区域的关系。凭借通关便利化法律制度立法和政策的特殊安排,自贸港区建设实现了商品进出境的缓冲、贸易便利和贸易多样性,也实现了境外经济红利向境内区域的转移和辐射。

三、我国海关通关便利化法律制度基础研究和实践均取得了一定进展

制度构成,在诺斯看来,应当包含正式约束、非正式约束以及制度实施机制三个方面,这是系统性的制度构成观,其认为制度构成远不止静态意义的、纸面的制度规则或者说规范内容本身。[①] 由诺斯的制度构成观点出发,制度构成实际上是一个系统的概念,既包含制度规则本身,也包含由制度规则出发带来的制度规则的实施以及制度规则赖以存在并深受其影响的制度价值

---

① 参见[美]道格拉斯·C.诺斯:《制度、制度变迁与经济绩效》,杭行译,上海人民出版社等2014年版,第43~65页。

理论基础。制度实施和制度价值基础是制度的内生因素而非外生因素。由此,一个法律制度的变迁过程,既包括了制度规则本身的变迁,也包括了制度价值理论基础和制度实施的变迁。我国海关通关便利化法律制度变迁过程中,制度规则变迁取得的进步集中体现在形成了一个较为系统的制度规则和法源体系,而制度价值基础和制度实施变迁取得的进步,则具体表现为相关的学术研究和实践探索取得了一定的进步和突破。

(一)我国海关通关便利化法律制度的学术研究取得了一定进展

1. 我国海关通关便利化法律制度的基础研究取得了一定的成果

(1)学界围绕"海关问题"的基础研究取得了一定的进展。在这方面,有学者开展过较为系统的梳理和总结。首先,关于海关权力的研究,包括海关权力的宪制主义研究,强调海关权力的政治权力向公共权力的属性转化,以及海关权力的监督和制约研究。其次,关于海关行为的研究,主要是嵌套在传统行政法学理论范式下的海关行为研究,包括海关抽象行政行为研究(立法和行政规范性文件)、海关行政许可行为研究、海关行政处罚行为研究、海关行政强制行为研究以及海关行政救济行为研究等。几十年间,我国海关法基础问题研究表明学科体系初步建立、研究领域具有很大程度的拓展、研究深度不断拓展。①

(2)学界围绕"贸易便利化"问题的研究取得了一定的进展。② 贸易便利化是海关通关便利化法律制度的价值核心,海关通关便利化法律制度是贸易便利化在海关环节上的具体体现。③ 近年来,随着我国海关通关便利化法律制度的变迁发展,有关贸易便利的核心价值问题也取得了一些成果上的突破。张乃根④、盛斌和靳晨鑫⑤等学者普遍认为,"贸易便利化"对于约束贸易

---

① 参见万曙春:《我国海关法研究基本状况和发展趋势》,载《上海海关学院学报》2010 年第 1 期。

② 该点在本书绪论部分已通过文献综述有一定的梳理,在此基于对制度变迁过程中学术研究进展的梳理,仅就个别主要观点进行简单罗列,具体可参见本书绪论。

③ 参见何力:《世界海关组织及法律制度研究》,法律出版社 2012 年版,第 171 页。

④ 参见张乃根:《"一带一路"视野下〈贸易便利化协定〉的实施问题》,载《海关与经贸研究》2017 年第 5 期。

⑤ 参见盛斌、靳晨鑫:《"一带一路"沿线国家贸易便利化水平分析及中国的对策》,载《国际贸易》2019 年第 4 期。

成本、增进包括“一带一路”倡议在内的国际贸易发展具有重要价值。同时，围绕“贸易便利化”的不足与完善，宋学潮①、钟敏②等认为，我国贸易便利化的法律法规体系仍较为松散、缺乏透明度；在通关便利化中，区域海关发展不平衡、跨部门协作困难。为此，学者提出了增进法规体系系统性、透明度，强化海关以及口岸协同发展的制度完善方向。

2. 我国海关通关便利化法律制度的具体制度措施研究取得了一定的进展③

（1）在海关经认证经营者制度研究方面，陈隆④、高亚凡和孔庆宇⑤等认为，通过海关经认证经营者制度能增进关企互信合作，约束通关成本提升贸易便利化水平。我国海关经认证经营者制度的发展方向应为约束认证成本、培养专业化认证人才以及促进该制度的国际互认安排等。

（2）在海关预裁定制度研究方面，王淑敏、杨欣⑥等学者认为，我国应审时度势地修订《海关法》和《海关行政裁定管理暂行办法》，界定预裁定定义和适用范围，增加其接受行政复议和行政诉讼的法定程序，简化预裁定程序，全面提高海关执法水平和推进贸易便利化进程。

（3）在“单一窗口”制度研究方面，王玲、郑兴峰和刘崇献⑦、王伟和孙希⑧以及王淑敏和杨欣⑨等学者认为，国际贸易“单一窗口”制度能够精简交易流程、重塑业务架构、协同监管部门职能并提高我国贸易便利化水平，具有较高的经济效益和社会效益。与《贸易便利化协定》要求相比，我国目前仍然存在

① 参见宋学潮：《贸易便利化下货物通关的法律问题研究》，辽宁大学2015年硕士学位论文。

② 参见钟敏：《中国海关通关便利化水平及其提升对策研究》，江西财经大学2017年硕士学位论文。

③ 该点在本书绪论部分已通过文献综述有一定的梳理，在此基于对制度变迁过程中学术研究进展的梳理，仅就个别主要观点进行简单罗列，具体可参见本书绪论。

④ 参见陈隆：《中国海关实施AEO制度的方案设计与关键问题研究》，南京理工大学2011年硕士学位论文。

⑤ 参见高亚凡、孔庆宇：《AEO认证：供应链安全与贸易便利化》，载《企业研究》2019年第4期。

⑥ 参见杨欣、王淑敏：《〈贸易便利化协定〉中的预裁定制度与我国相关立法的完善》，载《国际商务研究》2017年第5期。

⑦ 参见王玲等：《我国国际贸易“单一窗口”建设现状评述及建议》，载《对外经贸》2019年第5期。

⑧ 参见王伟、孙希：《国际贸易单一窗口与传统贸易监管模式的比较研究》，载《征信》2019年第3期。

⑨ 参见杨欣、王淑敏：《〈贸易便利化协定〉单一窗口条款对我国的影响及对策研究》，载《上海对外经贸大学学报》2017年第6期。

无法全面满足通过"一个窗口"申报的要求、重复提交之禁止的规定不完善、贸易便利化委员会通知机制未构建以及信息化不足等问题。

(4)在通关一体化制度研究方面,孙书凡[①]、刘金荣[②]在贸易便利化下研究我国海关通关一体化的问题认为,首先,通关法律法规有待完善;其次,海关执法统一化问题亟待解决;最后,政企合作与国际合作深度和广度仍需加强。对此,应当建立以贸易便利化为核心的通关法律框架,推进贸易便利化背景下的海关执法能力建设并完善贸易便利化背景下的海关合作伙伴关系。

总体而言,我国海关通关便利化法律制度变迁过程中,学术界围绕基础问题和具体制度措施的学术研究,呈现出系统化、多元化和跨学科的研究特色,学术研究与制度现实需求和规范塑造紧密贴合,对于制度的良性变迁起到了一定的增进作用。

(二)我国海关通关便利化法律制度的实践探索取得了一定进展

实际上,我国海关通关便利化法律制度变迁过程中,制度实践探索取得的进展,从制度主义的角度来讲,已经很大程度地体现在了制度供给和制度成本约束两个方面。基于前文所述,此处仅作必要的回顾和总结。

1. 我国海关通关便利化法律制度的供给不断充裕

第一,我国海关通关便利化法律制度不断增进新制度理念的供给。首先,我国海关通关便利化法律制度增进了风险管理和企业信用管理的制度理念,针对企业信用等级、商品信息(涉税、涉证、涉检)等风险因子,对低风险商品加速通关"货到提离",对高风险货物暂缓通关并增大查验率,合理分配海关力量和资源,实现通关便利化法律制度高效实施。其次,我国海关通关便利化法律制度增进了职能整合的制度理念,实现监管资源的集约化运行。这具体表现在海关系统自身的职能整合,通过全国通关一体化,将海关关区分散管理的职能整合,统一执法标准;通过风控中心和税管中心,统一识别管理通关风险,增进通关便利。海关系统同有关部门职能整合,通过

---

① 参见孙书凡:《海关区域通关一体化法律问题研究——以贸易便利化为核心》,华东政法大学2015年硕士学位论文。

② 参见刘金荣:《贸易便利化背景下我国海关通关一体化法律问题研究》,延边大学2017年硕士学位论文。

“关检融合”将海关与原口岸检验检疫机构、职能融合,增进了海关通关监管程序、单证的简化,通过一张报关单、一套流程和电子系统实现了传统报关报检的全部业务,极大地增进了通关便利。最后,我国海关通关便利化法律制度增进了合作的制度理念,在一定程度上增进了海关与口岸部门的合作、海关与贸易商企业的合作。通过国际贸易单一窗口探索、海关经认证经营者制度,尽量减少海关与其他部门之间、与相对人之间的摩擦和对抗,降低制度设计实施成本,增进通关便利。此外,我国海关国际合作的进展,一方面体现在我国在世界贸易组织法、世界海关组织法以及双多边自由贸易协定法中的通关便利化互惠安排中;另一方面体现在我国海关专门针对通关便利进行的国际合作安排,如海关经认证经营者的国际互认安排。截至 2024 年 3 月底,我国已经与新加坡、欧盟等 26 个经济体签署经认证经营者互认安排(协议),覆盖 52 个国家(地区),互认安排(协议)签署数量和互认国家(地区)数量均居全球第一。①

第二,我国海关通关便利化法律制度不断增进新制度模式的供给。长期以来,我国海关通关便利化法律制度主要采用了传统的“串联式”模式,将申报、审核、查验、税收、放行等通关程序要件依次串联进行制度安排,这对于物流的管控以及通关效率的束缚具有极强的阻碍。自全国通关一体化改革后,我国海关通关通过“两中心、三制度”“一次申报、分步处置”的模式,改“串联式”为“平行式”,高效释放物流,结合税收风险防控后置、通关监管协同、两步申报、提前申报等模式,极大地增进了通关便利。

2. 我国海关通关便利化法律制度的成本不断约束

第一,我国海关通关便利化法律制度不断与现代化技术相融合,不断约束制度成本。海关通关便利化法律制度的现代技术性是当前制度发展的显著特征之一。凭借现代化的海关 H2010 系统工程、人工智能、人脸识别、大数据、区块链等技术,海关和贸易商可以高效地实施制度,极大地约束制度成本。

第二,我国海关通关便利化法律制度通过风险管理的方式极大地节约了制度成本。我国海关通关便利化法律制度将风险管理理念运用于制度创新

---

① 参见邹多为:《4 个方面 17 项措施,AEO 将给外贸企业带来哪些新便利?》,载中央人民政府官网 2024 年 4 月 26 日,https://www.gov.cn/zhengce/202404/content_6947681.htm。

约束制度成本的典型举措，一是分类通关的制度举措，根据不同通关商品的风险、分类采取措施，合理分配海关资源；二是基于风险管理的需要，实施海关企业信用管理。

第三，我国海关通关便利化法律制度通过科学管控物流节约了制度成本，降低了制度实施对贸易的阻碍和影响。对物流的科学管控，是我国海关通关便利化法律制度约束成功的关键。科学管控物流一方面将传统的以物流验证信息发展为以信息（风险甄别）管理物流，实质上仍是风险管理、分类通关的思路，对低风险物流加快放行；另一方面，将显著影响通关效率的税收程序后置于放行，避免计征税费过程本身对物流运转的阻碍和影响。

第二节 我国海关通关便利化法律制度变迁的路径依赖仍然较为明显

我国海关通关便利化法律制度变迁进程中，历经从无到有，从初级到日臻完善，其进步之处是可圈可点的。但与此同时，我国海关通关便利化法律制度变迁也长期存在一些制约因素，在一定程度上困扰和束缚着我国海关通关便利化法律制度进一步向前创新发展，形成了我国海关通关便利化法律制度变迁中较为明显的路径依赖现象。尽管单纯的路径依赖本是制度变迁过程中价值无涉的“传承”演化，[①]但是考虑到既得利益的催动和制度的自我扩张、自我强化，现实的路径依赖往往使得一些束缚性的制度因素长期流传甚至有陷入低效率锁定的风险，这正是路径依赖现象明显后存在的主要弊端以及我们应当采取措施规制明显路径依赖的重要原因。我国海关通关便利化法律制度变迁路径依赖现象明显主要表现在制度法源的行政化色彩突出以及行政主体本位制度理念等束缚性问题长期存在。

---

① 参见袁庆明：《新制度经济学》，中国发展出版社 2005 年版，第 310 页。

一、我国海关通关便利化法律制度的法律渊源长期行政化色彩突出

当前我国海关通关便利化法律制度既已形成了一套较为丰富全面的制度法源体系。在这样一个庞大的法源体系中，涉及法律、行政法规、部门规章以及政策、行政规范性文件等多种正式、非正式法源类型。但是，当我们系统考察当前这个庞大的制度法源体系时，会发现这个制度法源体系具有突出的行政化色彩。具体来讲就是，我国海关通关便利化法律制度的法源体系主要由行政性的立法以及行政性的规范性文件法源所构成。也就是说，我国海关通关便利化法律制度当前的制度法源从系统结构上看，处于顶层设计的国家法律仅为个位数，而大量的支撑着这个制度法源体系的是行政化的法律渊源尤其是数以千计的海关系统自身的行政化法源。实际上，这样一种制度法源行政化色彩突出的现象，作为我国海关通关便利化法律制度变迁中明显的路径依赖现象，在我国 1951 年通过第一部《暂行海关法》后，尤其是在 1987 年重新颁行《海关法》后便渐次形成、逐步强化且长期存在了。

（一）计划经济时期我国海关通关便利化法律制度法源具有了初期的行政化色彩①

1951 年，政务院通过了我国第一部《暂行海关法》，以 8 篇 19 章 217 条的篇幅规定了我国海关通关便利化法律制度早期的通关类型和通关模式。② 在《暂行海关法》的统帅下，当时的对外贸易部门配套制定了《海关对铁路进出国境列车和所载货物、行李、包裹监管办法》《海关对国际航行船舶和所载物监管办法》《海关对进出国境汽车及所载货物监管试行办法》《海关对进出口

---

① 计划经济时期我国受限于当时的历史条件和西方国家的封锁，对外贸易活动有限。严格意义上讲，这一时期只有一般意义上的通关法律制度，尚未形成以便利化为价值导向的通关便利化法律制度。但是考虑到“通关便利化法律制度”以“通关法律制度”为基础并发展了“通关法律制度”的价值导向，二者有一脉相承的关系，基于全文行文概念的一致性，此处仍使用“通关便利化法律制度”的表述。

② 尽管当时尚未形成明确的贸易便利、通关便利的价值理念，但是《暂行海关法》对我国海关通关类型和通关模式的确立，确实为我国后来在贸易便利化背景下发展通关便利化法律制度打下了不容忽视的坚实基础。

货物监管办法》等重要的部门规章。

一方面,《暂行海关法》作为政务院颁布的立法,兼具了后来意义上“法律”与行政法规的双重属性,①具有一定的行政化色彩。另一方面,以《暂行海关法》为统帅配合对外贸易行政部门的规章,已初步描摹出我国海关通关便利化法律制度法源在后来“法律+行政法规(规章)”的构建思路,为日后制度法源行政化色彩的加强做了铺垫。可以说,我国海关通关便利化法律制度法源的行政化色彩在这一时期已初步显现。

(二)改革开放后我国海关通关便利化法律制度法源的建构体例思路强化了行政化色彩的发展

改革开放以后,随着我国国家机构、职能分工的细化完善,在海关通关便利化法律制度的法源建构体例上真正地形成了“法律+行政法规(规章)”的基本思路,即最高国家权力机关制定法律对海关通关便利化法律制度进行原则性规范,国家行政机关包括国务院及其部委制定行政法规、部门规章对制度的具体问题和实施细节进行细化安排。

例如,随着改革开放以后我国对外贸易的逐步扩大,1987 年第六届全国人大常委会重新颁布实施了《海关法》,对 1951 年的《暂行海关法》进行了大幅精简,条文数由 217 条删减到 61 条,以此对我国海关通关便利化法律制度中的基本通关模式和类型重新进行了原则性规定。在此基础上,相关行政法规和部门规章对其中的具体问题予以明确。例如,国务院后来制定的《海关行政处罚实施细则》对海关行政处罚问题予以细化,《进出口关税条例》对关上税收问题予以细化,海关总署后来制定的《海关对对外开放地区进出境货物的管理规定》《海关对外商投资企业进出口货物监管和征税办法》对特定地区、特定类型货物海关监管予以细化,等等。

这一时期“法律+行政法规(规章)”的制度法源建构思路实际上明确地发展了我国海关通关便利化法律制度法源的行政化色彩,或者在某种意义上说,法律作为最高国家权力机关(立法机关)的立法对行政性法源授权,允许

---

① 参见陈晖:《我国海关法的历史发展、贡献和展望——纪念〈中华人民共和国海关法〉颁布三十周年》,载陈晖主编:《海关法评论》第 7 卷,法律出版社 2017 年版。

其构建制度细节,实际上相当于赋予了这些日后蓬勃发展的行政化制度法源在基本法源意义上的合法性。这种“法律 + 行政法规(规章)”的制度法源建构思路延续至今,并在后续制度法源的发展中得到了更大程度、更深层次的体现。①

(三)加入世界贸易组织后我国通关便利化法律制度的法源行政化色彩得到全面加强

为加入世界贸易组织,对标国际化的海关通关便利化制度措施,2000 年第九届全国人大常委会对 1987 年的《海关法》进行了全面修订。在我国加入世界贸易组织以后外贸关系发展、国际贸易总量和贸易地位提升,2013 年至 2021 年对 2000 年《海关法》进行了 5 次条款修正。② 这二十余年来,我国海关通关便利化法律制度形成了一系列具体的制度安排并通过行政化的法律渊源予以规范。

首先,这一时期国务院制定的《海关统计条例》《海关稽查条例》《海关事务担保条例》《知识产权海关保护条例》《保税区海关监管办法》等行政法规,分别对海关统计制度、海关稽查制度、海关担保制度、海关知识产权保护制度、保税制度等一系列直接、间接的通关便利化法律制度予以具体部署安排。

其次,海关总署制定的《海关关于转关货物监管办法》、《海关对过境货物监管办法》(已失效)、《海关对进出境快件监管办法》、《海关暂时进出境货物管理办法》等对特殊类型的货物通关便利化予以规范。

再次,海关总署制定的《海关进出口货物申报管理规定》《海关进出口货物集中申报管理办法》《海关进出口货物报关单修改和撤销管理办法》《海关

① 参见陈晖:《我国海关法的历史发展、贡献和展望——纪念〈中华人民共和国海关法〉颁布三十周年》,载陈晖主编:《海关法评论》第 7 卷,法律出版社 2017 年版。

② 2013—2021 年我国《海关法》的 5 个修正案分别是,2013 年 6 月 29 日第十二届全国人民代表大会常务委员会第三次会议《关于修改〈中华人民共和国文物保护法〉等十二部法律的决定》、2013 年 12 月 28 日第十二届全国人民代表大会常务委员会第六次会议《关于修改〈中华人民共和国海洋环境保护法〉等七部法律的决定》、2016 年 11 月 7 日第十二届全国人民代表大会常务委员会第二十四次会议《关于修改〈中华人民共和国对外贸易法〉等十二部法律的决定》、2017 年 11 月 4 日第十二届全国人民代表大会常务委员会第三十次会议《关于修改〈中华人民共和国会计法〉等十一部法律的决定》、2021 年 4 月 29 日第十三届全国人民代表大会常务委员会第二十八次会议《关于修改〈中华人民共和国道路交通安全法〉等八部法律的决定》。

关于超期未报关进口货物、误卸或者溢卸的进境货物和放弃进口货物的处理办法》《海关征收进口货物滞报金办法》《海关进口货物直接退运管理办法》等对货物通关申报制度予以规范。

复次，海关总署制定的《海关进出口货物征税管理办法》、《海关进出口货物减免税管理办法》、《海关进出口货物商品归类管理规定》、《海关预裁定管理暂行办法》、《海关保税港区管理暂行办法》（已失效）、《海关对保税货物和保税仓库监管暂行办法》、《海关保税核查办法》、《海关加工贸易货物监管办法》、《海关对保税物流园区的管理办法》（已失效）、《海关对保税物流中心（A型）的暂行管理办法》、《海关对保税物流中心（B型）的暂行管理办法》等对海关税收和保税制度予以规范。

最后，海关总署制定的《海关监管区管理暂行办法》、《海关立法工作管理规定》、《海关政府信息公开办法》（已失效）、《海关行政裁定管理暂行办法》、《海关企业信用管理办法》、《海关报关单位注册登记管理规定》、《海关统计工作管理规定》、《海关办理行政处罚案件程序规定》等分别对海关通关便利化的综合性事务予以规范。

综上可以看出，我国加入世界贸易组织的20多年间，伴随我国海关通关便利化法律制度全面、具体地部署，在一直以来"法律+行政法规（规章）"法源建构思路的影响下，大量的行政化法源尤其是海关总署的部门规章法源成为这一时期全面铺开的各项制度法源的中流砥柱，我国海关通关便利化法律制度法源的行政化色彩也在这一阶段中全面加强。

（四）行政化法源成为我国海关通关便利化法律制度全面深化改革过程中的法源主导

特别需要指出的是，自2013年党的十八届三中全会作出全面深化改革的重要部署以来，我国海关通关便利化法律制度全面深化改革的几项重要成果，分类通关、通关无纸化作业、区域通关一体化［现已为《关于取消区域通关一体化通关模式的公告》（2017年第38号）所取消］、全国通关一体化、"关检融合"、跨境电子商务零售进出口通关以及"两步申报"等，均主要以海关总署的政策文件和公告性行政规范性文件进行部署安排并且成为这些新型通关便利化法律制度当前实施过程中海关和贸易商共同遵守的直接依据。

具体而言，分类通关制度改革以《关于在全国海关进一步深化分类通关改革工作的公告》(2010 年第 56 号)、《海关分类通关改革实施方案》(2012)进行制度部署；通关无纸化作业主要以《关于深入推进通关作业无纸化改革工作有关事项的公告》(2014 年第 25 号)进行制度改革部署；区域通关一体化主要以《2015 年深化区域通关一体化改革工作方案》(2015)进行制度改革部署；全国通关一体化主要以《海关全面深化改革总体方案》(2014)、《全国通关一体化改革框架方案》(2016)、《关于开展税收征管方式改革试点工作的公告》(2016 年第 62 号)和《关于推进全国海关通关一体化改革的公告》(2017 年第 25 号)等进行制度改革部署；关检融合主要以《全国通关一体化关检业务全面融合框架方案》(2018)和《关于企业报关报检资质合并有关事项的公告》(2018 年第 28 号)等进行制度改革部署；跨境电子商务零售进出口通关主要以《海关总署关于加强跨境电子商务网购保税进口监管工作的通知》(2016 年第 246 号)、《关于跨境电子商务零售进出口商品有关监管事宜的公告》(2018 年第 194 号)以及财政部、海关总署、国家税务总局《关于跨境电子商务零售进口税收政策的通知》，财政部、海关总署、国家税务总局《关于完善跨境电子商务零售进口税收政策的通知》和《关于调整跨境电商零售进口商品清单的公告》等进行制度部署；"两步申报"主要以《关于开展"两步申报"改革试点的公告》(2019 年第 127 号)和《关于全面推广"两步申报"改革的公告》(2019 年第 216 号)进行制度改革部署。可以说，我国海关通关便利化法律制度在全面深化改革的过程中，具有行政化色彩的政策尤其是海关总署的公告成为主导性的法律渊源，制度法源突出的行政化色彩在这一时期体现得尤其明显。

总体来讲，我国海关通关便利化法律制度法源的行政化色彩突出现象，随着通关便利化法律制度变迁的路径依赖过程也在不断地自我强化，这种"自我强化"具体表现为以下几个方面。

一是体现行政化色彩的制度法源，包括行政法规、部门规章、政策以及海关总署的公告性行政规范性文件数量不断累积递增。

二是体现行政化色彩的制度法源结构正在进行着由"法律 + 行政法规(规章)"向"法律、行政法规 + 部门规章"再向当前的"法律、行政法规、部门规章 + 海关总署政策和公告"的结构演化，海关总署的政策和公告发展至今基本成为我国通关便利化法律制度的主体和直接法律渊源。再进一步说，我国海关通关便利化法律制度的法源结构在制度变迁的路径依赖中，正在逐步由正式法源为主导向非正式法源为主导演变，由海关系统外法源为主导向海关系统内法源为主导演变。

三是体现行政化色彩的制度法源结构以海关总署的政策和公告为主体，在很大程度上、很多领域中已经突破了现行法律、行政法规法源中的制度框架，[①]非正式法源越过正式法源创设制度、海关系统越过外部约束自我授权的风险大大提升。

二、我国海关通关便利化法律制度长期行政主体本位制度理念突出

在"本位主义"的概念范畴下，"本位"一般强调对关系利益的考虑不均衡，着重突出考虑局部、单独主体利益，对他方利益关注不足。[②] 我国海关通关便利化法律制度变迁中存在明显的行政主体本位制度理念的路径依赖现象。所谓"行政主体本位"是指将海关通关便利化法律关系视为行政监管便利化法律关系，根本上是一种行政法律关系：海关作为行政主体是这一关系的本位主体、中心主体；贸易商作为这一法律关系的行政相对人，是服从主体、配合主体。这一法律关系侧重于海关行政主体的利益、价值、功能和目标的实现。所谓"制度理念"是制度设计实施的思想导向，对制度搭建和运行而言具有潜移默化的深远影响。这里"行政主体本位制度理念"就是指在海关通关便利化法律关系中，树立海关行政主体的中心地位，明确贸易商行政相对人的服从配合地位，以及海关与贸易商之间管理与被管理的纵向、不平等行政法律关系。对这种行政主体本位制度理念的路径依赖给我国海关通关便利化法律制度变迁产生的直观影响就是，长期以来我国海关通关便利化法律制度中，海关是制度实施的把控者，海关是制度创新的主推者，通关便利化法律制度长期以强制性因素为主。

---

① 参见陈晖：《我国海关法的历史发展、贡献和展望——纪念〈中华人民共和国海关法〉颁布三十周年》，载陈晖主编：《海关法评论》第7卷，法律出版社2017年版。

② 参见宋世明：《弱化本位主义要理顺三大关系》，载《人民论坛》2020年第20期。

（一）海关长期是我国通关便利化法律制度实施的把控者

长期以来，我国海关通关便利化法律制度中通关的事前、事中以及事后监管均以海关这一行政主体为主导。也就是说，在整个海关通关过程中，海关始终是通关活动的中心主体、把控者和推动者，而贸易商等相对人一直是通关活动中被动的配合者。通关便利化法律制度更加突出海关职责履行，贸易商的法律义务主要表征为对海关的配合，其法律权利体现得并不明显。

在计划经济时期，尽管受限于当时的历史环境和条件，我国海关的通关便利化法律制度“便利化”的价值导向并不明显，但作为后来便利化价值导向不断发展明确的通关便利化法律制度的雏形和基础，这一时期的制度理念对后来制度的发展影响是较大的。以 1951 年《暂行海关法》为统帅的这一时期的海关通关便利化法律制度，明确地定义了海关对进出境货运监管、征税和查私的基本职责（《暂行海关法》第 2 条），以及配套的各类职权，如查验、扣留、搜查、追捕、查问、调查和使用武器等权力（《暂行海关法》第 3 条），这些海关的职责权力造就了这一时期海关对通关便利化法律制度实施过程的主导和把控。与海关在通关制度实施中职责权力相对应的，是贸易商相对人对海关职责履行以及通关执法权力的配合义务，包括在设关地点进出境的法律义务，依法申报接受审查、核查的法律义务，交验单证的法律义务，接受查验、复验的法律义务，依法报税并接受海关计征的法律义务，等等。从整体上看，计划经济时期通关便利化法律制度的安排实施主要围绕海关事中监管展开，以海关的职责职权配置为本位，海关把控着通关的程序要素和环节推进，对于贸易商相对人则明确各类通关过程中各环节上的法律义务以配合海关对通关制度的主导实施。尤其是在制度安排中，对于贸易商相对人法律权利的安排以及对海关职权履行的规范限制明显不足，即便是在法律责任篇章部分也基本是对贸易商相对人违反通关义务的责任追究，对海关失职失责的责任关注明显不够。也就是说，早在计划经济时期，我国海关通关便利化法律制度就已经在有意无意地受海关行政主体本位制度理念的影响，打造海关对通关便利化法律制度实施的把控者地位。

改革开放以后特别是我国加入世界贸易组织以后，随着我国海关通关便利化法律制度的全面细化发展，通关的事前、事中和事后监管均在不断强化着行政主体本位的制度理念,强化海关对制度实施的主导和把控。

首先,在事中监管方面,1951 年《暂行海关法》历经 1987 年《海关法》的全面精简、2000 年《海关法》的全面修正以及 2013 年至 2021 年的 5 次条文修正,现行《海关法》仍然将海关的行政主体本位制度理念一以贯之。例如,对海关监管、税收、缉私和统计职责的明确(《海关法》第 2 条)以及海关检查、查验、查阅、查问、扣留、连续追击和使用武器的权力的界定(《海关法》第 6 条);与之相对的是贸易商相对人在设关地进出境的法律义务、依法申报的法律义务、接受查验的法律义务、依法缴税的法律义务、接受稽查的法律义务等。贸易商相对人的法律义务仍旧在很大程度上表征为对海关职权履行的接受和配合。海关对通关制度实施各程序要素以及环节推进的主导和把控体现得仍旧突出。

其次,在通关事前监管方面仍旧体现出海关的行政本位制度理念。在海关对报关单位的主体资质管理中,海关是报关单位注册登记管理的主管机关(《海关报关单位注册登记管理规定》第 2 条)。海关依法对报关单位从事报关活动及其经营场所进行监督和实地检查,依法查阅或者要求报关单位报送有关材料;报关单位应当积极配合,如实提供有关情况和材料(《海关报关单位注册登记管理规定》第 37 条)。在海关企业信用管理中,海关有权采集企业信用信息,企业应当依法向海关提交企业信用信息。海关有权直接认定一般信用企业和失信企业,对于认证企业经申请后,海关有权依据海关总署制定的《海关认证企业标准》对认证企业进行认证。海关企业信用等级的动态调整为海关主导管控。

最后,在通关的事后监管方面,主要是在海关稽查方面,仍然体现着海关的行政本位制度理念。例如,海关有权在进出口货物放行后对进出口货物直接和间接单位主动实施稽查,有关单位应当依法配合接受(《海关稽查条例》第 2 条、第 3 条)。为实施海关稽查,海关依法负有查阅、检查、调查、查问、扣留的相关职权。海关的稽查可以事前通知也可以径行稽查。相关企业单位负有设置和保管账册法律义务、向海关报备有关资料的法律义务、为海关稽查提供便利并如实反映情况的法律义务等。

总体来讲,在我国海关通关便利化法律制度近 20 年的变迁过程中,具体制度安排不断细化,海关通关的事前、事中和事后监管制度日趋全面,但是其仍旧在很大程度上延续了行政主体本位的制度理念,而且这种制度理念几乎贯穿在通关事前、事中和事后的各项制度中。换言之，随着海关对通关过程中程序要素和环节推进的主导和把控进一步向事前和事后延展，海关对通关便利化法律制度实施的把控越来越强、越来越广，一定意义上讲，反映了行政主体本位的制度理念也在路径依赖的过程中完成了自我强化。

（二）海关长期是我国通关便利化法律制度创新的主导者

从20世纪90年代末我国海关提出现代化改革以来，我国的海关通关不断发展创新。[①] 2014年我国海关全面深化改革后，海关通关便利化法律制度的创新成果层出不穷。但是，一直以来，我国海关通关便利化法律制度的改革创新始终沿着对海关行政主体本位制度理念的路径依赖进行，即海关长期是我国通关便利化法律制度创新的主导者。

第一，长期以来海关通关便利化法律制度的创新一直主要依靠海关单方面谋划、布局、安排和部署实施，而非海关与贸易商相对人之间进行协商探讨共同进行制度框架搭建。例如，当前重要的全国通关一体化制度创新，缘起于海关现代化改革的发展理念，勾画于2014年《海关全面深化改革总体方案部署》，探索于《全国通关一体化改革框架方案》以及《关于开展税收征管方式改革试点工作的公告》（2016年第62号），最终推行于海关总署发布的《关于推进全国海关通关一体化改革的公告》（2017年第25号）。尽管其中可能吸收了有关企业的贸易商的建议意见，但是离“海关与贸易商相对人之间进行协商探讨共同进行制度框架搭建”的要求仍是有一定距离的。[②] 可以说，通关便利化法律制度的改革创新依旧是在海关主导下以海关行政主体本位理念推动的改革创新，贸易商在制度改革创新中的地位和影响力不足。

第二，通关便利化法律制度创新主要是海关执法方式和监管模式的改革创新。正因为制度创新以海关为主导，受到行政本位理念的影响，近年来的几项制度创新似乎集中于执法方式和监管模式的创新，即都是通关便利化法律制度中海关与贸易商之间海关单侧的制度创新。例如，分类通关制度创新

---

① 参见韦毅：《海关现代化刍议》，载《上海海关学院学报》2012年第1期。

② 参见朱京安：《中国外贸法律制度变迁研究：以制度主义为视角》，人民出版社2008年版，第262页。

了海关的风险监管方式、通关无纸化制度创新了海关的电子化监管方式、全国通关一体化制度创新了海关“平行式”分步处置的监管模式，等等。在历次的制度创新过程中，海关的执法方式、监管模式不断推陈出新，使得海关可以更加有力地对海关通关便利化法律制度实施过程中通关的事前、事中和事后全流程进行把控。一定程度上讲，基于非正式制度经济学中非正式制度与正式制度之间相互协调、相互作用的辩证关系，①正是行政主体本位的制度理念决定了海关对制度创新的主导，而后的制度创新又反过来继续巩固和强化了通关便利化法律制度实施过程中的行政主体本位理念。

（三）我国海关通关便利化法律制度长期具有强制性的制度色彩

我国海关通关便利化法律制度强制性的制度色彩反映了海关行政主体本位的制度理念。这主要是因为，基于海关行政主体本位的制度理念，海关的通关监管活动以海关为核心，以海关管控为通关主导，通关活动在属性上更趋近于一种行政监管法律关系。作为行政监管法律关系，通关便利化法律制度在实施过程中更多地、更大程度上会表征为海关对贸易商相对人的强制性监督管理，海关与贸易商相对人之间商议、协定以及平等合作的机会和空间则很小。具体而言，我国通关便利化法律制度行政主体本位制度理念的强制性色彩体现如下：一是通关的实体和程序性法律要素均以强制性规范规定之；二是个别可以发展自治性的通关便利化法律制度一直是强制性因素较多。

首先，我国海关通关便利化法律制度的实体和程序性法律要素，包括申报、审核、查验、税收、放行等，主要都是强制性规范要求。例如，申报主体资质、时间、方式、材料以及单证填制都是强制性的规范要求；“串联式”通关中的审核以及“一次申报，分步处置”中的风险甄别等均是强制性的规范要求；查验、检验检疫的商品类型、地点、方式均是强制性的规范要求；税收的类型、方式均是强制性的规范要求；放行的单证、地点等均是强制性的规范要求。

其次，个别可以发展自治性的通关便利化法律制度一直是强制性因素较多。这里比较突出的具有一定自治性的通关便利化法律制度安排主要是近年来我国的海关经认证经营者制度。这一制度是关企合作的具体制度表现，

① 参见唐绍欣：《非正式制度经济学》，山东大学出版社2010年版，第58页。

经认证的经营者企业辅助海关保障贸易安全，海关给予经认证的经营者企业相对便利化的通关待遇。作为关企合作，其自治性主要表现在海关经认证经营者身份认证依法由企业根据自身情况自主申请，而在认证的过程中实际上主要都是强制性的标准和要求，比如认证所依据的《海关高级认证企业标准》是海关总署制定的强制性要求，认证的材料填报时间、方式、审核以及认证的中止、终止和动态调整等也是强制性的规范要求。也就是说，作为一种海关与企业合作、保障贸易安全、实现贸易便利的通关便利化法律制度形式，尽管以"合作"著称，但是制度实施中可供海关与企业平等合作协商的意定空间十分有限，仍然具有突出的强制性制度色彩。

综上所述，我国海关通关便利化法律制度行政主体本位的制度理念具体表现如下：长期以来海关始终是通关便利化法律制度实施的把控者，对通关活动的全过程进行主导把控；海关始终是通关便利化法律制度创新的主导者，新型通关便利化法律制度的创新也始终以关企关系中的海关一侧为重点，通关活动中的各种实体和程序法律要素包括具有一定自治性倾向的制度安排均具有充分体现海关行政主体本位制度理念的强制性色彩。我国海关通关便利化法律制度几经制度变迁，但是这种行政主体本位的制度理念长期存在并且在路径依赖的过程中自我强化。其渗透的具体通关便利化法律制度领域更为广泛、通关环节流程更为全面，不仅影响制度实施还影响制度创新，最重要的是影响海关与贸易商相对人之间平等合作、互信互赖、共同协商便利化通关关系的发展和建立，最终使通关便利化法律制度在长期制度变迁中的设计实施成本始终居高不下。

第三节　我国海关通关便利化法律制度变迁路径依赖明显的成因分析

我国海关通关便利化法律制度变迁明显的路径依赖问题，一是制度法源的行政化色彩突出，二是制度的行政主体本位制度理念明显。这两个方面的路径依赖在制度变迁过程中，一方面各自不断进行自我强化，另一方面二者不断相互作用、相互促进,最终的结果是在我国海关通关便利化法律制度变迁中,海关成为制度演化的“最大受益者”,既成为我国通关便利化法律制度法源的主导者,也成为我国海关通关便利化法律制度实施中的把控者。探究我国海关通关便利化法律制度变迁过程中路径依赖明显的原因,是进一步约束明显路径依赖、避免制度发展陷入锁定、更大化释放制度创新活力的关键。

一、我国的历史文化传统对法律制度变迁产生了较强影响

“历史”一般可以指“过去发生的事件”①;“文化”是指“人类存在过程中,为了维护人类有序生存和持续发展所创造出的关于人与自然、人与社会、人与人之间各种关系的有形无形的成果”②;“传统”在辞海中的定义是指“世代相传,有传承延续性质的社会因素”。“历史”“文化”“传统”三者在概念上是紧密联系、相互塑造、相互作用的。当我们将“历史文化传统”囊括上述三个概念并作为一个复杂的系统概念时,会发现一个国家、一个民族、一个社会乃至每一个个体,在其成长演化发展的过程中,随着时间的推移都会形成相应的历史文化传统。历史文化传统所指称的主体是多元的也是复杂的。不同主体的历史文化传统,包括个体的与集体的历史文化传统、社会的与国家的历史文化传统等,它们相互之间既有交叠的部分更有相互作用、相互渗透、相互影响的过程。历史的发展会形成文化也会塑造传统,反过来说文化和传统的形成过程也见证和印证了历史的发展轨迹。

与此同时,国家、民族、社会以及每一个个体均是制度形成和发展过程也即制度变迁过程中的重要主体。③ 尽管这些主体在不同制度变迁中扮演的角色、发挥的功能、产生的影响以及影响的权重各有不同,但不可否认的是其作为各类制度安排和制度结构下的利益主体,对推动制度变迁均具有不容忽视、不可或缺的重要意义。这实际上也就将国家、民族、社会以及个人的历史文化传统因素,同制度变迁的问题紧密地联系起来了。

---

① 何兆武:《历史与历史学》,湖北人民出版社 2007 年版,第 1 页。

② 陈华文:《文化学概论新编》,首都经济贸易大学出版社 2009 年版,第 12 页。

③ 参见胡乐明、刘刚:《新制度经济学》,中国经济出版社 2009 年版,第 303 页。

一方面,国家、民族、社会以及个人的历史文化传统作为一种非正式约束,会潜移默化、或轻或重地影响这些制度主体在每一次制度变迁中的选择;[①]另一方面,每一次制度变迁中选择制度时制度主体在其历史文化传统因素的影响下作出的制度选择又会在一定程度上强化制度主体的历史文化传统,尤其是其中关于相关制度选择的历史文化传统,在下一次制度选择时对制度主体发挥更强大的影响。也就是说,制度变迁的过程和制度主体的历史文化传统发展的过程是并行的,而且二者在并行的过程中相互增进。[②] 一方面,制度主体的历史文化传统影响作用制度变迁,限定着制度的选择集合;另一方面,制度变迁即对新制度的选择也会强化制度主体有关制度选择的历史文化传统。这两方面循环往复、不断增强。这对于制度变迁而言就会产生这样的结果:一旦在最初选择了某种制度(包括制度的样态、制度的法源构造方式、制度的法源结构、制度的构造理念等),就会形成这种制度选择的历史文化,并在后续的制度变迁中不断强化对这种制度的选择,从而使制度的变迁形成一条具有限定性的发展轨迹,形成了制度变迁的路径依赖。制度变迁的次数以及历史文化传统对制度选择的作用强度等因素,在很大程度上决定了路径依赖的明显程度。明显的路径依赖或者说较强的路径依赖最终会导致制度的发展陷入锁定,不仅会导致制度变迁带来巨大成本,还会导致制度变迁陷入低效状态。由此可见,历史文化传统因素对制度变迁路径依赖的影响和重要性是不言而喻的。

我国海关通关便利化法律制度变迁中,有两个方面主要的历史文化传统因素对制度变迁的路径依赖产生了重要影响。

一方面,我国近代遭受西方列强入侵,曾沦为半殖民地半封建性质社会,被迫口岸通商并丧失了关境上的海关管辖权,国家主权蒙受严重侵犯。这段屈辱的国家近代历史使我国国家、民族和社会对海关和国家主权之间的紧密联系具有深刻的认识和认同,即海关是国家主权、国家威严的象征,独立完整的国家主权意味着我们必须建立独立完整的海关和海关制度。新中国的成立标志着我国不再受西方列强压迫,标志着我国拥有并确立了独立、完整的国家主权。新

---

① 参见唐绍欣:《非正式制度经济学》,山东大学出版社 2010 年版,第 58 页。

② 参见伍装:《非正式制度论》,上海财经大学出版社 2011 年版,第 54 页。

中国成立之初,我国政府取消了帝国主义在华的一切特权,"根据毛泽东主席在党的七届二中全会上提出的'彻底地摧毁帝国主义在中国的控制权的方针'和'立即统制对外贸易,改革海关制度'的重要指示,当时的中央人民政府即政务院于 1950 年 1 月 27 日发布了《关于关税政策和海关工作的决定》,从而有步骤地从政治上、思想上、组织上、制度上对海关进行了根本性的改革"①。同时,1951 年颁行的《暂行海关法》也在很大程度上表明,我国已建立了独立的海关系统、独立的海关法律体系和独立的海关管辖,彰显了我国的国家主权威严。我国《海关法》第 1 条"立法目的"明确指出"为了维护国家的主权和利益……特制定本法"。可以说一直以来,在历史因素的影响下,"维护国家主权威严"都是我国海关的核心职责以及海关法和通关制度的核心价值。

另一方面,我国历史文化传统中的"官本位"思想在很大程度上对当前海关通关便利化法律制度变迁的路径依赖产生了重要影响。官本位既是一种以官位高低为评判人的价值尺度或以追求官位为人生最高目标的心理意识,又是一种政治文化。从分封到士大夫社会的变迁,尤其是小农社会与士大夫社会的合流,是中国官本位意识形成的社会原因;从世爵制历经乡举里选制、九品中正制直至科举制的变迁,官本位意识得以最终确立。② "官本位"的传统理念之下,社会更加趋于认同"学而优则仕""出仕为官"的个人发展理念,同时也更趋于认同"为官治民""以官为本"的社会治理方式。③ 在官民治理关系中,官是本位,民是治理对象,官民治理关系是一种非平等的倾向于以官为核心的行政管理关系。在这种"为官治民"的行政管理关系中,制度框架的搭建以及制度渊源的创设主要是行政系统本身的创制,目的是为行政管理提供制度依据,保障"为官治民"有据可循,制度框架、制度渊源约束"为官治民"的价值并不凸显。

以上两个方面主要的历史文化传统因素对我国海关通关便利化法律制度变迁中制度选择(对制度以何种法源塑造、制度的理念和模式等制度因素的选择)产生的主要影响如下。海关是国家主权的象征,代表了国家威严,也

---

① 吴展:《我国现行海关法律体系之立法检视》,载《海关与经贸研究》2016 年第 3 期。

② 参见陈宝良:《中国官本位意识的历史成因》,载《中州学刊》2014 年第 2 期。

③ 参见任中平、部清攀:《从"官本位"到"民本位":人治社会向法治社会转型的必然选择》,载《求实》2015 年第 7 期。

是国家主权在外贸和关境管理上的具体体现;海关"为国把关",代表国家管理进出境活动,根本上是国家主权、国家利益的维护者。因此,海关在外贸管理中具有区别于一般贸易管理关系中其他主体的特殊地位。海关在与贸易商的关系中的行政主体本位,根本上也是源自国家主权、国家利益本位。

同时,海关对进出境活动的管理是一种国家社会治理的具体体现。这种国家社会治理受到"官本位"传统思想的影响,也会在一定程度上表现出一种"为官治民"的非平等化的行政管理。这导致一方面,海关将进出境活动管理作为一种行政管理,其制度法源会倾向于行政化的色彩,因为创设各类制度法源本身就是为这种海关的行政管理提供制度依据;另一方面,海关与贸易商之间形成较为固化的行政管理关系,而且海关作为行政主体长期居于本位。

二、我国的制度生成机制促成了法律制度变迁具有惯性化

制度生成机制一般可以理解为一种制度的创设机制。根据诺斯对制度构成的界定,制度可以分为正式制度和非正式制度。[①] 其中,非正式制度诸如道德、习惯、伦理等作为非人为有意识地创设的制度,往往是主体长期反复的历史实践并经主体的心理认同确认为对行为的拘束而生成的;正式制度作为一种主体有意识地人为创设的行为约束,如制定法、政策、判例等,在其创设初始,制度主体往往首先创设一种"人为创设正式制度"的制度(通常也为正式制度)用以规范约束正式制度的创设活动。这种在初始确定下来用于规范约束正式制度创设行为的制度约束,一般可以认为是正式制度的生成机制。正式制度的生成机制一般都具有普遍性和稳定性,即一个正式制度的生成机制在初始被确定下来后,往往会普遍地运用于规范约束此后有关正式制度的创立活动。尽管这种正式制度的生成机制随着经济和社会的发展也会发生变迁,但是其相对于一般正式制度的变迁是较为稳定的。例如,国家的法律法规制度会随着经济社会的发展不断创设、修订和完善,但是国家的立法制度作为法律法规制度创设的规范约束往往是相对稳定的。需要指出的是,基

---

① 参见[美]道格拉斯・C. 诺斯:《制度、制度变迁与经济绩效》,杭行译,上海人民出版社等 2014 年版,第 43 ~ 55 页。

于本书对我国海关通关便利化法律制度这样一种正式制度的研究分析，此处我们所称的制度生成机制，主要是正式制度的生成机制。

国家相对稳定的制度生成机制（如宪法秩序）对制度变迁的方向方式具有重要影响，往往促成制度变迁惯性化。[①] 这主要是因为，制度生成机制作为一种对制度创设的规范约束，往往决定了正式制度创设中的一些制度因素：一是制度的法源形式，即有关正式制度以何种法源形式获得法律效力；二是不同制度法源形式之间的关系，即有关制度涉及多种法源时，不同法源之间的位阶以及分工关系；三是制度的理念和行为模式，即正式制度作为制度生成机制运行的结果，制度生成机制往往也决定了正式制度以何种价值导向和模式来约束规范相关主体的行为活动。一套相对稳定的制度生成机制往往在一般的正式制度变迁的过程中被反复、长期和普遍地用于规范约束制度变迁中的制度创设活动，这就会自然地使制度的法源结构和价值理念在一次次变迁的过程中得以传承和强化，从而形成了一些制度因素的路径依赖现象，导致制度变迁具有惯性。当然，相对稳定和普遍适用的制度生成机制促进制度变迁惯性化更多是为了制度变迁的低成本和高效率，毕竟依托于一套不断发展完善且经验丰富的制度生成机制方法来创设新的正式制度可以使制度主体减少很多摩擦成本。[②] 考虑到制度变迁中更多的复杂因素，这会导致普遍适用的制度生成机制在创设新制度时尽管因为经验丰富约束了不必要的摩擦成本，但是一些低效率的制度因素也因此继承下来。

我国海关通关便利化法律制度更多为一种由国家创设的正式制度，其制度生成机制主要包括了制定法制度的生成机制即立法机制和政策制度的生成机制即政策制定机制。应当说，我国的立法机制和政策制定机制促成了海关通关便利化法律制度变迁中的惯性化，对制度变迁的路径依赖具有重要的影响。

（一）立法机制促成了法律制度变迁的惯性化

从立法机制上看，我国海关通关便利化法律制度的制定法法源主要分为

① 参见袁庆明：《新制度经济学》，中国发展出版社 2005 年版，第 283 页；胡乐明、刘刚：《新制度经济学》，中国经济出版社 2009 年版，第 300 页。

② 参见胡乐明、刘刚：《新制度经济学》，中国经济出版社 2009 年版，第 300～301 页。

最高国家权力机关的立法（国家立法）以及最高国家行政机关（国务院）和国务院有关部委（主要是海关总署）的行政立法。[①] 国家立法和行政立法的基本分工是：国家立法搭建制度框架的顶层设计，法律规范以原则性简明扼要的表述为主；行政立法是为贯彻实施国家立法、开展行政执法而制定的法，主要作用在于分层次逐级细化国家立法的规范以便在执法活动中引为具体执法依据并加以实施。[②] 另外，国家立法在搭建制度框架的顶层设计中，往往也会有意识地明确授权行政立法对具体问题进行细化，这也使行政立法可以明确地在法律的授权之下开展制度的具体部署。这种立法机制对我国海关通关便利化法律制度变迁产生的影响有以下几个方面。

其一，在制度历经变迁的过程中，国家立法在搭建了顶层设计的框架后，主要由行政立法填充制度细节，甚至对于一些小的制度变迁来讲，可以在国家立法不变的情况下，直接由行政立法对新制度进行安排，从而使我国海关通关便利化法律制度在变迁过程中行政立法担当"重任"，并逐步显示出制度法源突出的行政化色彩。

其二，在新制度变迁、进行制度探索的过程中，国家立法甚至国务院的行政立法考虑到高位阶立法的稳定性问题，往往不会轻易变动或反复修改，因而通常由海关系统主要是海关总署开展行政立法或者制定行政规范性文件进行制度变迁中的新制度探索，这不仅巩固了制度法源的行政化色彩，也使制度的法源向海关系统主导倾向。

其三，考虑到国家立法和行政立法的层级关系，越是上位法则越是原则化、精简化，越是下位法则越是具体化、明确化，这也使我国海关通关便利化法律制度的法源体系必然是下位的行政立法占据主体地位，而且其中海关系统的行政立法发挥主导作用。然而，下位法因其具体并涉及制度细节和制度

---

① 参见徐继敏主编：《行政法学》，四川大学出版社 2009 年版，第 86 页。

② 《立法法》第 72 条第 1 款："国务院根据宪法和法律，制定行政法规。行政法规可以就下列事项作出规定：（一）为执行法律的规定需要制定行政法规的事项；（二）宪法第八十九条规定的国务院行政管理职权的事项。"第 91 条："国务院各部、委员会、中国人民银行、审计署和具有行政管理职能的直属机构以及法律规定的机构，可以根据法律和国务院的行政法规、决定、命令，在本部门的权限范围内，制定规章。部门规章规定的事项应当属于执行法律或者国务院的行政法规、决定、命令的事项。没有法律或者国务院的行政法规、决定、命令的依据，部门规章不得设定减损公民、法人和其他组织权利或者增加其义务的规范，不得增加本部门的权力或者减少本部门的法定职责。"

标准居多,往往是实质上制度实施中实施主体的直接行为依据,从而使海关系统对制度的实施具有了实质上的主导意义。

其四,行政规范性文件在国家立法授权行政立法具体规定的过程中发挥了重要作用。行政规范性文件并非行政立法,[①]也不属于正式法源,甚至不属于成文法的范畴,但是其制定程序简化、规范方式灵活,往往适用于随机应变、灵活复杂的现实社会关系调整的各种需要,因而为行政主体广泛运用。在国家立法授权行政立法、国务院行政立法授权海关系统行政立法具体规定时,一般并不要求具体采用的法源形式,这使行政规范性文件具有广阔的生长空间。尤其是海关系统在对制度进行细化完善和新制度探索时,多采用灵活简便的公告性、行政规范性文件的方式,将其作为制度法源,不仅行政化色彩突出、海关实现对制度法源的实质主导,而且也使制度法源的透明度大大降低。

(二)政策制定机制促成了法律制度变迁的惯性化

从政策制定机制上看,中共中央、国务院以及海关总署等均可以制定规范我国海关通关便利化法律制度的相关政策。政策作为制度的非正式法源,[②]更多地发挥对制度建设实施的引导作用,同时指导着相关立法对制度的具体部署。在政策制定的过程中,中共中央制定的政策一般是全面统筹我国社会主义各项事业建设发展的最为宏观的部署和安排;[③]根据中共中央的政策要求,国务院和海关总署则逐级制定细化政策以落实中共中央的政策安排。这里海关总署制定的政策已经是根据中共中央、国务院的政策安排对海关系统改革发展的具体政策部署,也直接指导海关系统具体工作的开展。我国的政策制定机制对海关通关便利化法律制度变迁产生的影响主要表现如下:一是政策本身具有一定的行政化色彩,以政策为法源的通关便利化法律制度因此凸显出法源的行政化色彩;二是政策在长期发展的过程中是趋于稳定和平缓的,在以某种确定的政策规划法律制度的创新发展的同时,在一定程度上勾画了制度变迁的基本路线和轨迹;三是海关系统的政策作为依据中

---

① 参见姜明安主编:《行政法与行政诉讼法》(第5版),北京大学出版社、高等教育出版社2011年版,第154页。

② 参见章戎编著:《法理学原论》,云南大学出版社2007年版,第51页。

③ 参见杨磊、吴斌主编:《法理学》,浙江大学出版社2007年版,第378~379页。

共中央和国务院政策具体指导海关系统发展的宏观部署，本身对于巩固海关在通关便利化法律制度中的地位具有重要意义。

我国的立法机制和政策制定机制在我国海关通关便利化法律制度变迁的过程中被不断适用于制度选择。我们在初始认可了海关通关便利化法律制度法源的行政化色彩并接受了海关对制度法源的主导，以及这一制度中海关行政主体本位的制度理念时，制度在后续的变迁过程中自然会不断强化这些制度要素，形成明显的路径依赖现象。

三、既得利益体系对法律制度变迁的方向具有明显的限制

既得利益体系一般是指在一个制度安排和制度框架下获得了某种特殊的或者优待的权益和地位的主体利益体系。① 既得利益体系对制度变迁的影响尤其是对路径依赖的影响是十分显著的。诚如学者所言，“一种制度形成以后，会形成某种在现存制度中有既得利益的压力集团，他们力求巩固现有制度，阻碍进一步的改革，哪怕新制度较之现存制度更有效率”②。

具体来讲，在一个制度安排和制度结构下，既得利益体系往往会不断地巩固和发展这一制度框架。因为当前的制度安排和制度结构对于其实现既得利益至关重要。这种既得利益体系对制度安排和制度结构的巩固和发展主要表现如下：一是既得利益体系不断发展这一制度框架下的具体制度安排和制度结构，使这一制度能够更加紧密地贴合制度主体的各种交易活动；二是不断地努力在制度框架的构建和发展中获得更多的主导因素，从而能够在更大程度上影响制度框架朝着自身有利的方向发展；三是当制度框架存在外部利润激发出制度主体潜在的制度需求时，既得利益体系基于对当前制度框架的需要，往往会尽力地进行制度框架的修补和完善，以继续使制度主体能够获得外部利润。既得利益体系在一个制度安排和制度结构下巩固和发展这一制度，一方面是为强化自身既得利益的满足，另一方面是为自身影响制度框架搭建蓄积客观能力。

---

① 参见葛志新：《对既得利益与深化改革共识的思考》，载《新疆社会科学》2013 年第 2 期。

② 洪名勇主编：《制度经济学》，中国经济出版社 2012 年版，第 165 页。

另外,当制度发生变迁时,既得利益体系会积极主动的影响制度变迁,尽力地保留对自身有利的制度因素,改变对自身不利的制度因素。也就是说,尽管制度安排和制度结构通过制度变迁完成一种样态向另一种样态的演化,但是在既得利益体系的催动下,制度变迁更多是在原有制度样态的基础上留下了对其自身有利的制度因素,使制度可以继续实现自身的既得利益。这也使得制度变迁具有了保留原有制度样态的发展趋势。当制度在不断变迁的过程中反复受到既得利益体系的催动时,制度的发展就会越发地朝着对既得利益体系有利的方向前进,形成一条明显的制度演化轨迹也即制度变迁的路径依赖现象。

这实际上反映出既得利益体系对制度变迁的发展方向具有显著的限制作用。① 第一,既得利益体系促进制度安排和制度结构向着对自身有利的方向延展,把静态意义上制度框架的拓展方向与自身的利益方向限定在一起;第二,既得利益体系促进制度变迁中动态意义上制度的创新发展朝着对自身有利的方向进行,将制度因素的去留与自身的利益需求限定在一起。尽管有时候既得利益体系的利益需求方向和其他制度主体对外部利润的需求方向是同向的,但是既得利益体系对制度变迁方向的锁定无疑束缚了制度创新的选择空间,限制了制度的发展活力。

相较于制度安排中的贸易商主体,海关系统是我国通关便利化法律制度变迁过程中的既得利益体系。在通关便利化法律制度框架下,海关获得了对制度法源的主导地位,由此获得了制度构造和创新的绝对话语权;同时,海关也是通关便利化法律制度的本位主体,制度的实施和创新以海关为主导进行把控,贸易上表现为对海关的服从和配合。这使海关在履行职责过程中获得了很大程度的便利。至少从制度形式上看,这样以海关为中心的制度安排,使海关可以更加自由地运用监管权力对贸易商及其货物进出境进行管控。因此,在制度变迁的过程中,海关更期望可以长期保留这样的、对于海关有利的制度安排和制度结构。

海关作为既得利益体系对我国通关便利化法律制度变迁产生的影响主要表现如下:一是海关系统会不断细化当前的制度安排和制度结构以巩固这一制度框架,同时巩固自身在制度法源中的主导地位;二是海关系统会继续

① 参见洪名勇主编:《制度经济学》,中国经济出版社 2012 年版,第 165 页。

细化规范贸易商的法律义务，巩固自身在制度中的本位地位，贸易商的权利保护问题仍会相对弱化；三是当存在外部利润激发制度需求时，海关系统会尽力稳定和修缮当前的制度框架；四是在制度发生变迁时，海关系统会担负起新制度构建和探索的主导任务，以在新制度框架中继续主导制度法源并实现自身的本体地位；五是在海关系统外的法源创设中，如在国家法律和行政法规对海关通关便利化法律制度加以规范时，海关系统凭借其行政主体地位、丰富的一线经验以及法源主导经验，往往也会对法律和行政法规的创设在制度内容上施加影响。

四、计划经济时期旧有制度模式对制度变迁具有牵引作用

从制度主义的角度来讲，任何制度变迁都是建立在既有制度模式和制度理念基础上的制度演变过程，传统的或者说原始的制度模式对后续的制度变迁特别是其中的路径依赖问题具有重要的牵引影响。尽管历经40年的改革开放发展，但计划经济时期旧有的制度模式对我国海关通关便利化法律制度变迁仍产生了不容忽视的牵引作用，在一定程度上而言，也造成了后续制度变迁过程中有关制度法源行政化色彩突出以及制度行政主体本位的路径依赖问题。

计划经济时期我国各级政府基本上是一种管理型政府。管理型政府是指拥有无限的管理经济社会的权力、对经济社会管理负有无限责任的政府，其对市场主体进行单向管理。在计划经济的管理政府条件下，政府对经济社会拥有无限的管理权力而市场主体几乎没有自主权，政府和市场主体纯粹是直接的管理和被管理的关系。[①] 由此，我国计划经济时期的旧有制度模式具有以下特点：一是政府的经济管控权力突出，政府及其代表的公权力因素是制度供给和制度变迁的主要推动者；二是政府和市场主体的关系一般表现为一种纵向的、具有不平等性的行政管理关系，政府是绝对管理者而市场主体是被动接受管理者；三是经济运行和资源配置以政府的计划调配为主导，市场化的以自治性为代表的资源配置方式明显弱化。

---

① 参见朱京安：《中国外贸法律制度变迁研究：以制度主义为视角》，人民出版社2008年版，第190页。

计划经济时期我国管理型政府以及政府无限管控经济运行的旧有制度模式，尽管历经改革开放及“简政放权”等“放管服”经济体制改革后有所转变，但我国政府依然未能完全摆脱管理型政府的影子，计划经济时期的旧有制度模式对我国海关通关便利化法律制度变迁的牵引力仍一定程度上以一定的形式继续存在。总体上讲，这种源自计划经济时期的旧有制度模式对我国海关通关便利化法律制度变迁的牵引力主要反映在制度发展中海关的公权力因素和特征尤为突出，而关企平等合作的自治性制度因素发展受到限制性影响。

第一，海关长期是通关便利化法律制度的主要设计者，制度的部署安排以及创新发展主要以海关系统单侧的决策为主导。在计划经济旧有制度模式的影响下，政府是经济社会发展的主导者和把控者，由此代表政府的海关机关当然应是外贸管理和商品通关制度规则的主要部署安排者。不仅当前实施的通关制度规则、制度标准主要由海关系统进行部署安排，制度的创新发展和探索也主要由海关系统进行塑造。在一系列制度供给输出过程中，贸易商主体的影响力和话语权长期十分薄弱。

第二，海关主导通关便利化法律制度的有效法源形式仍以政策和行政规范性文件为主，灵活性虽强但是制度的透明度较差，不尽符合当前通关便利化法律制度的高透明度要求，成为一种源自计划经济时期旧有制度模式的政府管理举措对制度变迁的发展的障碍。计划经济时期政府管理经济的主要手段或方式是政策文件，政策可以灵活地适应复杂多变的现实经济管理需要，但其权威性和透明度较差。受到计划经济旧有制度模式的影响，海关在管理商品通关并安排部署制度规则的过程中，仍大量地以内部政策和公告性行政规范性文件为主，使许多通关便利化法律制度如海关经认证经营者法律制度，本应作为约束关企的国家法律制度却因依托海关系统的非正式行政化法律渊源的塑造，成为一种行政管理的手段方式型法律制度，制度的形式效力降低、透明度下降，制度应有的地位和意义也受到了制约。

第三，海关在计划经济时期旧有制度模式的牵引影响下，长期作为制度实施过程中的本位主体，通关便利化法律制度的实施以海关为核心，贸易商的主体地位受到弱化，关企平等关系的建立也因此受到阻碍。计划经济时期，政府是经济运行的本位主体，经济运行等同于政府职能发挥。受此制度模式牵引，海关通关便利化法律制度变迁仍长期以海关为制度本位，制度的设计实施主要以海关的职能履行为核心。这导致以下制度变迁的路径依赖问题:一是海关通关便利化法律制度变迁更多地表现为海关单侧对贸易商商品通关管理的行政制度变迁,通关便利化法律制度的核心价值"便利化"退化为海关监管执法的"便利化",制度价值中对贸易商的"便利化"权利保障相对弱化和忽视。二是海关通关便利化法律制度的改革发展,更多地表现为海关单侧对行政执法方式、执法模式和执法理念的调整,尽管对通关便利和约束贸易成本具有一定成效,但是不平等的关企关系仍未明显获得改善,通关便利化法律制度的进一步良性变迁仍存在较大瓶颈。三是过分强调海关的本位地位以及关企的不平等关系,关企的对抗和摩擦将因此增加,对关企平等互信合作的现代通关便利化法律制度的创新发展也构成阻碍。

五、国际制度交流未在我国法律制度变迁中充分发挥功效

制度变迁的国际制度交流是指将域外国家的制度经验同我国的制度变迁相结合,在每一次制度变迁中最大化地发挥制度活力,高效率地实现制度变迁的价值目标。应当讲,国际制度交流是我国制度变迁对标国际甚至领先国际的重要方式,也是我国制度变迁突破路径依赖束缚、释放制度活力的有效途径之一。国际制度交流在制度变迁中发挥积极功效,一方面需要制度主体具有国际制度交流的主观意识,另一方面需要制度主体具有国际制度交流的客观能力。

首先,作为主观条件保障,制度主体在完成制度变迁的过程中应当保证具有清晰的国际制度交流的主观意识。也就是说,制度主体在设计安排制度框架的过程中,除了要考虑本国的现实情况外,也要交流、考察、了解、比较域外国家在相似情况下的制度安排经验,筛选出其中较为成熟的能够满足于我国现实需求的制度经验加以参考。国际制度交流的主观意识主要包括:一是交流域外国家制度理念的主观意识;二是交流域外国家制度模式的主观意识;三是交流域外国家制度框架搭建的法源结构的主观意识;等等。制度变迁的外部环境因素以及制度主体的主观意愿因素,决定了制度主体在创设制度的过程中是否能够形成以及在多大程度上、多大范围内形成国际制度交流的主观意识。

其次,作为客观条件保障,制度主体在完成制度变迁的过程中应当保证具有充足的国际制度交流的客观能力。易言之,制度主体在设计安排新制度的过程中,应当具有充分的能力交流、考察、了解和比较域外国家的制度实践并与我国的制度安排相结合,高效地释放我国制度活力。国际制度交流的客观能力主要包括,一是辨识、筛选域外国家制度理念、制度模式等的能力;二是将域外国家制度经验同我国制度框架进行结合的能力;三是分析、评估制度效率以及修订完善制度的能力。国际制度交流的能力受到制度主体本身的制度创设能力,对域外制度信息的收集、分析和处理能力以及国内制度环境的接受度等多方面因素的影响。

国际制度交流未在我国海关通关便利化法律制度变迁中充分发挥作用,主要表现为关企合作的制度理念以及通关中的自治性制度因素等未能在我国海关通关便利化法律制度中充分体现。这主要是因为我国海关系统本身对制度法源的主导以及在制度中的行政主体本位随着制度变迁被不断强化,形成了对突破既得利益体系的制度因素的阻碍和排斥,从而导致了我国海关通关便利化法律制度在变迁过程中长期明显的路径依赖现象未被打破。

第四节　我国海关通关便利化法律制度变迁路径依赖明显的负面影响

制度变迁过程中的路径依赖现象尽管本身与价值无涉,不会对制度要素进行优劣评判和自我选择,但是考虑到既得利益因素对路径依赖的催动以及制度变迁过程中的自我强化,往往积极的制度因素会被淹没,而一些消极的制度因素可能长期存在,束缚着制度变迁的发展方向,阻碍制度的进一步创新。① 具体到我国海关通关便利化法律制度变迁过程,制度法律渊源的行政化色彩以及制度的行政主体本位理念突出等问题及现象,对我国海关通关便

① 参见汪洪涛:《制度经济学:制度及制度变迁性质解释》(第 2 版),复旦大学出版社 2009 年版,第 69 页。

利化法律制度的进一步创新发展也具有一定的负面影响。

首先,法律渊源是制度的具体表现形式,从法哲学上讲更是法律制度效力的形式来源,对制度而言具有重要的法律意义。① 我国海关通关便利化法律制度在几十年制度变迁过程中,法律渊源的构造逐步由"法律 + 行政法规(规章)"向"法律、行政法规 + 部门规章"再向"法律、行政法规、部门规章 + 行政规范性文件"的建构体例转变,法律渊源的主导与核心整体上看是向行政性的法律渊源迁移的,具体而言更是向海关系统内部自我创设的、非正式法律渊源迁移的。也就是说,海关通关便利化法律制度发展至今,制度的法律渊源主要由海关主导创设;海关既是制度实施的一方主体,更是制度框架的主导构造主体;海关系统外部的法律渊源由于数量问题和滞后问题,尽管可能处于上位法位阶,但是对海关通关便利化法律制度的实质影响正在减弱。尤其是在海关通关便利化法律制度不断发展创新的当下,很多海关与贸易商当前正在实施的通关便利化法律制度②已经超出了现行《海关法》的规范范畴,海关系统内部法律渊源是这些新型制度的直接法律渊源。我国海关通关便利化法律制度法源的行政化色彩突出具有一定的现实原因,例如,我国的法律渊源创设主体除最高国家权力机关和地方各级国家权力机关外基本上均为行政性的法律渊源创设主体,海关通关便利化法律关系作为贸易管理法律关系具有其行政管理法律关系的一般属性,等等。但是,这丝毫不能否认我国海关通关便利化法律制度法源结构正在向海关系统内部非正式法源偏移的路径依赖现实,更加丝毫不能回避海关系统自身作为制度实施主体的同时是制度法源主导性的构建主体。海关利用自身创设法律渊源、细化上位法规则和探索新制度的优势地位进行自我授权,权力膨胀后将对我国海关通关便利化法律制度发展带来不利影响和危害。

法律制度的理念是制度发展的隐性指导者,作为一种非正式约束,对制度的发展方向具有重要影响。③ 我国海关通关便利化法律制度长期在制度变迁中对行政主体本位制度理念的路径依赖,使制度发展至今海关始终是其中

---

① 参见舒国滢主编:《法理学导论》(第2版),北京大学出版社2012年版,第67~68页。

② 例如,全国通关一体化、跨境电商零售贸易通关等制度规则。

③ 参见唐绍欣:《非正式制度经济学》,山东大学出版社2010年版,第58页。

心主体，是制度实施的把控者以及制度创新的主导者，作为通关关系中的另一方主体的贸易商往往处于一种被动服从、配合的法律地位。换言之，从根本上讲，我国海关通关便利化法律制度行政主体本位的制度理念巩固强化了海关与贸易商之间不平等的法律关系和法律地位，凸显了通关便利化法律制度中海关及其职权的意义和价值，忽视了海关与贸易商平等合作以及海关服务于贸易和贸易主体的价值意义。当然，海关通关便利化法律制度中海关这种行政主体本位甚至优位的制度理念，本身可能是通关法律关系作为一种贸易管理法律关系兼具一般行政管理法律制度属性不可避免的现象和特点；但是我们需要认识到，海关的通关法律关系随着我国对外贸易的不断发展、海关之于国际贸易管理地位提升以及国家"放管服"改革理念的影响，更多的是一种服务型的贸易管理法律关系而非传统意义上纵向、不平等的行政管理法律关系。受制于传统行政管理法律关系中行政主体本位的制度理念，海关通关便利化法律制度难以进一步创新和发展。

总的来讲，我国海关通关便利化法律制度变迁对法源行政化色彩突出以及行政主体本位制度理念的路径依赖的危害具体包括：一是制度变迁过程中的交易成本较高；二是制度变迁的总体进程发展较迟缓；三是制度变迁陷入一种方向性的锁定；四是制度变迁发展中演化出逆向选择。

一、制度变迁中交易成本较高

（一）制度变迁中新制度的创新成本较高

制度创新是社会规范体系的选择、创造、新建和优化的通称，包括制度的调整、完善、改革和更替等。[①] 海关长期是通关便利化法律制度规则的主导者和制度中的本位主体，对制度的创设和实施发挥着绝对的把控作用，这使我国海关通关便利化法律制度在变迁过程中的创新往往集中于新技术手段的运用、新监管理念的革新以及新制度模式的探索。总体而言，海关作为制度创设实施的主导性主体试图采用更加高效的手段、理念和模式来主导、把控

① 参见卢现祥主编：《新制度经济学》（第2版），武汉大学出版社2011年版，第173页。

制度构建与运行,而海关与贸易商之间通关交易的制度规则试图寻求一些更大的突破,比如制度中主体结构、主体关系等突破,往往交易成本比较高。

第一,在制度变迁过程中,突破既有的制度法源结构,增进对海关系统法源的约束和必要管控的创新成本是较高的。一方面,海关通关便利化法律制度的法源结构长期由海关系统主导,考虑到既有法源结构发展的路径依赖、自我强化以及海关基于制度发展的既得利益对法源结构的控制,突破现有法源格局的成本是较高的。另一方面,基于海关通关便利化法律制度的专业性和实践性,海关系统不可避免地会对法源结构的塑造和运行发挥重要影响,从这一点来讲,突破传统法源结构的成本依旧较高。

第二,在制度变迁过程中,突破传统行政主体本位的制度理念和模式,创新关企平等合作制度理念、模式的成本也较高。制度理念作为一种长期形成的非正式约束,已经同制度的具体模式深入地绑定在一起而且发挥着相互增进的影响。制度理念对制度创新的约束很大程度上是非理性的,是一种习惯性的约束和影响,[①]叠加长期以来海关系统自身对制度实施、创新的主导和把控,海关系统自身在制度创新中突破传统理念、模式的成本是较高的。

(二)制度变迁中新制度的运行成本较高

我国海关通关便利化法律制度变迁过程中的新制度,始终是在路径依赖轨迹上的新制度,新制度的运行也始终是在路径依赖的轨迹上的运行。从这个意义上讲,当"海关对(新)制度法源主导"和"制度具有海关行政主体本位制度理念"的路径依赖现象未被打破时,新制度始终在海关主导法源和传统制度理念的约束下运行。由此,尽管新制度在科技手段和监管模式等方面有所突破,但其运行成本依旧较高。

第一,海关单方对通关便利化法律制度中新制度规则的主导,导致海关在对新制度规则的理解力、解释力和获取新制度信息方面处于绝对优势地位,这加深了海关与贸易商(交易双方主体)之间对新制度规则(交易规则)的信息不对称和信息不完全,从而增加了新制度的运行成本。

第二,海关在对新制度规则发挥主导作用的过程中,主要凭借非正式法

---

① 参见唐绍欣:《非正式制度经济学》,山东大学出版社2010年版,第58页。

源——海关总署的公告来具体细化和创新制度规则，往往会导致规则的透明度降低，增加交易成本。因为海关总署的公告尽管灵活性强、能够顽强地契合复杂多变的贸易管理的现实需要，但是将其作为制度的直接法律渊源弊端在于，这是一种海关系统内的自我授权性法律渊源，目的在于公告海关系统制度安排的具体情况并要求海关系统依照实施，但这往往需要结合海关系统的相关政策、会议纪要、内部行政命令等加以理解，而这些辅助性的材料对贸易商而言往往是不公开、不易获取的。[①] 另外，海关总署的公告灵活性强而稳定性差，也就客观上造成了贸易商对制度规则和海关的交易行为的可预测性降低，制度的透明度下降。制度的透明度下降直接导致这一制度下贸易商参与交易的过程中交易的不确定性提升，交易成本升高。

第三，海关权力的膨胀趋势会增加权力寻租的风险，造成交易成本升高。海关系统自身对通关便利化法律制度法源的主导，尤其是以灵活性强、透明度低、可预测性低的非正式法源——海关总署公告为主导，会增加海关权力膨胀以及由此带来的新制度运行中权力寻租的风险。全国通关一体化改革的创新价值之一就在于统一上收各关区隶属海关的裁量权，统一进行风险甄别和现场布控，统一现场执法标准以避免权力寻租。但是就主体角度而言，这是海关作为一方交易主体其系统内的权力整合，海关对贸易商的权限依旧庞大而且海关系统外制约较弱；另外，即便海关总署会形成对各关区隶属海关权力寻租风险的规制，但考虑到海关在通关交易中的行政主体本位，依旧难以避免现场海关在执法中的拖延或者变相拖延等寻租问题，从而导致交易成本提升。

第四，受传统理念影响，海关在通关便利化法律制度中的行政主体本位，往往增加了海关与贸易商之间的博弈和对抗。行政主体本位的通关便利化法律制度中，海关实际上在对贸易商单方施加强制影响和控制，这种强制影响和控制往往会造成贸易商的对抗和反弹。一方面，机会主义的侥幸心理往往会导致个别贸易商铤而走险规避海关的强制影响和控制，增加海关的执法成本；另一方面，个别贸易商会采用贿赂等不法手段试图减轻海关的强制影响和控制，从而造成执法和贸易成本增高。

---

① 参见朱秋沅：《国际海关法研究》，法律出版社 2011 年版，第 163 页。

（三）制度变迁中的摩擦成本较高

所谓摩擦成本一般可以认为是交易的过程中因为一些外在因素的影响而使得原本可以顺利的过程不够顺利而产生的额外成本，也可以理解为一种外在因素作用后本可避免却无法避免的磨合成本。[①] 我国海关通关便利化法律制度变迁的过程中，新制度仍旧由旧有的海关机构（制度主体）和执法人员予以运行实施。[②] 旧有的海关机构和执法人员受到"海关对制度法源主导"以及"行政主体本位制度理念"的路径依赖影响，往往会产生一些制度变迁中的摩擦成本，从而导致变迁的交易成本提升。

这种摩擦成本主要表现为新制度与旧制度在进行更迭的过程中，海关对制度规则主导与制度行政主体本位的"守旧"与制度法源结构和制度主体结构"创新"之间摩擦的成本。可以说，随着海关系统在历次制度变迁中对制度规则创设的主导以及行政主体本位理念的强化，每一次对制度法源结构和制度主体结构"创新"的努力都会带来摩擦，而且随着路径依赖的自我强化，这种摩擦带来的成本会逐渐增加。

二、制度变迁的推进较为迟缓

（一）关企之间的平等关系发展较为迟缓

关企之间建立平等合作、互信互赖的法律关系有利于更进一步推进通关便利化发展，进一步释放制度活力，进一步提升通关和贸易效率。世界海关组织《标准框架》指出："海关可以依靠商业伙伴对贸易环节中存在的风险因素进行评估和识别，从这一程度上讲，海关面临的风险降低了。因此，那些愿意加强供应链安全的企业将自身受益。最大限度地降低风险可以帮助海关在行使安全职能的同时便利合法贸易。"[③]海关通关便利化法律制度变迁中海

---

① 参见卢现祥主编：《新制度经济学》（第 2 版），武汉大学出版社 2011 年版，第 317 页。

② 参见朱京安：《中国外贸法律制度变迁研究：以制度主义为视角》，人民出版社 2008 年版，第 272 页。

③ 北京睿库贸易安全及便利化研究中心：《世界海关组织贸易安全与便利标准框架（中译本）》，载北京睿库贸易安全及便利化研究中心官网，https://www.re-code.org/upload/file/20180717/1531796239670095219.pdf。

关对制度法源的主导以及海关行政主体本位的路径依赖,在很大程度上阻碍了关企之间平等法律关系的发展进程。这主要有以下几方面原因。

第一,海关对通关便利化法律制度渊源的主导,在实质上导致了关企之间难以实现完全意义上的法律地位平等。在通关便利化法律关系中,在制度经济学意义上交易的过程中,海关既是交易的一方主体更是交易规则的主导主体,贸易商对交易规则的干预和影响在客观能力和实际效果上都是较弱的,如此一来,海关强于贸易商的主体地位不言而喻。[①] 同时,海关相较于贸易商能够更好地理解、运用制度规则,这也使贸易商更加弱势。

第二,海关对通关便利化法律制度渊源的主导,会不断扩大制度渊源并巩固加强海关在通关便利化法律制度中的行政主体本位,贸易商的地位总会相对弱化,使得平等关系的建立越发迟缓。也就是说,当前制度变迁中海关对制度法源的主导以及海关对制度实施的把控在很大程度上扩大了海关与贸易商之间的地位悬殊,延缓了二者平等关系发展的进程。

第三,海关在通关便利化法律制度中的行政主体本位理念强化了海关执法者的优越感,阻碍了关企合作型通关便利化法律制度的发展。海关对制度规则的主导以及在制度实施中把控者地位的巩固强化,都会使海关的执法者在具体的通关交易过程中,获得相较于贸易商而言更为强势的优越感,也就是说,事实上以及制度安排上海关地位高于贸易商地位,很可能增加海关执法者对自己“地位高”的主观情感认同,并反映在具体的执法关系当中。这在一定程度上会导致海关与贸易商之间的平等互信受到阻碍,二者之间具体的通关活动中可能会有更多的冲突和对抗,从而导致以互信为基础的关企平等合作关系建立变得迟缓。

(二)现代化海关制度理念发展较为迟缓

现代化海关制度理念应当是通过海关制度规范和约束海关职责的履行和权力的运用,使海关作为国际贸易的枢纽,能够更加高效地保障贸易安全,推进贸易自由,实现贸易便利化。[②] 从这个意义上讲,我国海关通关便利化法

---

① 参见王瑜、黄胜强:《海关与企业间关系:内涵、模式与路径构建》,载《海关与经贸研究》2021年第1期。

② 参见张鹏:《规范海关权力运行,完善行政执法与刑事司法的衔接》,载陈晖主编:《海关法评论》第9卷,法律出版社2020年版。

律制度所应树立的制度理念，是通过这样的法律制度为海关与贸易商建立国际贸易管理的制度框架：在这个框架下，贸易商依法履行法律义务，依法获得法律权利保障；海关依法履行职责并规范权力的运用，最终更好地、更高效地维系国际贸易安全、服务国际贸易自由，实现贸易便利。然而，海关对通关便利化法律制度法源的主导以及在制度中的行政主体本位，在很大程度上阻碍了这一现代化海关制度理念的实现。

首先，海关作为通关便利化法律制度法源的主导者，难以高效地建立一个规范约束自身权力，强化贸易商权利保障的制度框架。海关作为制度法源或者制度规则的主导者，对于自身权力的规范和约束，往往是海关系统内部总署对各级海关的规范约束。这种系统内约束可以在一定程度上发挥规范权力运行的效果，但是相较于凭借法律、行政法规等外部法源约束规范海关权力而言，内部约束的效率可能相对较低。海关系统自身对权力的规范约束往往发挥的是创新权力运行方式、整合权力行使程序等功能，一般并不会直接对贸易商在通关便利化法律关系中的权利强化保护。易言之，海关系统自身对权力的规范约束，是海关体制内部上级对下级的权力管理和权力整合，而非通过配置贸易商相对人法律权利来约束自身的海关权力体系。

其次，受到行政主体本位制度理念的影响，海关在通关便利化法律制度实施中的把控者地位，致使海关更倾向于纵向管控国际贸易控制贸易要素流动而非横向地服务国际贸易及其要素流动。也就是说，海关对通关便利化法律关系的理解与实践更倾向于在海关行政管理的逻辑下优化海关把控方式，高效管理贸易，而非与贸易商以互信互赖为基础平等合作、减少对抗博弈以便利贸易。

（三）海关权力的外部制约发展较为迟缓

海关权力的外部制约主要来自两个方面：一方面，法律与行政法规等海关系统外部法律渊源制约海关系统法律渊源，从而形成海关权力制约；另一方面，国家监察体制对海关执法权力的制约是法律监督意义上对海关权力的制约。海关权力的外部制约有利于约束海关权力膨胀带来的权力寻租风险，有利于强化海关权力的有限规范行使，最终有利于避免权力滥用对通关便利化的阻碍。但是,基于海关对通关便利化法律制度法律渊源的主导,海关权力的外部制约发展可能较为迟缓。

首先,法律和行政法规等外部法源对海关系统法源创制的授权,在很大程度上赋予了海关主导制度法律渊源的合法地位,同时减缓了海关权力外部法源制约的发展进程。长期以来,国家法律对制度的部署主要是简明扼要的原则规范;行政法规尽管进一步具体细化制度框架,但仍对诸多细节问题授权海关以各种形式的法律渊源加以细化完善。需要注意的是,细节才是通关活动的关键。海关与贸易商的通关交易过程正是由无数个细节构成的,也正是由对无数个细节规范的援引和适用串联起来的。细节的标准、尺度和规则主要来自海关的法律渊源,这自然形成了实质意义上海关对制度法源的主导。这种主导不仅因为海关系统法源的数量庞大,也因为海关系统法源构成的都是制度框架中的各种细节。因此,法律、行政法规赋予海关对制度框架细化完善的法源创设权,这在很大程度上使海关主导通关便利化法律制度法源获得合法地位,甚至获得一种理所当然的地位。海关主导了制度的法源并且不断强化这种主导,相对应的海关系统外部法源对海关权力的制约发展也就相对迟缓了。

其次,法律和行政法规等外部法源受到海关系统的法律渊源的影响是较为显著的。海关系统基于自身专业化的特点,同时考虑到其是通关活动中的一线参与主体,一方面,海关创设的通关便利化法律制度的法源在很大程度上能够嗣后得到国家法律和行政法规的认可,进而后续为最高国家权力机关和国务院上升转化为国家法律和行政法规的法源形式;另一方面,在最高国家权力机关和国务院制定法律、行政法规的过程中,海关作为通关便利化法律制度实施的把控者,会在很大程度上从实体和程序两方面参与到法律和行政法规的创设中。① 从这两个方面讲,即使是法律、行政法规等外部法源,其受到海关的影响也是不容忽视的,这也会导致外部法源对海关权力的制约往往是有限且进程缓慢的。

① 根据国务院办公厅《关于印发海关总署主要职责内设机构和人员编制规定的通知》,海关总署的"主要职责"第一项即为"拟订海关工作的重大政策,起草相关法律法规草案,制定部门规章,参与拟订与海关工作相关的进出口、税收、外汇等政策"。

最后,国家监察体制主要针对执法者本身的职务违法行为形成法律监督;①但是,对于海关作为一种行政主体在自身系统创设的法律渊源下的权力膨胀,其制约性是有限的。也就是说,国家监察体制主要针对通关便利化法律制度框架下海关公职人员的执法活动进行法律监督,对违反制度框架规则失职失责的执法者追究政治、法律责任。但是,海关在制度框架搭建过程中的绝对影响力、对法源的主导以及对制度实施的把控,以及海关作为一个系统在通关关系中权力的膨胀等一系列问题,似乎并不在国家监察体制的法律监督范畴当中。

三、制度变迁易陷入方向锁定

制度变迁的方向是对既有制度发展轨迹的梳理并以此为依据对未来制度发展走势的研判。制度的创新发展应当不断释放制度活力,将制度灵活地构建在交易活动中并为约束交易成本提供方便。制度变迁的路径依赖一旦不断自我强化达到一定程度,便会产生“锁定”的现象,即“偶然因素使某一方案被系统采纳后,收益递增阻止其他外部因素的干扰或被其他方案代替”②。如果制度的发展方向陷入锁定,则会在很大程度上束缚制度活力的释放,阻碍制度变迁的效率,导致制度沿着某种低效的轨迹不断徘徊。③ 我国海关通关便利化法律制度中,海关作为制度法律渊源的主导者和制度运行中的主控者,这种路径依赖现象往往会导致我国海关通关便利化法律制度在未来的发展中陷入一种方向性锁定,也即继续朝着一定的方向发展下去,而且随着路径依赖的自我强化,这种方向性锁定也会越发难以转向。

(一)制度变迁陷入一种由海关牵引制度法律渊源发展的方向性锁定

首先,海关凭借对制度规则的细化创新在边际上牵引制度发展方向。海

---

① 《监察法》第3条:各级监察委员会是行使国家监察职能的专责机关,依照该法对所有行使公权力的公职人员进行监察,调查职务违法和职务犯罪,开展廉政建设和反腐败工作,维护宪法和法律的尊严。

② 袁庆明:《新制度经济学》,中国发展出版社2005年版,第311页。

③ 参见卢现祥主编:《新制度经济学》(第2版),武汉大学出版社2011年版,第189页。

关系统对通关便利化法律制度法律渊源的主导体现如下：一方面，通过对法律、行政法规等制度法律渊源的细化，在制度规则的边际上引导制度向海关预期的方向发展；另一方面，更为明显的是，海关可以直接通过系统自身的法律渊源（如海关总署的部门规章以及公告性行政规范性文件等）探索创设新的通关便利化法律制度并组织实施，直接引导制度在边际上朝着既定目标发展。

其次，海关凭借对制度的专业能力来影响外部法律渊源的发展方向。一方面，海关基于自身对通关便利化法律制度的专业基础和实践基础，在很大程度上可以凭借在法律、行政法规制定中实质上的建议权，来影响制度外部法源的形成。这是国务院办公厅《关于印发海关总署主要职责内设机构和人员编制规定的通知》规定的海关总署等的主要职责。另一方面，基于法律、行政法规和海关系统自身法律渊源之间的转化关系，海关当前自身的法律渊源，尽管多为非正式法律渊源，但是在实践成熟后仍可以在很大程度上被国家权力机关和国务院认可，从而上升转化为法律和行政法规的制度规则，最终实现对外部法源发展方向的牵引。

（二）制度变迁陷入一种海关系统自我革新和创新发展的方向性锁定

首先，通关便利化法律制度的变迁和创新发展逐步成为海关系统单侧的体制机制和监管措施革新。海关是通关便利化法律制度法源的主导者，并且这种主导的能力和影响力还在不断加强；在行政主体本位的制度理念之下，海关也是长期以来我国通关便利化法律制度中的本位行政主体，而且也有渐强的发展趋势。这两种路径依赖现象相互交织、互相强化，导致海关通关便利化法律制度的变迁逐步发展为一种海关对自身体制机制建设以及对自身管理能力强化的改革，导致原本作为海关与贸易商之间通关交易的便利化法律制度，实质上成为海关据以增强自身交易能力的工具，成为海关系统自我变革的依托。尽管这种发展方向在一定程度上也能够为通关提供一定的便利，但是制度的走向似乎与制度的初衷并不契合。

其次，通关便利化法律制度的变迁和创新发展逐步成为海关系统强化自身在通关活动中地位的制度方式。一方面，通过制度变迁，海关不断强化自身在通关活动中的中心地位，更加要求贸易商在通关的事前、事中和事后依法严格、规范地配合海关执法；另一方面，通过制度变迁，海关不断推进关企之间不平等的实施和法律地位，即在事实上海关基于对制度规则和通关信息的优势地位已经优越于贸易商，而在法律上通过以海关为主体本位的制度框架使贸易商处于被动服从地位，最终使关企关系更加地向海关倾斜，海关的地位更高。

四、制度变迁将产生逆向选择

制度变迁实际上是一种制度选择的演化过程，这种制度选择实际上是路径依赖的结果。制度变迁总是在旧有制度的基础上形成新制度，[①]制度变迁的长期轨迹会对后续新制度的变迁进行轨迹选择，从而决定了新制度的样态。原本路径依赖作为一种价值无涉的选择过程，本身对制度仅客观中性地依据既有轨迹进行选择，但是基于其中既得利益的催动以及制度的自我扩张，制度变迁中的路径依赖对制度的选择也就具有了“价值选择”的特点，即以既得利益的好恶进行价值取舍，制度的变迁更倾向于选择出对既得利益的巩固更为有利的制度样态或者尽可能留下对既得利益有利的制度样态，尽可能去掉对既得利益不利的制度样态。这就可能导致制度变迁在路径依赖的过程中，非但不能选择出更高效的制度样态，反而有可能选出低效的甚至相反方向的制度样态，即出现逆向选择。我国海关通关便利化法律制度变迁的过程中由于海关的法律地位和对制度框架的实质影响不断增强，其中的既得利益越发明显，制度变迁将更朝着对海关有利的方向发展，可能出现一些逆向选择的现象。

（一）可能导致制度框架的透明度降低

海关通关便利化法律制度的变迁本来是期望不断进行高效便利的制度选择，[②]通过制度选择不断增进制度透明度，约束矫正关企之间的信息不对

---

① 参见汪洪涛：《制度经济学：制度及制度变迁性质解释》（第 2 版），复旦大学出版社 2009 年版，第 67 页。

② 参见胡乐明、刘刚：《新制度经济学》，中国经济出版社 2009 年版，第 295 页。

称。但囿于制度变迁过程中明显的路径依赖现象,极有可能出现制度变迁发生后制度透明度反而降低的逆向选择问题。一是海关对制度框架法律渊源的主导致使海关系统大量的内部文件等充斥其中,成为制度规则的重要参考依据,而贸易商对此的可获得性、易获得性很低,在一定程度上造成制度框架透明度降低。[①] 二是海关对制度框架具有近乎单方面的调整和革新的权力或者实质影响力,从而使贸易商对制度规则发展的可预测性相对降低。三是海关对制度框架具有绝对强大的解释权力和能力,这也使实质含义的制度规则对贸易商而言透明度较低。四是海关系统的非正式法律渊源成为制度法源的主导,使贸易商对灵活多变且创制程序相较于立法更简化的制度规制的可预测性降低。

(二)可能导致关企之间的摩擦增加

海关通关便利化法律制度变迁的目标在于约束关企交易,减少关企对抗和摩擦,实现通关便利。明显的路径依赖现象可能导致关企之间出现摩擦增加的逆向选择问题。一是海关与贸易商之间可能就制度框架有关规则的创制增加摩擦。这主要是由于关企在制度创制中的地位不平等,贸易商几乎不具有参与的能力和保障,因此极易形成摩擦。二是海关与贸易商之间可能就制度框架有关规则的理解增加摩擦。这主要是由于海关对通关便利化法律制度的法源以及规则的主导,导致贸易商对法源和规则的生成过程影响不足,同时由于后期对制度框架、法源以及规则的信息交流不充分,因此在依据适用规则进行通关交易的过程中可能形成海关和贸易商对规则的不同理解,产生交易中的关企摩擦。三是海关与贸易商之间可能在制度实施的过程中增加摩擦和博弈。海关对制度法源的主导以及制度实施的把控,可能使贸易商在“机会主义”心理的作用下,[②]寻求逃避监管或“走后门”“托关系”等潜在交易方式试图投机取巧地约束成本,从而增加了正常通关活动之外的摩擦和博弈。

---

① 参见朱秋沅:《国际海关法研究》,法律出版社 2011 年版,第 163 页。

② 参见卢现祥主编:《新制度经济学》(第 2 版),武汉大学出版社 2011 年版,第 33 页。

第五章

完善我国海关通关便利化法律制度的建议

我国海关通关便利化法律制度在新中国成立以来特别是改革开放以来确立的通关制度基本模式基础上,历经海关现代化改革尤其是海关全面深化改革的发展完善,逐步确立了诸如风险管理理念下分类通关、无纸化通关、“双随机”查验、全国通关一体化、关检融合、“两步申报”以及跨境电商零售贸易通关等一系列便利化的制度措施;在当前宏观的制度供给方面、微观的制度设计实施成本方面以及长期历史观下的制度变迁方面,尽管取得了一系列不容忽视的制度发展成就,但同时存在制度供给不充足,制度设计实施成本偏高以及制度变迁的路径依赖现象明显等制度主义视角下不容忽视的问题。在当前世界经济形势发生变化以及多边经贸体制面临秩序性规则重构的时代背景下,①无论是世界贸易组织法、世界海关组织法对海关通关便利化法律制度安排的国际协调,抑或我国关于“一带一路”倡议发展以及区域性自由贸易体制的创新,无不对海关通关便利化法律制度的创新发展和完善提出了重要要求。为此,我们应当汲取我国海关通关便利化法律制度长期发展过程中取得的制度成就之精华,摒弃长期以来我国海关通关便利化法律制度发展过程中制度问题之糟粕,②从通关便利化法治主义的基本点出发,运用制度主义的理论工具对我国现行以及未来的海关通关便利化法律制度进行完善,以不断约束制度成本、提升制度效果、增强制度供给,满足我国外贸发展的现实需求,突破制度变迁过程中路径依赖问题的束缚以最大化地释放制度活力。

---

① 参见雷达、初晓:《国际经济秩序演变与百年未有之大变局》,载《国际商务研究》2021 年第 1 期。

② 参见朱京安:《中国外贸法律制度变迁研究:以制度主义为视角》,人民出版社 2008 年版,第 223 页。

第一节 我国海关通关便利化法律制度完善的总体思路

我国海关通关便利化法律制度的完善是一项长期任务也是一项系统工程。总体上讲,我国海关通关便利化法律制度的完善思路是"以法治主义为核心,以制度主义的理论工具为手段"。一方面,通过法治主义下的立法和法律实施安排,强化树立我国海关通关便利化法律制度在通关关系调整和便利化价值实现过程中的核心权威性,明确制度主义的理论工具在运用过程中要始终保持法治核心的贯彻落实,制度主义的理论工具需要为法律制度而非一般意义上的其他制度的铺设安排服务。另一方面,将制度主义的理论工具作为我国海关通关便利化法律制度完善的手段,为制度的完善指明具体的方向并提供理论支撑。

一、以法治主义为核心

法治,即"依法而治",强调民主、人权以及自由平等的价值目标,强调法律在社会政治经济生活中的主导地位,法律具有至高无上的权威和力量;在同权力的关系方面,强调法律对权力的约束和限制,奉行"法律支配权力"。[①]我国海关通关便利化法律制度完善应以法治主义为核心,即依法建关、依法治关、依法通关,明确法治海关的理念,[②]树立"法"在通关便利化法律制度的供给、设计实施以及发展变迁过程中的权威地位。法治主义下的海关通关便利化法律制度,能够有效保障制度的确定性、权威性和透明度,这在根本上契合了通关便利化法律制度本身对"便利化"价值的内生需求,能够对海关的执

① 参见杨磊、吴斌主编:《法理学》,浙江大学出版社2007年版,第350~351页。

② 参见许宗茂、曾虎:《新形势下推进法治海关建设研究:海关法治建设的回顾与展望》,载《海关与经贸研究》2018年第5期。

法和贸易商的守法形成有效制约,也为我国海关通关便利化法律制度进一步同国际对接合作奠定了坚实的法治基础保障。确立法治在我国海关通关便利化法律制度完善中的核心地位,一是要强化通关便利化法律制度的立法发展;二是要强化通关便利化法律制度立法与法律实施相辅相成。

(一)强化通关便利化法律制度的立法发展

立法是法治的前提基础和重要保障。立法的质量在很大程度上决定了法治化的发展效果和实际水平。[①] 我国海关通关便利化法律制度的完善以法治化为核心,应当积极发挥立法在制度建设、创新、发展和完善过程中的引领保障作用,依托立法供给制度、依托立法设计制度(进行规范塑造)、依托立法为制度实施搭建框架。以立法为海关通关便利化法律制度发展和完善的引领保障,这既是我国全面依法治国,"凡属重大改革必须于法有据"的必然要求,[②]是国际海关通关便利化法律制度安排的通行实践,更是法律制度解决"便利化"的交易效率问题的内生关键。强化通关便利化法律制度的立法发展,核心是要强化制度本身在正式法源下的法律规范化(而非政策、习惯规范化):一方面,要强化通关便利化政策的法律规范化;另一方面,要强化通关便利化习惯经验的法律规范化,从而在根本上树立立法以及成文法型法律制度在通关便利化法律制度体系中突出的主导地位。

1. 强化通关便利化政策的法律规范化

政策作为一种决策者进行行为决策的宏观部署安排以及一种重要的非正式法律渊源,在我国海关通关便利化法律制度体系中的地位和现实影响都十分大。尽管政策本身具有灵活性、应急性强的优势,[③]同时能够契合海关作为法律制度实施主体的内部政策偏好心理,但是政策型法律制度本身的法律权威性低、透明度低、稳定性差等问题以及制度形式过度依赖政策,"政策代法"下政策进入法治体系直接作为制度创新和制度实施的法律依据的效力来

---

① 参见宋方青:《习近平法治思想中的立法原则》,载《东方法学》2021 年第 2 期。

② 参见新华社:《凡属重大改革都要于法有据——全国人大有关负责人就人大立法和监督工作答记者问》,载中国人大网,http://www.npc.gov.cn/zgrdw/npc/xinwen/2014-03/10/content_1847380.htm。

③ 参见章戎编著:《法理学原论》,云南大学出版社 2007 年版,第 123 页。

源问题,最终会对制度本身的绩效产生消极影响。为此,我国海关通关便利化法律制度的完善应当格外注重政策的法律规范化发展,强化通关便利化法律制度的政策向法律规范的转化机制,通过一定的形式和程序,将政策转化为法律规范,用明确、稳定和权威的法律规范,进行通关便利化法律制度发展的法治引领和顶层设计,发挥法律规范在制度设计、创新过程中的核心主导作用。

2.强化通关便利化习惯经验的法律规范化

习惯经验是行为主体长期反复并在主观上接受或认可的实践做法,是具有行为约束能力的一种抽象、虚拟的行为规则。尽管习惯经验是一种抽象的行为约束,但对我国海关通关便利化法律制度的设计实施和发展变迁产生了深远的影响。[①] 法治主义之下海关通关便利化法律制度的发展完善,应当注意像习惯这样的非正式制度对法治的意义。[②] 从制度发展的整体上讲,海关系统乃至整个立法群体长期的制度习惯经验在很大程度上决定了制度发展的模式、理念和价值偏好,并对后续制度的发展创新形成了潜移默化的约束性影响;[③]从制度实施的微观上讲,海关和贸易商在实施通关便利化法律制度的过程中不断反复形成的习惯经验,特别是基于一定的现行制度规则形成的对规则的理解、运用的习惯经验往往会成为二者进行现实通关交易的直接行为准则,也即习惯性的非正式制度对行为选择的约束。[④] 这种习惯经验的行为准则一旦偏离制度规则的初衷和价值约束极有可能发展成为制度实施过程中的“潜规则”,从而导致潜在交易,贸易商“走后门”“托关系”,以及海关权力寻租等问题的出现。我国海关通关便利化法律制度的法治化发展中,强化以立法为核心的制度完善必须注重制度习惯经验的法律规范化:一方面,制度的创新发展应当法律规范化,通过严格的立法构建制度创新发展的方向和原则框架,以明确的法律规范尽可能地突破抽象的制度习惯经验对制度发展的束缚,避免长期的路径依赖与既得利益之间相互增进;另一方面,制度的

① 参见伍装:《非正式制度论》,上海财经大学出版社 2011 年版,第 54 页。

② 参见公丕祥主编:《法理学》(第 2 版),复旦大学出版社 2008 年版,第 207 页。

③ 参见汪洪涛:《制度经济学:制度及制度变迁性质解释》(第 2 版),复旦大学出版社 2009 年版,第 67 页。

④ 参见唐绍欣:《非正式制度经济学》,山东大学出版社 2010 年版,第 58 页。

实施应当法律规范化，通过具体细致的立法构建制度实施的标准、细则和行为要求，非必要不授予制度实施主体过宽的自由裁量空间，尽可能地约束制度实施过程中的潜在交易带来的权力寻租和腐败问题。

（二）通关便利化法律制度的立法与法律实施相辅相成

通常从法的运行的视角，可将立法、执法、司法、法律监督和守法这五个环节视为动态的法的运行过程，并通常将立法称为法的制定，将执法、司法、法律监督和守法称为法的实施。[①] 法律实施是通关便利化法律制度完善的关键点和落脚点。可以这样讲，我们致力于完善我国海关通关便利化法律制度，最终就是要在制度的高效实施过程中解决通关过程高成本、不便捷的现实问题。从总体上讲，我们在树立通关便利化法律制度法治化完善的基本思路下，通关便利化法律制度的实施应当与立法相辅相成，突破制度供给不足、执法低效和权利保障高成本的瓶颈，以立法为“体”，以法律实施为“用”，体用结合、相互促进。

1. 立法与法律实施相联动解决制度源头供给不足的问题

首先，要建立一种从通关便利化法律实施到立法的“自下而上”的体制机制，解决传统单一主要“自上而下”输出立法后与现实脱节、法律规则对现实的照应性滞后的局限问题。从实践中来上升为国家法律制度的做法能够在一定程度上对制度供给主体积极辨识外部环境需求形成积极效用。

其次，通过立法程序的改革探索提升立法效率，增进立法本身对法律实施尤其是海关执法的规范约束，突破传统立法搭建原则性框架后，大量授权海关行政立法细化规则从而导致制度规则和探索创新权限下沉的窠臼。凡属制度规则、制度标准应当在海关提出建议后尽快转换成为外部法律渊源，增进对海关执法体系的外部法源约束，避免制度规则主导权的自我强化产生的一系列法律实施特别是海关执法的低效问题。

2. 行政体制实行立法创新解决现实执法低效的问题

我国海关通关便利化法律制度完善过程中的行政体制创新主要包括行政理念的创新、行政方式的创新、行政模式的创新以及尤为关键的行政法律

---

① 参见刘鹏：《法律实施的基本范畴论纲》，载《江汉论坛》2017 年第 6 期。

关系即关企关系的创新。为有效应对解决海关单侧主导行政体制改革完善对通关便利化法律制度发展创新的局限,应当强化立法,主要是海关系统外部的国家法律、行政法规对海关执法体制创新的勾画和细化完善。

第一,通过立法加强海关通关执法理念的创新突破,树立服务型海关通关发展的理念,以保障贸易安全为通关执法的基础,以促进贸便利化服务为通关执法的发展方向。

第二,通过立法明确现代化海关通关执法方式,包括无纸化作业、人工智能识别技术、电子信息化平台技术等在海关通关执法方式中的明确法律地位,促进海关现代化执法方式的发展。

第三,通过立法明确通关一体化、关检融合等现代化海关通关执法模式的法律地位,将传统上和实践中的通关执法模式尽快吸纳并体现在我国海关法律和行政法规之中。

第四,加强立法对海关执法标准的规范和约束,对于海关长期通关执法实践中形成的业务性、技术性标准以及有关标准的变更、废止规则等,尽快上升为国家法律、行政法规的规范组成部分或以附件形式纳入海关国家立法体系,避免具体的执法细则标准全面下沉于海关体系。

第五,通过立法加紧对海关通关执法权力的高效整合,包括海关执法权力机构的整合、执法流程的整合以及执法权限的整合,需要监管且能够集中统一办理的海关业务,绝不分散办理。同时,简化海关监管流程,能够事前、事后监管的,绝不事中干预。①

第六,通过立法明确关企合作型的平等通关法律关系在海关基本法上的地位与意义,提升包括海关经认证经营者制度在内的平等型通关法律制度法源的位阶,推广增进关企合作。

第七,在我国自贸体制创新改革过程中的自贸港区海关通关便利化法律制度创新的过程中,通过立法贯彻落实新型的"小政府 + 大市场"的关企关系,能够由企业、行业和社会应对和监管的通关事务可以授权有关行业协会办理,避免海关强制性因素在通关过程中对企业自治性事务的过分介入和干

① 参见丁友良:《比较视野下浙江自贸试验区事中事后监管体系建设研究》,载《浙江海洋大学学报(人文科学版)》2018 年第 4 期。

预,以海关“简政放权”为引领,探索经验先行先试,将我国自贸体制改革打造为全面对外开放下政府职能转变的“试验田”,诚然这正是我国自贸港区别于世界一般自贸港区的“中国特色”之所在。①

3. 通关争议解决体系的立法创新解决权利保障高成本问题

高效解决关企之间通关交易过程中的行政争议,避免高成本的争议解决对通关效率的束缚,充分保障贸易商在通关过程中的合法权益,本身是我国海关通关便利化法律制度立法和实施中的重要一环。

首先,加强立法本身对贸易商通关法律权利的保障,避免立法过度将贸易商预设为潜在违法者进行博弈,也应强化对海关权力的约束限制,防止权力的滥用。

其次,通过立法着力打造海关行政争议的线上纠纷解决机制,以当前北京、杭州和广州等互联网法院模式为参考,对接我国“互联网 + 海关”线上政务办理模式,探索海关通关行政争议在线解决(Online Dispute Resolution,ODR)机制实施的可行性。

最后,通过立法进一步发挥贸易商群体行业组织协会的社会性功能,以行业整体为单位、行业协会为代表,加强同海关间的合作对话交流,促进互信互赖,最大限度地避免通关过程中关企行政争议的产生;同时,探索海关与行业协会联席调处关企行政争议的非正式纠纷解决方式,避免后续行政复议、诉讼等法定纠纷解决方式带来的权利保护高成本问题。

二、以制度主义为抓手

(一)增强制度供给满足制度需求

第一,加强对通关便利化法律制度供给本身的制度约束。海关通关便利化法律制度供给是一项由供给主体创设、输出法律制度的活动,加强对这项活动本身的制度约束,能够尽可能地降低制度供给过程中的不确定性,为制

① 参见王晓玲:《国际经验视角下的中国特色自由贸易港建设路径研究》,载《经济学家》2019年第3期。

度供给输出指明方向，减少方向性模糊和选择集合不清晰等主客观因素导致的供给通路不畅。

第二，优化通关便利化价值理念的制度供给。法律制度的价值理念是制度的灵魂也是制度的根基。加强便利化价值理念的制度供给特别是在基本法意义上的制度供给，能够对整个制度供给系统发挥提纲挈领的作用，提高制度供给的效率。

第三，探索我国海关通关“自下而上”的法律制度供给模式。通关便利化法律制度的供给应当不断地紧密契合现实制度需求的需要。为有效解决传统“自上而下”制度供给模式存在的制度与现实脱节、制度落后于现实要求等问题，应当积极开发探索建立“自下而上”的法律制度供给保障机制，使前沿的制度需求尽快地直接走到制度的供给输出端。

（二）降低制度成本提升制度绩效

第一，强化通关便利化法律制度设计的贸易商参与机制。增强贸易商对我国海关通关便利化制度设计的参与度和了解掌握程度，矫正制度设计与实施之间因关企地位不对称形成的信息不对称、不完全产生的制度成本。

第二，推进我国海关通关便利化法律制度的法解释发展。通过制度解释的发展增强制度的价值哲学基础，统一制度思想、制度规则内涵以及制度实践标准，矫正海关系统内部上下层之间以及关企之间因制度理解的信息不对称、不完全形成的制度成本。

第三，完善“单一窗口”制度，强化海关同其他部门合作。完善“单一窗口”法律制度，增进以海关为主导的商品进出境口岸管理部门之间以及海关与境内政府部门之间的信息联动，矫正因政府部门间执法信息不对称、不完全而形成制度成本。

第四，完善以关企合作为基础的平等型通关便利化法律制度。加强关企之间的合作与互信互赖，能够减少乃至消除关企之间无谓的摩擦、博弈和对抗形成的制度成本，提升通关便利化法律制度的实施绩效。

（三）突破路径依赖释放制度活力

第一，创造通关便利化法律制度变迁的国内良性环境。通过良性的政策、经济和社会环境条件,为制度的变迁发展增添更多丰富的可能性,增进积极的优势制度因素在制度变迁过程中对制度发展轨迹和发展方向的影响力,使制度活力进一步释放。

第二,积极开展通关便利化法律制度创新的国际对标合作。通过国际对标合作,引进和吸收域外国家优势的制度经验,增进我国海关通关便利化法律制度同其他关境通关便利化法律制度的国际对接,从而使我国的海关通关便利化法律制度朝着更加积极的方向发展。

第二节　增强我国海关通关便利化法律制度的供给

一、加强对通关便利化法律制度供给本身的制度约束

我国海关通关便利化法律制度供给活动是由国家立法主体以及政策制定主体等依据既有的权限和程序有意识地创设安排有关法律制度的一种人为活动。就制度主义的视角而言,我国海关通关便利化法律制度供给也是一种正式制度或正式约束的供给。[①] 加强对我国海关通关便利化法律制度供给本身的制度约束,就是要对这种主体有意识地创设安排制度的人为活动实施必要的规范和强化,疏通制度供给过程中的症结,从而实现增强制度供给的法律和制度主义效果。

(一)明确制度供给的法源职能分工、优化制度供给的法源结构

当前,我国海关通关便利化法律制度主要依托三种类型的法律渊源进行制度供给:一是依托制定法或者成文法的形式进行制度供给,如依托我国法律、行政法规以及部门规章等形式进行制度供给;二是依托政策的形式进行制度供给,如依托我国党政机关以及海关总署颁布实施的通关改革发展政策

---

① 参见袁庆明:《新制度经济学》,中国发展出版社2005年版,第242页。

等形式进行制度供给；三是依托行政规范性文件，如海关总署的各类公告性文件等形式进行制度供给。

总体来讲，三种主要类型的法律渊源在制度供给的过程中，法律和行政法规主要搭建不同层次原则性的制度框架，党政机关的政策文件主要规划制度的发展改革方向和具体方案，海关总署的规章特别是海关总署的行政规范性公告文件则主要细化有关制度的实施细则、实施标准以及前沿性通关便利化法律制度的具体创新举措。其中，海关总署制定颁布的法律渊源在我国当前的海关通关便利化法律制度法源类型中发挥着对制度供给实质性的主导力量。①

在以不同类型的法律渊源进行海关通关便利化法律制度供给的过程中，不同法源代表了不同的权力基础、功能定位和价值导向，也分别对海关通关便利化法律制度赋予了不同含义；②而制度供给整体的法源结构和不同类型法源的比例权重，则对制度作用于海关和贸易商之间通关交易过程的实际效果具有显著的影响，这在很大程度上影响着制度供给的有效性。分工明确、清晰合理的制度法源结构能够有效地增强我国海关通关便利化法律制度的供给并对通关交易过程的高效便利发挥积极的正面影响；反之，分工笼统、模糊含混的制度法源结构，则会导致制度的有效供给受到极大阻碍，甚至会进一步加重海关与贸易商通关交易过程的信息不对称，致使便利化的通关受到更大的阻碍。为此，应当强化对不同类型法源制度供给的制度约束，进一步明确制度法源的职能分工，优化制度法源结构安排。

1. 明确国家法律在制度供给中的主导地位，增强对海关系统法源的约束

在我国《立法法》《海关法》规定的海关通关便利化法律制度供给和授权立法体系基础上，应明确国家制定法作为我国海关通关便利化法律制度供给的主导性法源，以国家法律为主、以行政法规为辅主导供给我国海关通关便利化法律制度，加强对海关系统自身凭借部门规章和行政规范性文件进行制度供给的约束，避免制度供给的主导性法源过度下沉。

具体而言，首先，全国人大常委会可以在会同国务院、海关总署后，在我国

---

① 参见金杜海关业务团队：《借〈海关法〉“大修”之际 展望中国海关进出口监管制度的发展趋势》（上），载金杜研究院，https://mp.weixin.qq.com/s/fbAt3TvRKLBKsY2gIS2ulg。

② 参见［加］罗杰·赛勒：《法律制度与法律渊源》，项焱译，武汉大学出版社2010年版，第3~6页。

《海关法》中专设海关通关便利化法律制度，以“便利化”价值为主线，明确我国海关通关便利化法律制度的基本内涵、基本原则以及包括当前我国全国通关一体化、关检融合、跨境电商零售贸易通关、关企合作（经认证经营者制度）、海关合作（口岸部门合作、国际合作）等在内的各类主要通关便利化制度模式、制度规则、制度实施细则以及制度标准。要尽量避免《海关法》对通关便利化法律制度供给仅作原则性规定后直接授权行政法规或者海关总署的部门规章另行规定的做法，尽量避免对下位法源特别是海关系统法源的过度下沉授权。①

其次，应当在《海关法》以法律形式明确构建我国海关通关便利化法律制度的系统内容中，明确强化对海关权力的约束，包括细化海关通关监管权力的类型以及行使程序、建立海关权力的专门化监察机制等，②完善对贸易商法律权利的保护，明确贸易商法律权利的类型和保障方式，增进海关同贸易商平等型通关法律关系的建立。

最后，应在我国《海关法》中建立清晰明确的授权机制，对于确有必要授权国家行政法规另行对通关便利化法律制度进行供给创设的，应当分情况加以明确授权。一方面，对于依据《海关法》规定的通关便利化制度细则和制度标准在制度实施的现实情境中仍需再进一步细化明确的，《海关法》可以规定由全国人大常委会授权国务院另行制定行政法规予以制度细化安排并及时备案，加强对行政法规细化制定实施细则的立法监督。另一方面，对于外贸环境发展变化所引起的制度调整和制度创新，在凭借制度规范解释仍无法扩

① 我国《海关法》授权海关总署对有关立法事项进行具体规定的方式主要表现为两种。一是以规定海关总署对有关事项“另行制定规则”的方式直接授权；二是以规定“有关企业依据海关总署的规定接受相关监管”的方式间接授权海关总署另行制定相关规则。这两种授权方式均是《海关法》授予海关总署对有关事项的立法权，且这种授权不属于对《立法法》第91条规定“规章制定权”的强调说明。其原因是，《立法法》第91条的“规章制定权”明确海关总署的部门规章或在上位法有规定时作“执行型”立法，或在上位法无规定时作规章，但不得为自身配置权力、减损职责、增加相对人义务等。《海关法》对海关总署的授权，主要是《海关法》对有关立法事项无规定或原则规定后，由海关总署具体规定，其中主要是配置权力和明确相对人义务，不属于“规章制定权”范畴，属于《海关法》作为国家法律的新授权。《海关法》对海关总署的两种授权方式与《立法法》第91条的“海关部门规章制定权”共同组成了海关总署立法权的成文法渊源。尽管主流观点将“授权立法”的概念主要适用于法律对行政法规的授权（参见赵一单：《央地两级授权立法的体系性思考》，载《政治与法律》2017年第1期），并以《立法法》第12—16条进行规范，但是《海关法》对海关总署的两种授权方式，直接赋予了海关总署在特定事项上的立法权，是海关总署主导制度法源结构以及权力膨胀的重要原因，有必要参引“授权立法”主流观点以及《立法法》第12—16条对《海关法》向海关总署授权作必要的规范。

② 参见张晓永：《权力约束机制研究》，人民出版社2016年版，第6～10页。

充制度含义以适应外部环境需求时,《海关法》可以规定由全国人大常委会授权国务院另行制定行政法规予以制度调整或创新探索。需要强调的是,海关通关便利化法律制度的细化权和创新权与制度的制定权是相当的、十分重要的制度供给公权力,代表了某种制度秩序的细化和创新。[①] 法律对制度细化权和创新权的授权应尽量谨慎并明确具体。由此,《海关法》应当充分明确可供全国人大常委会授权行政法规进行制度供给的具体类型和具体方式,且授权行政法规后是否可以行政法规继续授权海关总署以部门规章形式细化,仍需《海关法》和全国人大常委会加以明确。

2. 明确政策法源应受到国家制定法的约束

明确政策在进行通关便利化法律制度改革探索过程中的基本职能以及必须受到制定法约束和获得制定法授权。发挥国家制定法等成文法源在制度供给发面的主导作用,并不意味着完全忽视、摒弃政策性法源对制度供给的积极作用和影响,但也要考虑到政策法源的缺陷和不足,在制度供给时我们应对政策的制定加以必要规范和约束。[②]

一方面,我国《海关法》应当专门明确政策在海关通关便利化法律制度改革探索中的基本职能。伴随世界复杂多变的国际经贸关系格局以及我国深化外贸体制改革的时代背景,我国的海关通关便利化法律制度作为外贸管理的基础制度,也是一项不断开放创新、“只具有进行时,没有完成时”的法律制度。对此,我国《海关法》在搭建了通关便利化法律制度的系统内容后,也只是对当前已确定、已取得的制度实践成果的一种法律固定并同时上调制度供给法源的主导权的具体措施,这一制度本身仍存在制度体系边际创新的必要。对于这种制度的边际创新,除创新思路较为清晰可直接修订法律或申请法律授权制定行政法规的情况外,面对更为复杂、仍需探索的制度创新情形,则需要依托政策进行探索。因此,制度改革创新探索是政策在通关便利化法律制度供给中的基本职能。

另一方面,政策对法律制度改革创新的探索,必须在法律明确的框架界限范围内,不得逾越法律出现“以政策改法”或“政策代法”的情形。第一,

① 参见喻中:《确立秩序与保障自由:法律授权的双重价值》,载《社会主义研究》2005 年第 2 期。
② 参见杨磊、吴斌主编:《法理学》,浙江大学出版社 2007 年版,第 378 ~ 379 页。

党政机关在制定通关便利化法律制度的改革政策时，应当加强对政策文本的法律审核机制，确保政策的改革探索应集中在立法留白或法律未有相反明文规定的领域；确需对现行明文规定进行制度改革探索而制定政策的，则需要获得《海关法》和全国人大常委会的具体授权。第二，对于政策的制定应当明确其效力出处或效力来源，即政策是对何项制度内容或者何项法律规范的改革创新，避免"政出多头"导致制度改革方向的模糊。第三，政策颁布实施后即进入了制度的改革创新阶段，对于改革创新过程中能上升为国家法律规范的应尽快上升为国家法律规范，难以直接上升为国家法律规范的可在《海关法》和全国人大常委会的授权下上升为行政法规，避免通关实践中长期依托政策为制度实施依据。

3. 明确国家制定法对海关总署行政规范性文件的约束

目前，海关总署的行政规范性文件主要是海关总署制定的公告，[①]已成为我国海关制度特别是通关便利化法律制度法律渊源的主要组成，这也是当前海关主导制度法源的具体体现。为进一步加强国家法律对通关便利化法律制度的主导性，避免海关总署行政规范性文件泛化导致的制度规则、标准和实施尺度的零散，应当加紧海关总署行政规范性文件同《海关法》制定海关通关便利化法律制度之间的联系，推动总署规范性文件以恰当方式成为海关通关便利化法律制度国家制定法的组成部分。一方面，鉴于行政规范性文件是履行职责的必要手段之一，[②]海关总署可在《海关法》、全国人大常委会以及行政法规的具体授权下创设行政规范性文件，并通过行政规范性文件进行制度的实施部署以及创新探索；另一方面，海关总署在法律授权下的行政规范性文件对制度的细化创新应当在条件成熟时，尽快上升为上位法规范或者作为《海关法》或行政法规的附件，并入国家制定法体系。这种对海关总署行政规范性文件的完善主要考虑如下因素。第一，行政规范性文件的法律地位和法

---

① 《海关立法工作管理规定》第 3 条第 2 款："本规定所称海关总署规范性文件，是指海关总署制定并以海关总署公告形式对外发布的涉及行政相对人权利、义务，具有普遍约束力的文件。"

② 参见金竹：《法治政府建设背景下行政规范性文件的内部监督》，载《北京社会科学》2020 年第 12 期。

律效力来源问题较为模糊,[①]将海关总署细化创新通关便利化法律制度的行政规范性文件在法律授权下并入国家制定法体系,使海关总署的行政规范性文件成为国家制定法的一部分,是对制度法规范的延伸拓展,能够较好地赋予重要的行政规范性文件以明确的法律效力。第二,将海关总署制度细化创新的行政规范性文件并入国家制定法体系,有助于巩固国家制定法对通关便利化法律制度的主导地位,增进制定法型的制度规范与海关总署行政规范性文件的法律约束。

综上所述,将国家制定法特别是国家法律作为我国海关通关便利化法律制度供给的"主导性"法源而非仅作为当前意义上的"基本法源",同时明确政策的基本职能以及制定法对政策的约束,加紧海关总署行政规范性文件与制定法的联系,探索将行政规范性文件并入制定法组成部分,这既符合法治主义下发展完善我国海关通关便利化法律制度的原则精神,也符合通关便利化本身对通关便捷高效的内在要求,更是制度主义下有效供给通关便利化法律制度,是矫正关企间制度性不平等导致的信息不对称的关键。

(二)加强对制度供给透明度的制度约束

作为对制度供给本身的一种制度约束,确保制度供给的透明度同样是增强制度供给、确保制度充分有效作用于通关交易过程的关键。[②] 制度供给的透明度既是法治主义之下法作用于社会关系的基本要求,是法律制度的"内在道德属性";[③]同样,在制度主义的视角下,要使富有绩效的法律制度作用于交易过程并矫正交易主体双方的信息不对称、不完全,前提就是这样的制度规则(信息)本身充分透明地为双方主体平等获得。如果制度规则(信息)本身笼统模糊、体系零散庞杂,双方交易主体在制度信息面前也不能够充分且平等地获得制度规则信息,那么交易主体之间原本的信息不对称、不完全情形就会因为施加于交易活动的制度信息本身的不透明而加剧,制度非但不能约束交易成本,反而导致成本更高。因此,可以说采取措施确保制度供给的

---

① 参见金竹:《法治政府建设背景下行政规范性文件的内部监督》,载《北京社会科学》2020 年第 12 期。

② 参见卢现祥主编:《新制度经济学》(第 2 版),武汉大学出版社 2011 年版,第 151 页。

③ 参见杨磊、吴斌主编:《法理学》,浙江大学出版社 2007 年版,第 44 页。

透明度是在法治主义核心下,从制度主义的视角出发增强制度供给的一条必由之路。

提升制度供给的透明度,一方面要优化制度供给的法源形式结构,发挥公开透明的国家制定法在法源体系中的主导作用;另一方面,要对供给的制度规则本身采取措施,强化规则的系统公开且方便海关特别是贸易商主体获取。在这一点上,本书建议探索设立我国海关通关便利化法规政策的清单公示制度,即由全国人大常委会、国务院协同海关总署,对我国进出口商品通关所涉及的法规政策及时、全面、清晰地以清单化方式予以公示,以便海关执法中可以高效援引,同时贸易商可以方便查阅并知晓通关实体和程序内容的一种集中公示制度。① 通关便利化法规政策清单公示制度的核心是对通关便利化制度规则资源的系统集中化公示,方便交易主体高效获得,减少乃至消除制度本身在供给并作用于通关交易活动过程中的摩擦成本,提升制度绩效。

世界贸易组织《贸易便利化协定》第1.1条规定:“每一成员应以非歧视和易获取的方式迅速公布下列信息,以便政府、贸易商和其他利益相关方能够知晓:(a)进口、出口和过境程序(包括港口、机场和其他入境点的程序)及需要的表格和单证;(b)对进口或出口征收的或与进口或出口相关的任何种类的关税和国内税适用税率;(c)政府部门或代表政府部门对进口、出口或过境征收的或与之相关的规费和费用;(d)用于海关目的的商品归类或估价规定;(e)与原产地规则相关的普遍适用的法律、法规及行政裁决;(f)进口、出口或过境的限制或禁止;(g)针对违反进口、出口或过境程序行为的惩罚规定;(h)申诉程序;(i)与任何一国或多国缔结的与进口、出口或过境有关的协定或协定部分内容;及(j)与关税配额管理有关的程序。”这是《贸易便利化协定》的“信息公开”条款,其目标在于“便利政府、贸易商和其他利益相关方”。同时,《贸易便利化协定》第2条规定“通过互联网提供的信息”,第2.1条规定:“每一成员应通过互联网提供并在可行的限度内酌情更新下列信息:(a)关于其进口、出口和过境程序的说明,包括申诉或审查程序,从而使政府、贸易商和其他利益相关方获悉进口、出口和过境所需的实际步骤;(b)对该成员进

① 参见朱京安、王海龙:《海南自贸港通关便利化制度创新初探》,载《国际商务研究》2021年第2期。

口、自该成员出口和经该成员过境所需的表格和单证;(c)咨询点的联络信息。”第2.3条规定:“鼓励各成员通过互联网提供更多与贸易有关的信息,包括与贸易有关的立法以及第1.1条所指的其他项目。”这是《贸易便利化协定》的“易获取”条款,与第1.1条共同构成了《贸易便利化协定》的透明度规则。

与此同时,我国缔结的《区域全面经济伙伴关系协定》第四章“海关程序和贸易便利化”第5条“透明度”规定,每一缔约方应当以非歧视和易获得的方式,在可能的范围内在互联网上迅速公布下列信息,以使政府、贸易商和其他利害关系人能够知晓:(1)进口、出口和过境程序(包括港口、机场和其他入境点的程序)以及所需表格和文件;(2)对进口或出口所征收的,或与进口或出口相关的任何种类的关税和国内税的实施税率;(3)政府部门或代表政府部门对进口、出口或过境征收的或与进口、出口或过境相关的规费和费用;(4)用于海关目的的产品归类或估价规定;(5)与原产地规则相关的普遍适用的法律、法规及行政裁定;(6)进口、出口或过境的限制或禁止;(7)针对违反进口、出口或过境手续行为的惩罚规定;(8)上诉或审查程序;(9)与任何一国或多国缔结的与进口、出口或过境相关的协定或协定部分内容;(10)与关税配额管理相关的程序。特别是每一缔约方应当在可能的范围内并在适当的情况下,通过互联网提供更新下列信息:(1)关于其进口、出口和过境程序的说明,包括上诉或审查程序,从而使政府、贸易商和其他利害关系人知晓进口、出口和过境所需的实际步骤;(2)向该缔约方进口、自该缔约方出口或经该缔约方领土过境所需的表格和文件;(3)咨询点的联络信息,以及第四章第6条(咨询点)所规定的如何咨询海关事项的信息。在可能的范围内,每一缔约方在制定新的或修订现行的海关法律和法规时,应当公布或以其他方式使此类建议的新的或经修订的海关法律和法规容易获得,并向利害关系人提供对建议的海关法律和法规提出意见的合理机会,除非此类预先通知被排除。每一缔约方应当在可行的范围内,以符合其法律、法规和法律制度的方式,保证在与货物(包括过境货物)的移动、放行和通关相关的新的或修订的普遍适用的法律和法规生效之前,尽可能早地公布或以其他方式使与此类法律和法规相关的信息可公开获得,以使贸易商和其他利害关系人知晓。上述任何规定不得解释为要求以一缔约方的语言以外的其他语言公布或提供信息。该协定第7条第1项规定每一缔约方应当保证其海关程序和实践具有可预见性、一致性和透明度,并通过包括货物的快速通关在内的措施便利贸易。

我国作为《贸易便利化协定》和《区域全面经济伙伴关系协定》成员,两项国际协定的“透明度”规则是我国增强透明度制度供给的重要国际法渊源,对我国提升制度透明度、建立法规政策清单公示制度提供了重要和清晰的国际法指引。

事实上,我国在当前自贸体制改革的前沿领域已在初步探索对法规政策等制度规则资源进行集中统一公示,如2020年的《智慧海南总体方案(2020—2025年)》指出,以信息化助力法治海南建设,建立海南省统一、权威的法律、法规、规章、规范性文件数据库。探索建立我国海关通关便利化法律制度法规政策的清单公示制度,正是顺应了国家在海南自贸港对制度规则资源集中统一公示的法治发展趋势和发展思路,并进一步向前拓展的一种制度化创新。① 同时,这种制度化创新契合了通关便利化法律制度供给的内在要求,具有一定的政策导向支撑。

我国海关通关便利化法规政策清单公示制度主要包括三点:一是全国人大常委会、国务院协同海关总署对我国海关通关便利化的法规政策汇总统一公示;二是清单公示过程中,应当尽可能全流程、多层次地覆盖全部的通关便利化法规政策;三是针对法规政策的清单公示,应当配套建立关企交流机制以对公示法规政策予以释义和评估。

1. 全国人大常委会、国务院协同海关总署对我国海关通关便利化的法规政策汇总统一公示

鉴于海关总署在我国海关通关便利化法律制度制定实施过程中的核心职责,②海关总署应当作为我国通关便利化法规政策清单公示制度的主要执

① 参见朱京安、王海龙:《海南自贸港通关便利化制度创新初探》,载《国际商务研究》2021年第2期。

② 根据国务院办公厅《关于印发海关总署主要职责内设机构和人员编制规定的通知》,海关总署的主要职责中涉及法律法规和政策的职责包括:拟订海关工作的重大政策,起草相关法律法规草案,制定部门规章,参与拟订与海关工作相关的进出口、税收、外汇等政策;拟订征管制度,制定进出口商品分类目录并组织实施和解释,组织拟订进出口商品原产地规则并依法负责有关的组织实施工作;组织推动口岸“大通关”建设,会同有关部门制定口岸管理规章制度,组织拟订口岸开放的总体规划并协调实施;负责关税立法调研和起草工作,开展关税税政调研工作,对关税法律法规执法问题做出具体工作解释;负责制订海关监管和进出口企业海关稽查、报关管理、守法便利管理及海关贸易调查、市场调查等制度并组织实施;制定海关科技发展规划并组织实施,开展海关领域的国际合作与交流。

行主体。

首先,海关总署应当具体负责组织实施对有关通关便利化法规政策的清单公示工作,包括对相关法规政策的分类汇编、集中整理以及采取相应形式搭建数据库、在公示平台进行公示,同时对于法规政策的修订、调整和废止应当及时更新;全国人大常委会、国务院承担宏观指导、监督海关总署对通关便利化法规、政策进行依法公示的职责。其次,全国人大常委会、国务院可以协同海关总署制定我国海关通关便利化法规政策清单公示制度实施的具体工作方案并予以公示。再次,通关便利化的法规政策公示应当在固定、统一的电子信息平台,采用清单化的方式汇总、及时、统一公示并实时更新。最后,清单中应列出具体法规政策原文件的电子信息链接以备海关执法主体以及贸易商随时查阅。

2. 清单公示应当多层次、全流程地涵盖全部的通关法规政策

海关通关便利化法规政策的清单公示,应当尽可能地力求全面、及时、准确地公示,以保证海关执法主体和贸易商可以随时随地检索查阅所需的最新法规政策文件信息。因此,这里需要强调的是法规政策公示的多层次与全流程。

首先,"多层次"是海关通关便利化法规政策清单公示制度的形式要求,公示的法规政策应当覆盖从中央到地方、从政策到法律法规再到总署公告以及技术性标准等多个层次。其主要包括:一是国家层面或者说中央层面关于海关通关便利化部署的政策文件,如中共中央、国务院制定发布的有关政策文件;二是海关总署、其他国务院部门为贯彻中共中央、国务院有关通关政策而配套制定、发布的政策文件;三是国家层面调整我国海关通关活动的法律、行政法规和部门规章;四是对通关便利化具有一定影响的相关地方性法规和政府规章;五是海关总署制定、发布的通关便利化公告文件、技术性标准文件;六是直属、隶属海关在通关执法过程中的具体操作规程和要求文件等。

其次,"全流程"是海关通关便利化法规政策清单公示制度的实质要求,公示的法规政策应当覆盖从通关事前监管到通关事中监管再到通关事后监管的全部法规政策文件。其具体主要包括:一是通关申报主体即报关单位资质监管以及申报行为监管的法规政策和技术标准;二是有关预裁定、通关相关法律单证事前备案的法规政策和技术标准;三是海关企业信用管理的法规

政策与技术标准；四是通关申报的操作规范和技术性指导；五是有关审核、查验、税收和放行的通关法规政策与技术标准；六是对税收商品的放行后税收风险防控与稽查、核查法规政策和技术标准。

3. 建立关企间的交流机制，对清单公示的法规政策进行释义和评估

我国《海关立法工作管理规定》第 76 条规定："海关规章、海关总署规范性文件实施后，海关总署法制部门可以组织海关总署业务主管部门、直属海关对实施情况进行立法后评估，必要时也可以邀请专家学者、社会团体、行政相对人参加立法后评估。立法后评估可以采用问卷调查、座谈会、调研等方式进行。"这是目前由海关总署制定的立法后评估机制，具有一些局限性。其一，这一机制仅针对海关系统以及海关同有关部委联合制定的规章、规范性文件（公告）进行评估，范围略窄；其二，这一机制规定"可以组织"，表明该立法后评估则由海关总署自由裁量把握是否组织，自由裁量的考量因素较为模糊；其三，"必要时也可以邀请专家学者……"表明该立法后评估主要是海关系统的自我评估，海关系统觉得必要时，可以邀请专家学者等作为辅助。

鉴于以上局限性，我国海关通关便利化法规政策清单公示制度中建立关企交流机制，在现行海关立法评估的基础上，应当扩大评估对象的法规政策范围并将评估机制建立为一种"应当"机制，同时以关企交流、利益相关方参与为一般形式。

另外，我国建立关企交流机制主要解决两个方面的问题。一是对通关法规政策进行统一的规范性释义和解读，避免出现理解分歧造成通关摩擦成本的增加：（1）规范统一有关法律概念的使用；（2）明确法规政策的适用标准和条件；（3）对于有必要的，可以编制有关的法规政策释义文本以备贸易商企业、海关执法主体学习查阅。二是对公示的法规政策进行公众评估，及时听取贸易商企业等对通关法规政策的意见和建议，不断修订完善法规政策：（1）海关总署可事先制定、公布有关法规政策评估的指标和标准；（2）海关总署可以组织直属、隶属海关，以听证会、座谈会、专家论证会等方式，听取贸易商等企业代表对海关通关法规政策的意见和建议，并及时进行反馈；（3）对于较为成熟的、积极的完善建议，有关海关机关应当及时汇报给上级政策制定主体，适时地对有关法规政策进行完善。

二、优化我国海关通关便利化法律制度价值理念供给

(一)明确海关通关便利的法律制度价值内涵

海关通关便利化法律制度的价值内涵是制度塑造和输出的核心关键,以确保制度的供给构造导向统一。具体而言,海关通关便利化法律制度的价值内涵,是在法治主义要求下,海关的通关监管权力得以有效约束,贸易商的通关法律权利得以充分保障,这也是法治化的基本内涵;在制度主义的要求下,实现海关和贸易商付出较低的通关成本、实现较高的通关收益的高效率通关状态,是制度的本质目标和内在要求。法治主义和制度主义对通关便利化法律制度价值内涵的要求辩证统一。诚如学者所指出的,在宪制主义的视角下,海关权力以国家主权和利益为核心价值,以人权保障为终极价值,以效率和公平为基础价值,以法治为形式价值。海关权力以及围绕海关权力的通关便利化法律制度是多元价值的统一体,对之进行法治主义和制度主义的双重解读,是不同视角下便利化价值的殊途同归。

第一,海关通关便利化法律制度的价值内涵要求通关过程便捷高效。一方面,海关的通关监管执法和法律职责履行应便捷高效。另一方面,贸易商遵守法律规范依法行使通关权利,依法履行通关义务应当便捷高效。另外,潜在的社会主体进入通关交易领域应当便捷高效。

第二,海关通关便利化是一个关于通关的贸易安全与贸易自由价值的平衡问题。具体来讲,就是在保障贸易安全的基础上,不断约束、调整和优化海关通关的模式、方式以及关企关系结构等制度要素,减少通关过程本身对贸易自由(贸易要素自由跨境流动)的限制。

第三,海关通关便利化是一个简化单证、精简流程、整合职权以及科学管控物流的程序性问题。[①] 首先,单证是贸易商(包括报关单位)向海关申报商品进出境信息以启动海关通关监管的基本媒介。通关便利化即要求蕴含商品进出境信息的单证,包括报关单证、商业单证以及法律单证等均得到尽可

---

① 参见何力:《世界海关组织及法律制度研究》,法律出版社 2012 年版,第 171 页。

能的简化。其次，通关便利化是对海关通关基本流程环节即申报、审核（风险甄别）、查验（现场指令布控）、税收（税收征管风险防控后置于放行）以及放行等的高效重组，在精简、调整不必要的流程和环节，从而约束通关成本实现通关便捷高效。再次，整合职权即对于以海关为首的口岸管理部门和职能进行整合，减少分散碎片化的口岸管理职能对通关程序造成的高成本低效率问题。整合职权一方面是职权、机构的合并，如关检融合；另一方面是口岸管理部门的合作。最后，科学管控物流，以通关申报信息、海关企业信用管理为依托对商品进出境物流实施分类风险管理，降低对物流的过度不合理滞关导致的通关高成本。

第四，海关通关便利化是一个海关权力得以充分约束，贸易商权利得以充分保障的问题。一方面，便利化的海关通关过程中，海关的公权力应当得以充分约束，包括对海关制度供给权力的约束以及对海关制度实施权力的约束。具体来讲，海关制定通关细则、通关标准的权力应当受到约束，海关执法的程序、执法的自由裁量范围应当得到充分明确的约束，避免权力腐败、权力寻租导致的通关高成本。另一方面，贸易商的权利应当得以充分保障，即在立法中明确贸易商的法律权利和保障机制，同时在法律实施的过程中，通过海关系统内部以及司法、法律监督等方式高效率地解决关企纠纷，救济贸易商法律权利。

第五，海关通关便利化是一个海关与贸易商之间探索构建平等法律关系的问题，即扭转传统的关企行政法律关系不平等属性、不平等法律地位造成的关企之间在制度规则信息以及制度实施方面的信息不对称、信息不完全形成通关高成本的局面，探索推进关企合作互利、互信互赖的关企关系结构，降低关企对抗、摩擦形成的通关成本。

（二）将"便利化"作为通关法律制度供给的基本原则

我国在海关通关便利化法律制度供给过程中，应当以"便利化"的法律制度价值内涵为基本原则，将其贯穿于制度供给的始终。

第一，增强口岸管理职权整合的制度供给。一方面，在我国关检融合、进出境检验检疫职能划入海关的基础上，进一步考虑环保、质检、安全等进出境检验职能划入海关系统的可行方案；另一方面，考虑口岸管理部门以海关通关为基础的管理部门和管理职能合作,[①]通过口岸合作机制增进部门间的执法信息互通与联合执法。

第二,增强海关权力约束机制的制度供给。在海关制度供给的权力约束方面,首先,通过制度供给的法源结构和法源职能分工调整,增进海关通关便利化法律制度中国家法律、行政法规对制度的主导供给,增强法律、行政法规以明文规定的授权立法方式对海关总署制度供给的有效约束。其次,增进制度供给本身的透明度,加强对海关通关便利化法规政策的公示公开以方便获取途径的提供。再次,在海关制度实施的权力约束方面,加强《海关法》以及相关法律对海关权力约束型法律规范的制定和细化,增强对海关授权性法律规范的细化,避免海关在制度实施过程中自由裁量权力过大。最后,应当建立具体的海关执法的法律监督机制,加强对海关廉政建设以及权力寻租的国家监察监督。[②]

第三,增强贸易商法律权利保障的制度供给。一方面,应当在我国《海关法》专章规定通关便利化法律制度的过程中,专设有关章节规范和保护贸易商的通关法律权利,包括通关法律政策信息的知情权、参议权,通关程序环节过程中的异议权等,同时规范对贸易商法律权利明确的法律保护机制。另一方面,在传统的行政复议、行政诉讼之外,可以探索建立以行业协会为代表的关企纠纷解决机制,作为一种非正式的争议解决机制,在不排斥法定的复议诉讼程序的基础上,为贸易商和海关之间便捷高效解决纠纷疏通障碍,为尽可能高效率地保护贸易商法律权利提供一条新的路径。

第四,增强关企平等合作的制度供给。关企合作打造海关与贸易商之间平等的通关法律关系,就制度主义的视角而言,能够有效减少海关与贸易商之间的对抗、博弈和冲突等造成的交易成本,从而提升通关效率。世界海关组织《标准框架》将关企合作作为"三大支柱之一",《经修订的京都公约》总附约第六章"海关监管"中第 9 条也指出"海关应将守法的贸易者视为合作伙

---

① 参见郭永泉:《中国海关促进贸易便利化的现状和对策》,载《海关与经贸研究》2017 年第 1 期。

② 参见苏悦娟、孔祥军:《基于人性视角构建清廉海关体系的理论思考》,载《大众科技》2019 年第 1 期。

伴”。[①] 具体来讲，我国应当进一步提升关企合作制度的法源地位，在我国《海关法》专章规定海关通关便利化法律制度的过程中，专设章节规定关企合作法律制度。另外，应当扩大关企合作的范围、细化关企合作的标准，加强关企合作的国际互认安排。

三、探索我国海关通关“自下而上”的制度供给模式

为避免制度供给权限过度下沉以及现实中因上位制度供给滞后、不足出现海关、贸易商真实依据的制度规则和标准脱离法定的制度框架产生“潜规则”，本书建议探索建立明确清晰的海关通关便利化法律制度“自下而上”的制度供给模式。具体而言，以一线海关和贸易商的通关实践需求为直接引领和导向，通过一线海关和贸易商主体将制度需求明确逐级提请上位制度供给主体后，制度供给主体将现实的制度需求转化为清晰明确的制度供给，改传统“自上而下”的制度供给迎合制度需求为“自下而上”的制度需求直接引导制度供给的新模式，打通现实制度需求与上位制度供给之间的关节，增进制度供给主体对现实环境需求的准确判断，由此提升制度供给与制度需求之间的契合度，从而保障制度供给的充足有效。

（一）全国人大常委会或国务院可授权海关总署开展制度创新实践

“自下而上”的制度供给模式应当首先明确划定制度需求的领域、范围，以便一线需求能够更具针对性地上达制度供给主体以完成精确的制度转化。为此，在开展“自下而上”的制度供给模式时，全国人大常委会或国务院应当通过国家法律或行政法规的方式，明确授权海关总署领导全国直属、隶属海关以及自贸试验区、自贸港海关开展一线通关便利化法律制度创新探索。这项法律或行政法规授权应当明确以下几点要求。

第一，“自下而上”的通关便利化法律制度供给模式应当明文规定在《海关法》中，并明确全国人大常委会或经《海关法》授权的行政法规可对海关总

---

① 参见李延等主编、海关总署国际合作司编：《关于简化和协调海关制度的国际公约（京都公约）总附约和专项赴约指南》，中国海关出版社2003年版，第90页。

署授权开展制度创新。这是在海关基本法意义上,赋予“自下而上”的制度供给模式以及有关的授权创新以法律地位和法律效力。需要强调的是,“自下而上”的制度供给模式中法律、行政法规对海关总署的授权创新,不同于传统意义上海关总署对通关便利化法律制度的探索方式。传统上海关总署领导全国海关对制度的创新无外乎依据国家有关政策的部署,或者根据法律、行政法规中的“责成海关总署另行规定”的要求,或者依据立法法上下位法之间下位法对上位法的细化等进行制度细化创新。这三种方式的共同问题在于海关总署制度创新的上位依据或者授权依据较为模糊,海关总署在制度创新中的权限过宽,尽管可以有助于大胆尝试,但由于源自上位法的明确约束有限以及海关总署的制度创新后未能及时上升为上位法制度,故我国海关通关便利化法律制度的直接、具体制度内容供给主要由海关总署主导完成,从而我国海关通关便利化法律制度供给的主导权实质上由法律向海关系统下沉,海关系统既作为制度的主要实施主体又作为制度的实质主要供给主体,不利于通关便利化的实现。“自下而上”的制度供给模式强调海关法以及行政法规对海关总署制度创新的授权,通过明确的授权依据以及后续的“自下而上”的制度转化,在一定程度上约束海关系统对制度供给的主导,避免制度供给权力过于下沉。

第二,全国人大常委会或国务院授权海关总署开展制度创新的,应当对授权的通关便利化制度创新的事项范围、创新探索的实践区域,有关实践探索的阶段性成果公示方式以及授权的时间范围加以明确。例如,全国人大常委会或国务院可以通过法律、行政法规授权海关总署开展通关模式、通关执法方式、关企合作模式、海关机构职能整合、自贸试验区(自贸港)便利化通关等制度改革创新,授权其在有关制度创新实践范围内突破有关《海关法》的通关制度规则。需要注意的是,海关的通关便利化法律制度创新是对商品进出境通关管理的创新,不仅对国际贸易的进出口商,更对整个国际供应链以及我国在作为世界贸易组织、世界海关组织成员情况下履行相关国际法义务产生影响。因此,对《海关法》或行政法规制度规则的突破不能仅依据政策或法律法规的概括性授权,必须由被突破的《海关法》以及行政法规明确地授权海关总署依法对有关章节条款项在规定期限内暂停实施,而代替的制度创新实践的探索性规则则应由海关总署组织在探索过程中尽快公示并与此对应。

第三，海关总署获得全国人大常委会或国务院授权进行通关便利化法律制度创新探索的，应当依据授权要求组织开展制度创新，并建立制度创新的评估机制。海关总署应当在《海关法》或行政法规授权的事项范围内对通关便利化法律制度的模式、方式、关企关系等开展创新。同时，海关总署在制度创新中应当配套建立实施制度创新的评估机制，设立有关的具体指标，如依据通关的时限效果、贸易商企业代表的意见反馈、贸易安全的风险评估等因素，对制度创新的效果进行评定以为后续的制度供给奠定基础。

（二）“自下而上”制度供给以“提请人大立法”为基本模式

在“自下而上”的通关便利化法律制度供给模式中，海关总署领导下的全国各直属、隶属海关以制度创新的法律授权为依据，在授权范围内开展实践后取得重点突破并经制度创新评估机制表明切实可行的成熟制度，[①]海关总署可以组织拟定制度创新立法实践报告并报全国人大常委会法制工作委员会进行制度评议。

全国人大常委会法制工作委员会经评议认为该制度创新实践仍有不足的，可以向海关总署答复评议意见，并在意见中附具该制度创新仍需进行进一步制度探索和尝试的工作方向和重点。全国人大常委会法制工作委员会经评议认为该制度创新实践确具特色，符合国家海关通关便利化法律制度建设发展的战略部署和政策导向，具有积极的示范意义的，可以审议将该制度创新纳入年度立法规划中并拟定立法草案，向全国人大常委会提出立法建议，适时修订完善《海关法》以及相关法律。

当然，考虑到国家法律的稳定性和权威性，全国人大常委会不宜对其进行频繁调整和变动。在海关通关便利化制度创新纳入基本法立法规划后，出于立法审慎的原则立场，全国人大常委会认为有必要的，可以就该制度创新进一步细化授权，由海关总署领导全国直属、隶属海关进一步复制经验，积极探索；经多地海关通关实践检验确为我国当前必要的通关便利化法律制度供给的，可在汇总一定数量的制度创新立法草案后，一并调整《海关法》以及相关法律。

---

① 参见王全胜等：《立法后评估研究》，人民出版社 2012 年版，第 199 页。

(三)配套建立“自下而上”制度供给模式的立法备案监督

为配套实施通关便利化法律制度“自下而上”的制度供给模式,可以通过《海关法》对海关总署依据法律授权领导全国海关进行制度创新过程中的行政立法以及制定的创新性行政规范性文件,部署制度供给创新立法的全国人大常委会法制工作委员会立法备案机制,海关总署在法律授权下开展的制度创新立法应当及时向全国人大常委会法制工作委员会进行立法备案。

这种立法备案机制一方面有助于国家法律对海关总署领导下的立法创新开展事前监督,另一方面有助于后续海关总署领导下的制度创新能够高效率地通过“自下而上”的制度供给模式创设国家法律制度。《海关法》可以进一步明确规定,未经立法备案的,海关总署组织的制度创新不得径行申报国家立法进行制度供给,由此提升事前立法备案机制的法律地位,强化海关通关便利化法律制度创新立法权的规范行使,并秩序化地完成央地立法转化工作。

第三节 降低我国海关通关便利化法律制度的设计实施成本

一、强化通关便利化法律制度设计的贸易商参与机制

贸易商是实施海关通关便利化法律制度,同海关完成通关交易的一方重要法律主体。贸易商在同海关的通关交易过程中,能否便捷高效地获取、理解制度规则,能否便捷高效地履行通关法律义务并获得通关权利保障,在很大程度上决定了制度实施过程是否便捷高效以及制度本身是否富有积极绩效。同时,确保贸易商主体积极参与到制度设计的过程中,就法治主义的角度而言,更是确保制度设计规则科学性、民主性的基础和关键。① 为此,应当

① 参见张琳:《公民参与——公共政策的基石》,载《社会科学家》2005 年 S1 期。

强化我国通关便利化法律制度设计过程中的贸易商参与机制，提升贸易商对制度规范塑造的参与度，从而在总体上降低制度的设计实施成本。

（一）健全完善贸易商参与的制度化建设

长期以来，我国的海关通关便利化法律制度作为一种贸易政策中的具体制度类型，在设计制定的过程中是以少数专家和一些海关官员为主起草、论证的，[①]贸易商以及潜在成为贸易商群体的社会大众，往往难以通过明确具体的通道获取有关拟制定制度的具体信息以及难以充分向制度设计主体提供详细意见和想法。为保障贸易商群体能够充分地参与到我国海关通关便利化法律制度的设计过程中，充分了解制度设计过程、制度信息以及充分发表意见想法，应当在我国《立法法》确立的“立法过程中征求公众意见”的一般原则基础上，[②]在我国《海关法》专章设立海关通关便利化法律制度规则系统后，专设条款规定贸易商群体对制度设计的参与机制，确保贸易商参与的制度化。

第一，在《海关法》中明确贸易商依法享有参与通关便利化法律制度设计的参与权。这是贯彻宪法尊重公民政治权利和自由在海关通关便利化法律制度设计中的具体体现，[③]也是贸易商参与制度设计的法制度化基础。

第二，《海关法》应当对贸易商参与海关通关便利化法律制度设计参与权的具体权利内容予以明确。首先，依照本书建议的海关通关便利化法律制度透明度机制，获取制度信息的权利即制度设计知情权是贸易商能够切实、充分参与制度设计过程的逻辑和事实前提。[④] 其次，参与制度设计过程的权利，即贸易商有权依照法律规定以具体的流程和方式参与制度设计。再次，贸易商享有在参与制度设计过程中发表意见建议的权利，即贸易商能够自由充分

---

① 参见朱京安：《中国外贸法律制度变迁研究：以制度主义为视角》，人民出版社 2008 年版，第 262 页。

② 《立法法》第 6 条第 2 款：立法应当体现人民的意志，发扬社会主义民主，坚持立法公开，保障人民通过多种途径参与立法活动。

③ 参见朱京安：《中国外贸法律制度变迁研究：以制度主义为视角》，人民出版社 2008 年版，第 265 页。

④ 参见嵇道虎、周定财：《公众参与：转型期中国政府公信力提升的基本途径》，载《天水行政学院学报》2020 年第 3 期。

表达关于制度设计的意见建议，既包括支持意见建议也包括反对意见建议。最后，贸易商有权依法要求制度设计主体提供反馈意见的权利，对于贸易商提出的同制度设计主体不一致的意见建议，有关的制度设计主体应当主动或应贸易商申请给予说明和反馈。

第三，《海关法》应当对贸易商参与海关通关便利化法律制度设计的参与程序予以明确。首先，结合现行《行政法规制定程序条例》第 13 条第 1 款[①]、《规章制定程序条例》第 15 条第 1 款[②]以及《海关立法工作管理规定》第 27 条[③]，明确贸易参与制度设计的主要方式包括但不限于采取调查问卷、访谈、论证会、听证会、新闻发布会等，保障贸易商对制度设计的充分参与。其次，明确贸易商参与制度设计的组织形式，原则上为充分保障贸易商对制度设计参与权的行使，兼顾制度设计的效率，贸易商应当以行业协会或者贸易商组织代表征集、获取贸易商企业关于制度设计的意见建议后，以相关社会组织代表形式参与制度设计过程提出意见。在特殊情况下，如有关社会组织未能充分反映有关贸易商的意见建议，有关贸易商也可以单独企业的身份参与制度设计过程。最后，明确贸易商参与制度设计的具体法律流程。在制度设计主体公示有关的制度设计信息后，在制度规则起草、论证过程中，制度设计主体应当依法通过法定方式组织贸易商参与，具体包括发布公告、面向有关的贸易商行业协会发布征求意见的邀请等。有关社会组织在获取制度设计的信息公告或要求后，应当积极收集并向制度设计主体提供贸易商意见建议，制度设计主体在收到意见建议后，应当对有关意见建议仔细斟酌、考量，对于采纳或不采纳的意见建议，应当向相关的社会组织说明理由。对于以企业单独身份参与制度设计并提出意见建议的，制度设计主体则应当单独对其

---

① 《行政法规制定程序条例》第 13 条第 1 款：起草行政法规，起草部门应当深入调查研究，总结实践经验，广泛听取有关机关、组织和公民的意见。涉及社会公众普遍关注的热点难点问题和经济社会发展遇到的突出矛盾，减损公民、法人和其他组织权利或者增加其义务，对社会公众有重要影响等重大利益调整事项的，应当进行论证咨询。听取意见可以采取召开座谈会、论证会、听证会等多种形式。

② 《规章制定程序条例》第 15 条第 1 款：起草规章，应当深入调查研究，总结实践经验，广泛听取有关机关、组织和公民的意见。听取意见可以采取书面征求意见、座谈会、论证会、听证会等多种形式。

③ 《海关立法工作管理规定》第 27 条：海关规章起草完毕后，应当征求有关单位、海关总署有关部门、直属海关及行政相对人意见。征求意见可以采取书面征求意见、座谈会、论证会、听证会等多种形式。

进行说明反馈。

第四,《海关法》应当对贸易商参与海关通关便利化法律制度设计的法律效果予以明确。法律效果在法律设计相应规则后,对规则在规范层面和实施层面的现实意义予以明确,即遵守有关规则有何意义,违反有关规则将受何种制裁,是一种法律规则的意义、后果以及影响。[①] 法律明确贸易商参与制度设计的法律效果,是将贸易商参与制度化落于实处的关键举措。一方面,明确贸易商参与的实体法律效果。制度设计最终转化为具体制度规则、制度标准后,应当在一定程度、一定形式上吸收反映贸易商的意见建议,不能使贸易商参与机制流于形式。另一方面,明确贸易商参与的程序法律效果。对于未经贸易商参与意见建议或者未对贸易商参与意见建议充分反馈说明的,有关的制度设计草案不得进入后续法律流程;同时,对相关的制度设计主体应当依法追究有关的法律责任。

第五,《海关法》应当对行政法规、部门规章具体细化有关制度设计的贸易商参与机制作出明确规范和约束。《海关法》作为对海关通关便利化法律制度进行系统设计安排并对贸易商参与明确制度化的基本法律渊源,在授权行政法规、海关总署部门规章具体开展制度设计、制度创新后,关于法规、规章如何细化安排贸易商参与机制应当进行明确的规范和约束;要求下位法源在保障贸易商对通关便利化法律制度设计充分参与的过程中,其法源规则不得对贸易商的制度设计参与权进行减损,避免下位法源对法律构造的贸易商参与机制进行缩减,影响贸易商的实质充分参与效果。

(二)营造有利于贸易商参与的"软约束"环境

制度主义之下,制度约束本身可以分为"硬约束",主要是国家法律约束,以及"软约束",主要是文化氛围、行为习惯等约束。[②] 在依托《海关法》对贸易商参与制度设计机制进行法律制度化后,营造有利于贸易商参与制度设计的文化氛围和习惯环境并使之与国家法律规范相互配合则尤为必要。

第一,营造贸易商参与海关通关便利化法律制度设计的政治文化氛围。

---

① 参见张正德、付子堂主编:《法理学》,重庆大学出版社2003年版,第284页。

② 参见卢现祥主编:《新制度经济学》,武汉大学出版社2004年版,第114页。

“一般来说,有利于公民参与发展的文化氛围,一是普遍的平等观念,二是广泛的自主意识,三是强烈的责任感,四是法治原则。必须克服传统政治文化造成的参与中的冷漠和急躁情绪,积极培育公民参与所需要的适度、理性的心理背景。”①由此,国家应当加大对贸易商参与制度设计的宣传力度,鼓励并积极引导贸易商参与制度设计,为贸易商参与构建良好宽松的氛围。

第二,贸易商自身应当加强参与意识,培养参与制度设计的法律习惯。对于海关通关便利化法律制度设计,贸易商应当有意识地、积极地参与其中,摒弃“事不关己”的沉默态度和习惯,主动通过法律渠道和方式,依法向有关制度设计主体提出意见和建议,或者通过向学术团体、科研院所和专家学者反馈意见想法,参与到制度设计的过程当中。②

第三,增强对贸易商参与制度设计的能力培训。可以定期或不定期由海关部门或社会团体组织对贸易商企业参与制度设计开展培训交流,加强贸易商群体对制度设计参与机制以及自身参与权的了解,增进贸易商企业的参与意识,同时提升贸易商企业的参与能力。

(三)树立海关接纳贸易商参与的正确观念

海关机关是制度设计的关键主体,特别是在《海关法》授权的情况下,也是制度细化以及制度创新的重要规范塑造和规则设计主体。由此,为切实保障贸易商能够参与到通关便利化法律制度规则设计当中,应当强化树立海关积极接纳贸易商参与制度设计的正确观念,充分尊重贸易商的人格和合法权利,承认贸易商在制度设计乃至整个制度运行中的主体地位,积极组织开展贸易商参与机制,③避免海关等制度设计主体的消极态度阻碍贸易商的参与。

二、推进我国海关通关便利化法律制度的法解释发展

法律解释,或称法解释,是“一定的人、组织以及国家机关对法律法规的

---

① 朱京安:《中国外贸法律制度变迁研究:以制度主义为视角》,人民出版社 2008 年版,第 266 页。

② 参见莫泰基:《公民参与:社会政策的基石》,中华书局(香港)有限公司 1995 年版,第 48 页。

③ 参见朱京安:《中国外贸法律制度变迁研究:以制度主义为视角》,人民出版社 2008 年版,第 266 页。

内容所做的必要说明”①。“任何法律在运行中都面临解释的问题，就如任何文本都需要读者理解一样。”②推进我国海关通关便利化法律制度的法解释发展，即强化我国海关通关便利化法律制度解释体系的建立完善，能够最大限度地约束我国海关通关便利化法律制度的设计实施成本，对制度的设计实施绩效具有多方面的积极意义。

（一）强化我国海关通关便利化法律制度解释的多元意义

第一，强化我国海关通关便利化法律制度解释，能够加强现行制度设计与实施之间的联动关系，增进已有制度设计与制度实施之间的契合度，尽量弥合制度设计与制度实施过程中的脱节，从而减少和约束制度设计、实施、再设计、再实施等螺旋式前进过程中的摩擦成本，提升制度绩效。诚如学者所言，对制度的“法律解释，是法律制度实施的前提，抽象的法律条文只有通过解释者的解释才能变得实际有效，才能与复杂多变的现实生活相对接”③。我国海关通关便利化法律制度的设计者，无论是立法者抑或政策制定者，对于复杂多变的外贸环境以及对应的高效便利通关现实需求，均无法做到充分预测和事先掌握；制度设计过程中进行的规范塑造难免会与复杂的现实环境相脱离，变得呆板僵硬，这是制度设计本身的高成本体现。同时，海关和贸易商在实施通关便利化法律制度的过程中，对相关呆板、僵硬制度规范的理解和把握存在困难，实施成本也会因此增加。制度解释，可以细化制度规则和标准，丰富制度含义，避免制度的呆板僵硬，提升制度含义的灵活度，使制度设计的规范内容能够不断与制度实施过程和实施要求相贴合，纸面上的制度规则高效地转化为实施中需要的制度规则，从而在总体上降低制度的设计实施成本。

第二，对海关通关便利化法律制度的解释，能够在一定程度上弥补制度设计过程中的立法模糊、立法空白、立法缺位等制度设计的滞后问题，是一种延伸制度规范塑造以对接制度实施的重要机制方法。“再成熟的立法也都可

① 舒国滢主编：《法理学导论》（第2版），北京大学出版社2012年版，第227页。
② 杨磊、吴斌主编：《法理学》，浙江大学出版社2007年版，第317页。
③ 张志铭：《法律解释操作分析》，中国政法大学出版社1998年版，第4页。

能存在着不完善的地方"①,尤其是我国海关通关便利化法律制度当前正处于改革创新、体系不断丰富的发展阶段,以《海关法》为代表的一系列国家法律、法规对新型制度存在明显的模糊、滞后、立法空白和立法缺位等问题,这也是制度设计成本偏高的表现之一。这一制度设计过程中的缺陷直接导致制度的实施过程依据模糊、依据不足,造成一系列实施成本偏高问题。制度解释可以在一定程度范围内拓展制度标准、延伸制度规则,从而在立法空白与立法完善的过渡阶段,作为塑造制度规则以供给现实需求的不可或缺的法律方法。

第三,制度解释可以结合制度设计、运行过程中的现实发展需要和目的导向,对制度的含义进行必要的限缩或强化,从而实现必要的制度约束。我国海关通关便利化法律制度的设计过程中,制度设计的主导权不断下沉至海关系统,海关对制度规则的细化、创新权力较为膨胀,制度的设计实施成本显著提升。对此,必要的制度解释,特别是国家法律中的制度解释,能够限缩海关系统在当前通关便利化法律制度设计系统中的权重和职能,能够限缩海关系统在制度实施过程中膨胀的自由裁量权,从而有效约束制度设计、实施权力膨胀导致的制度成本。

第四,制度解释能够统一制度含义,避免因制度含义分歧形成的设计实施信息不对称造成的高成本问题。首先,制度解释能够统一海关系统自身上下和不同区域对制度原则、规则和制度标准的理解,特别是统一新型制度在全面复制推广过程中的制度理解,避免海关系统因理解差异出现制度实施标准不一,进而形成制度成本。其次,制度解释能够统一海关与贸易商之间的制度理解,矫正海关系统和贸易商在制度含义面前的信息不对称,约束制度实施成本。最后,制度解释能够不断细化、明晰必要的制度理念和制度价值精神,使之成为一条清晰的主线以对制度的发展形成积极引领。例如,通过制度解释明晰通关便利化法律制度中"便利化"的价值理念以统一有关的制度设计,避免制度设计过程中因对核心概念、核心价值的理解分歧而出现制度发展的无序甚至逆向选择。

---

① 舒国滢主编:《法理学导论》(第2版),北京大学出版社2012年版,第227页。

(二)综合运用多重法律解释方法完善通关便利化法律制度解释

第一,运用文义解释的方法解释通关便利化法律制度规则。结合文义解释的具体方法,首先,可以根据生活化的日常语言习惯对有关海关通关便利化法律制度规则进行解释。对于制度规则中未经立法或法理要求、海关业务要求等赋予特殊含义的法律概念,均可采用这一方式进行文义解释,如“可以”“应当”等。其次,对于立法、法理或海关业务赋予特殊含义的概念,则必须通过相对应的要求进行制度规则解释。对于“通关”“走私”“申报”“关税”“关境”等概念,则需要结合具体的法学以及海关业务要求进行制度解释。最后,特定目的和价值导向下,需要对制度规则采取必要的限制或扩大解释。例如,对于通关便利化法律制度中的“便利化”概念,实质上需要根据这一制度的构设要求和价值导向采取必要的扩大解释。所谓的便利化不仅是字面上的“便捷高效”,至少还应包含海关与贸易商双主体的便利化要求,包含海关与贸易商关企平等的含义要求,包含通关行政手段、方式、模式、理念现代化的要求,包含海关权力得以有效约束、贸易商权利得以充分保障的要求等,以符合这一制度设立的初衷与价值目标。

第二,运用历史解释的方法解释我国海关通关便利化法律制度规则。历史解释是“通过研究有关立法的历史资料或在新旧法律的对比中解释制度规则”①。对于通关便利化法律制度规则的历史解释,一方面,可以通过有关制度规则制定时的文案说明或者政策背景解释规则含义。例如,对全国通关一体化中的“两中心、三制度”内容进行制度解释,对“分类通关”进行制度解释,对“无纸化通关”进行制度解释时,均可以通关有关的文献资料进行解读。另一方面,可以通过新旧法律规则对比,解释通关便利化法律制度的规则含义。例如,2017 年 11 月 4 日全国人大常委会《关于修改〈中华人民共和国会计法〉等十一部法律的决定》对 2016 年《海关法》第 33 条第 1 款②进行了修改,将原条款中“应当持有关批准文件和加工贸易合同向海关备案”修改为《海关法》

---

① 舒国滢主编:《法理学导论》(第 2 版),北京大学出版社 2012 年版,第 234 页。

② 2016 年《海关法》第 33 条第 1 款:企业从事加工贸易,应当持有关批准文件和加工贸易合同向海关备案,加工贸易制成品单位耗料量由海关按照有关规定核定。

第 33 条第 1 款[①]的"应当按照海关总署的规定向海关备案",强化了海关总署对加工贸易的管控,也因此凸显了海关总署规定对有关加工贸易管理规则的法源依据地位。我们在理解这一制度规则的含义时,不仅要理解其字面含义,更要凭借历史解释的方式理解出,海关系统内部的海关总署为领导加工贸易通关规则的主导地位。诚然,这也是我国《海关法》作为国家法律间接对海关总署下沉制度规则设计主导权的一种体现。

第三,运用体系解释的方法解释我国海关通关便利化法律制度规则。体系解释也称系统解释,是将被解释的法律条文与其他条文相互关联来解释制度规则。例如,在对跨境电商零售贸易中的交易标的"商品"进行解释时,不能简单地根据字面含义将其解释为海关法意义上的"物品"或者"货物",而应当综合海关法上"货物"的含义(具有贸易性的商品)和"物品"的含义(不具有贸易性、合理数量的商品)以及跨境电商零售贸易商品自身的贸易性与非贸易性兼具的特点进行系统解释,以此为对跨境电商零售贸易"商品"准确适用法律规则的基础。

第四,运用目的解释的方法解释我国海关通关便利化法律制度规则。一方面,根据立法时的制度规则设计初衷来解释制度规则,可以有效地把握制度的初始含义,为后续制度价值的发展完善奠定基础。另一方面,应当根据不断发展的外贸现实需求进行制度规则解释,以使制度规则的价值目的更贴合实际发展需要。例如,通关制度作为海关对商品进出境的监督管理制度形式,其目的和初衷是保障海关妥善履行贸易管理职责,确保贸易合法性,完成税收以及其他依托通关开展的海关措施。从核心来讲,通关制度规则的原始初衷侧重于对贸易安全的保障。但是随着海关现代化改革以及全面深化改革的发展,海关风险管理,海关企业信用管理等理念、模式、机制以及制度建设,通关规则的价值内涵不仅是贸易安全,更包括在贸易安全的基础上不断约束贸易安全管理措施即通关措施,减少通关措施对贸易的过度、不适当限制,增进通关的便利化。便利化成为当前通关制度规则的主导价值,实现了对传统贸易安全制度价值的发展。

---

① 2021 年《海关法》第 33 条第 1 款:企业从事加工贸易,应当按照海关总署的规定向海关备案。加工贸易制成品单位耗料量由海关按照有关规定核定。

（三）强化正式解释与非正式解释共同发展

正式解释也称法定解释，是指特定国家机关或者其他有解释权的主体对法律制度规则作出的具有法律拘束力的解答和说明。非正式解释是指未经法律明文授权的主体对法律规则作出的不具有法律拘束力的解释。[①] 推进我国海关通关便利化法律制度解释发展，应当将正式与非正式解释优势互补，强化二者的共同发展。

第一，强化、完善有关国家机关对我国海关通关便利化法律制度的正式解释。在我国《海关法》设专章系统规范我国海关通关便利化法律制度的基础上，进一步强化完善全国人大常委会对通关便利化法律制度的国家法律规则作出立法解释。既可以对制度本身的价值精神、原则理念进行立法解释，也可以对具体的制度模式、制度规则、制度标准进行立法解释。全国人大常委会通过立法解释，可以在国家法律保障稳定性的前提下，对制度规则的含义和尺度进行廓清，将制度创新成果在立法转化的过程中以立法解释的方式纳入有关制度机制，对有关制度规则、法律授权规则等进行立法解释，以限定下位法源对制度规则的塑造，强化国家法律对制度设计的主导地位。另外，应当完善对海关通关便利化法律制度的行政解释。行政解释是国务院及其部委对有关法律制度规则进行的有权解释。在国务院办公厅 1993 年《关于行政解释权限和程序问题的通知》的基础上，其一，应当完善国务院对《海关法》以及其他有关法律中通关便利化法律制度规则的解释，海关法应当对国务院对通关便利化法律制度具体制度规则由国务院依据《立法法》进行行政解释作出具体细化，即那些条文可以由国务院行政解释，哪些条文需要国务院提请全国人大常委会进行立法解释，加强对国务院针对法律行政解释的细化管理。其二，在全国人大常委会以及《海关法》针对通关便利化法律制度下位法源细化制度规则，强化对行政法规、海关总署部门规章的法律授权管理基础上，国务院、海关总署分别解释行政法规、部门规章中的通关便利化法律制度规则，应强调同《海关法》等法律以及全国人大常委会的授权相统一，避免出现法规、规章依据法律授权制定，通过行政解释突破授权的情况。

---

① 参见舒国滢主编：《法理学导论》（第 2 版），北京大学出版社 2012 年版，第 235 页。

第二，强化我国海关法学界与实务界对海关通关便利化法律制度的非正式解释。尽管非正式解释不具有法律拘束力，不能直接成为制度规则的拓展、限缩工具，但是非正式解释特别是学理解释，能够为正式解释提供理论和实践依据，增强正式解释的可靠性。[①] 一方面，国家应推进我国海关法学、通关便利化法律制度等学术研究，通过科研基金、设立海关法学（分）会、建设海关法学研究院所等方式大力发展有关学科理论研究。另一方面，应当鼓励理论与实践相结合，科研院所的海关法学者应当加强同海关一线实务工作者、海关业务单位、从事海关业务的律师事务所等的学术交流，扫除学术研讨的理论与实践壁垒。

三、完善"单一窗口"制度强化海关同其他部门合作

我国海关通关便利化法律制度设计实施成本偏高的核心原因，就制度主义的角度而言，是制度的设计过程和实施过程存在诸多信息不对称、不完全的现象，制度设计实施的信息成本即"从一无所知到无所不知"的成本偏高。[②] 一方面，海关通关便利化法律制度的设计主体同现实、潜在的制度实施主体之间，以及同其他相关法律制度的设计主体之间存在信息不对称、不完全的问题，导致制度的设计成本偏高；另一方面，制度的实施主体之间，如海关和贸易商之间信息不对称、不完全，海关与相关部门的制度实施之间信息不对称、不完全，导致了制度的实施成本偏高。为此，"合作"成为解决信息不对称、不完全因素下制度成本偏高问题的关键方式。"合作"可以最大限度地互通交易信息，促使交易过程中达到信息均衡，由此可以减少交易中的对抗和摩擦，增进交易双方或多方主体的互补和互信互赖，最终实现降低制度设计实施成本的功效。世界海关组织《标准框架》三大支柱即"海关与海关的合作""海关与商界的伙伴关系合作""海关与其他政府机构的合作"均以"合作"为主导思路，凸显了合作在便利化实现中的重要意义。

---

① 参见杨磊、吴斌主编：《法理学》，浙江大学出版社 2007 年版，第 320 页。

② 参见［德］柯武刚、史漫飞：《制度经济学：社会秩序与公共政策》，韩朝华译，商务印书馆 2000 年版，第 64 页。

在促进制度设计主体同制度实施主体之间的“合作”方面，本书主要建议探索构建“自下而上”的制度供给机制，从而将制度的一线实施同制度的上层设计紧密连接。在促进海关同贸易商之间的“合作”方面，本书主要建议采取关企合作完善我国海关经认证经营者法律制度，后文将详细论述。关于加强制度设计主体之间的合作以降低制度设计成本，加强制度实施主体之间的合作即海关同其他贸易管理部门间的合作以降低制度实施成本，本书主要建议强化完善我国的“单一窗口”法律制度，加强海关同相关政府部门的合作。

（一）“单一窗口”具有具体法律制度和制度模式的双属性

“单一窗口”法律制度是一项具体的通关便利化法律制度，同时相对于其他通关便利化法律制度的子制度如无纸化办公、分类通关等而言，它是一项海关同其他行政部门合作模式的制度产物，是我国海关通关便利化法律制度体系中的一项模式型法律制度，即它是一种实施其他通关便利化法律制度的模式。一方面，“单一窗口”法律制度凭借海关和其他政府部门的合作整合贸易管理资源，本身能够实现优化通关程序、精简通关单证以及科学管控物流等积极功效，是一项典型的通关便利化法律制度。[①]

另一方面，“单一窗口”法律制度实质上也是一种将其他海关通关便利化法律制度子制度同其他贸易管理制度联合起来运行并以运行带动制度设计联动的有机模式；海关能够通过“单一窗口”同其他政府部门合作实施、设计其他通关便利化法律制度，就交易成本理论的角度而言，这一制度实质上矫正了制度设计、制度实施过程中海关同其他行政部门之间因信息不对称、不完全形成制度成本，用技术化的手段结合法律制度的创新，最大限度地提升制度绩效。[②] 诚如学者所言，在传统碎片化的出口监管过程中，即便贸易商依法依规接受各项口岸管理，其通过口岸监管的过程中依旧要付出巨大成本。[③]

---

① 参见王伟、孙希：《国际贸易单一窗口与传统贸易监管模式的比较研究》，载《征信》2019 年第 3 期。

② 参见叶宇：《凭借数据基因，建设“单一窗口”》，载《解放日报》2024 年 4 月 15 日，第 2 版。

③ 参见王淑敏、冯明成：《〈贸易便利化协定〉与〈京都公约〉（修订）比较及对中国自由贸易港的启示》，载《大连海事大学学报（社会科学版）》2019 年第 2 期。

“单一窗口”法律制度正可以富有成效地降低贸易成本,[①]提升贸易商通过口岸管理的效率,实现贸易便利化。从这个意义上讲,“单一窗口”法律制度在通关便利化法律制度体系中既是一项子制度,也是其他子制度的运行模式制度,其制度地位非同一般。其不仅自身具有降低通关成本、实现通关便利的价值,还能够在制度体系中发挥约束制度设计实施成本的功效,其多方面的积极价值正是本书推崇强化完善该制度的重要原因。

(二)“单一窗口”法律制度具有广泛的国际法规和实践基础

世界海关组织2005年制定、2015年修订的《标准框架》支柱三“海关与其他政府和政府内部机构间的合作”指出,海关与其他参与国际贸易与供应链安全的政府和政府内部机构间的合作显得越发重要,海关与其他政府部门的合作能够避免重复的要求和查验,简化流程,努力向国际标准靠拢,以保证政府快速有效地应对供应链安全方面的挑战。在世界海关组织意识到海关部门合作的价值以及后续提出的系列措施中,依托《单一窗口纲要》建设“单一窗口”制度尤其具有重要意义。

除世界海关组织《标准框架》《单一窗口纲要》外,世界贸易组织《贸易便利化协定》以及联合国贸易便利化与电子业务中心(UN/CEFACT)《关于建立单一窗口的建议书及其指南》(第33号建议书)、《关于国际贸易数据简化和标准化的建议书》(第34号建议书)和《关于建立国际单一窗口的法律框架的建议书》(第35号建议书)等国际海关法渊源均对“单一窗口”制度有所规范。这使得建设“单一窗口”制度实现贸易便利化的国际法律地位已得到基本确认并在世界范围内成为一项基本国际经贸法义务。

在实践中,作为助力实现数字贸易便利化和强化政企合作的典型法律制度,“单一窗口”法律制度已在世界上数十个国家和地区得到不同程度的确立;[②]同时,建设“单一窗口”法律制度,对有关事务进行集中统一高效率的行

① 参见朱金连等:《“单一窗口”建设要体现“以用户为中心”》,载《中国检验检疫》2016年第12期。

② See United Nations Economic Commission for Europe, *Connecting International Trade Single Windows and Supply Chainsin the Next Decade*, United Nations (Nov. 13, 2013), http://www.unece.org/fileadmin/DAM/trade/Publications/ECE-TRADE-402.pdf.

政服务和管理,也是国际自贸体制创新、自贸港区发展的通行做法。[①] 新加坡港的“贸易网”(Trade Net)作为新加坡国际贸易申报的“单一窗口”,海关和口岸其他主管部门通过其管控货物的移动并执行健康、安全和其他法规的要求。[②] 与进出口(包括转口)贸易有关的申请、申报、审核、许可、管制等全部手续均可通过该系统进行并可以电子支付,真正为贸易商与运输商提供了便利,提升了口岸管理的效率。[③] 鹿特丹港依托电子信息技术建立了无纸化电子报关报检系统、船舶和货运数据电子申报系统、船舶车辆的卫星定位系统、内河运输信息系统、地理信息系统、无线电通信系统等。这些电子信息系统通过港口公共电子信息平台进行电子数据的交换与共享,完成对口岸的电子化统一管理。[④]

我国2020年《海南自由贸易港建设总体方案》指出“实行便捷高效的海关监管,建设高标准国际贸易‘单一窗口’”;2020年《智慧海南总体方案(2020—2025年》提出,加快国际贸易“单一窗口”(3.0版)、海南城市管理平台互联互通“一张网”以及“互联网+政务”一站式服务模式建设。

(三)我国应当在《海关法》中明确“单一窗口”制度的基本法律地位

长期以来,我国的“单一窗口”法律制度以政策型法源进行部署安排,并主要运用于我国自贸体制改革探索。2016年,国务院口岸工作部际联席会议办公室印发了国家口岸管理办公室《关于国际贸易“单一窗口”建设的框架意见》(署岸函〔2016〕498号)。依据这一政策性框架文件,我国自贸试验区试点积极探索创新,已取得了不同程度各具特色的重点突破。[⑤] 例如,中国(上海)自贸试验区和中国(福建)自贸试验区“单一窗口”实践在2015年被商务

---

① 参见揭昊:《建设高水平自由贸易港的国际实践与启示》,载《宏观经济管理》2019年第2期。

② See *TradeNet*, Singapore Customs (Sep. 2, 2020), https://www. customs. gov. sg/businesses/national-single-window/tradenet.

③ See Hock-Hai Teo, Bernard C. Y. Tan., *Organisational Transformation Using Electronic Data Interchange: The Case of TradeNet © in Singapore*, Journal of Management In formation Systems, Vol. 13, p. 139 - 165 (1997).

④ 参见王胜等:《荷兰鹿特丹自由贸易港发展经验探析》,载《今日海南》2018年第7期。

⑤ 参见苏展:《“单一窗口”十年迭代,智慧口岸高效便捷》,载《文汇报》2024年3月16日,第2版。

部评选为“自由贸易试验区‘最佳实践案例’”(商资函〔2015〕945号);2018年中国(天津)自贸试验区、中国(福建)自贸试验区和中国(广东)自贸试验区也在国务院的指导下全力探索“单一窗口”对接“一带一路”倡议,实现共建国家和地区口岸信息互换和服务共享。①

考虑到“单一窗口”法律制度在我国自贸体制创新和通关便利化改革中取得的成效,为进一步拓展“单一窗口”制度在我国海关通关便利化法律制度中约束制度设计实施成本的重要意义,同时为避免政策型法源的模糊、笼统以及权威性不足等问题,我国应当在《海关法》专章规定通关便利化法律制度的基础上,设专门章节规范通关便利化的“单一窗口”法律制度,明确这一制度的法律地位,为这一制度在我国便利化海关通关制度实践中的普遍实施奠定国家法律基础。其一,应当明确“单一窗口”法律制度是一项基本的通关便利化法律制度,为海关在一线的通关实践以及后续的制度和创新提供海关基本法渊源。其二,应当明确“单一窗口”法律制度是一项模式型法律制度,是其他现行通关便利化法律制度以及后续制度创新的重要运行模式,有关的其他通关便利化法律制度应当尽可能地依托“单一窗口”法律制度模式,以海关同其他政府部门合作的方式实施。其三,“单一窗口”法律制度应当同本书建议的“自下而上”的制度供给模式联合起来,实现海关总署领导下的一线海关同其他政府部门合作开展制度创新并通过“单一窗口”法律制度模式加以运行探索,经评估认为具有积极功效的,可以联合提请上层制度供给,从而约束通关便利化法律制度设计成本。

(四)我国的“单一窗口”法律制度应当进一步打破部门壁垒

当前,诚如学者研究,我国“单一窗口”法律制度建设发展的障碍并非源于技术而在于制度。② 不同监管执法部门的领导体制不同、执法方式和执法习惯异化、对执法信息的收集处理方式存在差异以及部门之间的执法结果联动互认存在一定障碍,致使“单一窗口”法律制度在技术较为成熟的情况下仍

① 参见尹红、陈利强:《破解中国自贸试验区国际贸易“单一窗口”制度难题研究》,载《海关与经贸研究》2018年第5期。

② 参见尹红、陈利强:《破解中国自贸试验区国际贸易“单一窗口”制度难题研究》,载《海关与经贸研究》2018年第5期。

然因部门壁垒而跨部门合作困难,发展进程迟缓。[1]

为此,我国的"单一窗口"法律制度在发展过程中,应当着力打破部门壁垒,促进海关同更广泛的部门之间形成"单一窗口"合作。首先,我国《海关法》作为国家法律,在设置"单一窗口"法律制度的基础上,应当进一步明确国务院的领导、组织职责,由国务院牵头协调海关与其他政府部门的合作,在组织领导层面形成有力协调,打破部门壁垒隔阂。其次,设立"单一窗口"法律制度实施过程中的奖惩机制,对于积极高效实施"单一窗口"制度的给予财政审批上的优惠,对于消极阻碍"单一窗口"制度的给予财政审批上的限制,推进各行政职能部门之间高效落实"单一窗口"法律制度。最后,设立"单一窗口"法律制度的权责清单,明确参与实施"单一窗口"法律制度的海关和其他行政部门的权力职责、业务办理流程、所需信息单证,从而增进各部门之间的单证统一、流程对接、权责高效分工,破除部门壁垒中的客观障碍。

(五)我国的"单一窗口"法律制度应联合口岸和关境内多领域政府部门

长期以来,我国的"单一窗口"法律制度主要实践于海关同其他口岸政府部门的合作,比如中国(浙江)自贸试验区"海关、海事、边检、检验检疫'一单四报'"的"单一窗口"模式。但是考虑到"单一窗口"法律制度在依托模式型法律制度含义对整个通关便利化法律制度体系释放的积极价值,以及"单一窗口"法律制度向关境内纵深合作对海关通关便利化的深远意义,我国应当将"单一窗口"法律制度的海关合作范围进一步向纵深推进,加强海关同关境内相关政府部门的合作。

首先,加强海关同口岸特别是关境内更多的贸易管理部门的"单一窗口"合作,有助于海关在商品进出境的口岸端,同商品流通的供应链条上更多的贸易管理部门执法互助、信息互通,有助于海关对整个商品供应链信息全面掌控,从而使海关对于依托现代化信息风险管理机制的通关过程能够获得更多的商品信息支撑,最终降低通关便利化法律制度的实施以及后续的设计成本。例如,海关同金融管理部门开展"单一窗口"合作,有助于海关获得进出

① 参见王玲等:《我国国际贸易"单一窗口"建设现状评述及建议》,载《对外经贸》2019年第5期。

境商品在供应链上流动的对应资金信息，对于海关防控跨境电商零售贸易中的“蚂蚁搬家”式的走私违法具有积极意义。

其次，“单一窗口”法律制度应当进一步覆盖至关境内与外贸相关的商品进出境供应链上的外汇管理、金融监管、设企营商等诸多领域，实现商品进出境以及境内流通全供应链上的“一个信息化平台完成全部管理职能”的“单一窗口”新模式。商品相关的贸易商企业一次性或分步提交申请（申报）信息，即可完成在关境内企业设立、市场监管、金融监管、外汇管理等多项贸易业务办理，并在商品流通的整个供应链管理部门间形成互联互通的信息链条，有关信息也能够为海关以及其他部门所掌控。从实质上来讲，海关面向纵深推进开展“单一窗口”法律制度合作，是在现有“互联网 + 海关”“国际贸易单一窗口”的基础上，升级打造关境内多执法部门乃至全执法部门联合的统一电子政务平台，[①]既是传统口岸式政务平台同关境内政务平台的融合，也是国家大数据社会治理体系由数据信息共享向政务办理一体化的新发展。其一，该“单一窗口”应当整合口岸与关境内执法部门碎片化的分散执法方式，将各自的线下执法或者“互联网 + 政务”平台统一划入该电子政务平台。其二，该“单一窗口”应由国务院组织领导并设立专门的管理机构进行日常行政管理，同时委托技术企业予以技术支持。其三，该电子政务平台应当分步骤、分阶段逐步建立。可以在当前“中国国际贸易单一窗口”的基础上，在已吸收的口岸执法部门之外，分步骤地吸收关境内执法部门并鼓励企业通过该平台办理业务。

最后，面向关境内纵深拓展的“单一窗口”法律制度，应当逐步强化“以海关为统帅”。在海关管理不断与口岸管理相融合的发展趋势下，[②]这主要考虑到如下因素。其一，海关作为关境上商品进出境监督管理机关，是商品在供应链上以及关境内流通的关键管理枢纽，其对商品的进境监管是商品境内流通的前端，其对商品出境监管是商品境内流通的末端，对商品境内流通具有监管执法的基础和最终保障作用。“单一窗口”法律制度合作以海关为统帅

① 参见刘达芳编著：《海关法教程》（第 3 版），中国海关出版社 2016 年版，第 75 页。

② 参见王菲易：《从海关管理的边缘到核心：口岸与口岸管理的再阐释》，载《海关与经贸研究》2019 年第 6 期。

并非狭隘地认为以海关为“领导”，而是积极发挥海关对供应链以及商品境内流通的基础保障作用，为其他执法部门提供监管便利。其二，实现其他监管部门对海关商品进出境通关执法的便利辅助，促进约束通关便利化法律制度的实施和设计成本。关境内海关与有关部门的“单一窗口”法律制度合作能够有力辅助海关获取商品在供应链上的系统信息，辅助海关保障贸易安全，防控走私违法风险，从而增进海关在口岸上的通关执法便利。

四、完善以关企合作为基础的海关经认证经营者法律制度

为有效降低海关通关便利化法律制度在设计实施过程中的制度成本，应当提高制度在海关与贸易商之间规范塑造和规范运行效率，探索海关与贸易商之间构建平等合作的关企关系模式以及增进海关与贸易商之间在通关便利化法律制度塑造、运行过程中的平等合作并加强关企互信互赖互利，这是当前进一步约束通关便利化法律制度设计实施成本的又一重要制度路径。[①]为此，本书建议，应当在我国现行海关经认证经营者法律制度的基础上进一步拓展完善，增进关企之间更深层次、更加全面的平等合作。

（一）海关经认证经营者法律制度具有广泛的国际法实践基础

随着经济全球化的发展和科学技术的进步，在世界贸易组织和世界海关组织的影响下，不断提升贸易便利化水平、增进贸易要素的高效跨境流动、协调贸易自由与贸易安全的矛盾关系成为世界普遍关注的重要议题。[②] 特别是在美国“9·11”恐怖袭击事件以后，世界范围内更加关注脆弱的全球供链的贸易安全问题。[③] 海关经认证经营者法律制度作为关企合作关系的典型代表在这样的时代和世界背景下应运而生，并具有广泛的国际法实践基础。

---

① See Houe T., Murphy E., *The AEO Status as a Source of Competitive Advantage*, European Business Review, Vol. 30, p. 591 – 606(2018).

② 参见杜玉琼：《我国海关 AEO 制度实施的困境与路径》，载《四川大学学报（哲学社会科学版）》2018 年第 6 期。

③ See Jackson Andrew, *Trade Facilitation and Supply Chain Security: A Globally Integrated Approach*, World Customs Journal, Vol. 5, p. 123 – 128(2011).

1. 海关经认证经营者制度是当前世界海关组织以及世界贸易组织普遍关注的通关便利化法律制度。世界海关组织《经修订的京都公约》总附约第六章“海关监管”中第6.8条规定，“海关应寻求与贸易界合作，并签署谅解备忘录以加强海关监管”。同时，《〈经修订的京都公约〉指南》对此解释指出，“海关与贸易界之间进行有效沟通、磋商与合作对实现有效监管和便利的完美平衡至关重要。在这一过程中，海关应将守法的贸易者视为合作伙伴”①。可以说，世界海关组织《经修订的京都公约》为关企合作以及海关经认证经营者制度的建立奠定了国际海关法基础。

在《经修订的京都公约》基础上，世界海关组织2005年制定、2015年修订的《标准框架》的“三大支柱”之一即为“建立海关与商界的合作伙伴关系”，而海关经认证经营者制度则为关商伙伴关系的具体制度形式。《标准框架》附件一将海关经认证经营者界定为“以任何一种方式参与货物国际流通，并被海关当局认定符合世界海关组织或相应供应链安全标准的一方，包括生产商、进口商、出口商、报关行、承运商、理货人、中间商、口岸和机场、货站经营者、综合经营者、仓储业经营者和分销商”。《标准框架》为以海关经认证经营者制度为代表的关商伙伴关系的建立提出了技术细则，列出了“伙伴关系、安全、资质认证、技术、交流和便利”等标准条款，作为各成员海关经认证经营者制度建设实施的导引；《标准框架》附件四也具体列出该制度的标准条件以及经认证经营者的企业所能获得的便利待遇。另外，与2015年《标准框架》相配套，2011年的《经认证经营者计划简编》、2017年的世界海关组织《经认证经营者互认实施指南》以及2018年的世界海关组织《经认证经营者指南》等，为各成员国和地区海关实施经认证经营者制度具体认证申请企业以及开展国际互认等问题提供了更为详细的执行标准。

与世界海关组织相呼应，世界贸易组织2017年生效的《贸易便利化协定》第7条“货物放行与结关”第7.1款指出，每一成员应根据该协定第7.3款规定，对满足特定标准的经营者（经认证的经营者），提供与进口、出口或过境手续相关的额外的贸易便利化措施；一成员可通过所有经营者均可获得的

---

① 李延等主编、海关总署国际合作司编：《关于简化和协调海关制度的国际公约（京都公约）总附约和专项赴约指南》，中国海关出版社2003年版，第90页。

海关程序提供此类贸易便利化措施,而无须制订单独计划。自此,海关经认证经营者法律制度具有了世界海关组织法、世界贸易组织法等广泛的国际法源基础。

2. 海关经认证经营者制度的法律建设已成为世界多国和地区海关监管模式改革创新的重要举措。世界海关组织数据显示,截至2022年,世界海关组织成员中已有172个成员签署了《标准框架》;[①]截至2024年,已经建立实施经认证经营者制度的国家与地区达83个。[②]

具有代表性的海关经认证经营者法律制度实践(见表5-1)如下。首先,欧盟的海关经认证经营者法律制度实践具有主体适用范围广泛、认证程序清晰明确、后续监管具体清晰以及便利化待遇措施丰富多元等特点。[③] 其次,美国的海关经认证经营者法律制度实践"海关商界反恐伙伴计划"(Customs-Trade Partnership Against Terrorism,C-TPAT),其是在美国"9·11"恐怖袭击后推出的贸易安全保障计划,主体适用范围十分宽泛,已延伸至部分域外国家企业;具有清晰明确的申请加入程序和标准以及较为多元的便利化待遇。[④] 再次,日本的海关经认证经营者法律制度实践,在日本称为"特例通关制度",由简易申报制度演化而来且实施程度较高,现已构成了囊括进出口特例申报制度、特定报税资格制度、认定通关业者制度、特定保税运输制度和特定制造业者制度的系统制度体系,适用主体范围向供应链不断延伸,通过特例的简化单证、简化流程、免检等措施,极大地节约了贸易要素的流动成本。[⑤] 最后,新加坡作为世界范围内具有代表性的自由贸易港,其海关经认证经营者法律制度被称为"贸易安全伙伴关系"[Secure Trade Partnership(STP)& STP-Plus],具有清晰便捷的认证程序,获得其认证的企业也可以获得诸如减少查验率、获得国际

---

① See *Members Who Have Expressed Their Intention to Implement the WCO Framework of Standards to Secure and Facilitate Global Trade*, World Customs Organization, https://www.wcoomd.org/-/media/wco/public/global/pdf/topics/facilitation/instruments-and-tools/tools/safe-package/wco-table-intention-to-implement-the-fos.pdf?la=en.

② See *Online AEO Compendium*, World Customs Organization, https://aeo.wcoomd.org.

③ 参见万曙春:《欧盟AEO立法实践及对我国的借鉴意义》,载《海关与经贸研究》2017年第4期。

④ 参见周阳:《试论美国海关贸易便利化制度的特点——以美国海关C-TPAT制度为视角》,载《上海海关学院学报》2010年第2期。

⑤ 参见何力:《日本海关法原理与制度》,法律出版社2010年版,第153~162页。

互认优惠以及提高通关效率等多元的优惠待遇。①

表 5-1 欧盟、美国、日本及新加坡海关经认证经营者法律制度的主要特点汇总

国家海关经认证经营者法律制度	适用主体广泛	申请和认证程序清晰	便利化待遇措施多元
欧盟经认证经营者法律制度	任何在欧盟范围内从事国际供应链操作并与海关活动相关的经营者,参与国际供应物流链条的所有企业,包括生产商、进口商、出口商、报关行、承运人、货代、贸易中间商、港口、机场、码头经营者、综合经营者、仓库、分销商等	申请:申请人具备一般经营者的申请条件。 自我评估:申请人应提交自我评估问卷调查表。 受理:申请应向指定接收申请的海关当局提交。 审核与决定:包括初审阶段(形式审查,确定可接受性)、审查阶段(实质审查,确定是否符合认证标准)和决定阶段	获得减少文件和检验的查控,就将实施的监控可以事先得到通知;获得启运前申报便利措施;获得与风险评估和监管有关的更多优惠待遇;在简化海关程序下,减少担保要求;集中报关;不需呈交实物;等等
美国 C-TPAT 计划	美国登记进口商;美国/加拿大公路承运人;美国/墨西哥公路承运人;铁路承运人;空运承运人;美国海事港务当局/码头经营者;空运货物承揽人,海运运输代理人与无船公共承运人;墨西哥和加拿大制造商;邀请的特定外国制造商;经许可的美国报关代理人;第三方物流供应商;墨西哥长途公路承运人	申请:申请者可以在美国海关官方网站上在线以电子的方式完成申请,包括公司的信息,一份供应链安全说明以及一份自愿加入协议的确认。 自我评估:企业必须根据海关与商界针对其所属商界类型而共同制定的 C-TPAT 最低安全标准或指南,对自身供应链安全程序进行一次全面的自我评估。 审核与确认:通过审核的申请公司将成为 C-TPAT 认证的合作伙伴。如果一家公司未能满足 C-TPAT 的最低安全标准或指南,其 C-TPAT 认证地位以及相关利益将被中止或解除	在基建条件许可的情况下,设专用通道;指定一名专门的海关联络员;减少检查次数;采用适合客户需求的运作流程;进行国际互认;等等

① See *Secure Trade Partnership (STP) & STP-Plus*, Singapore Customs, https://www.customs.gov.sg/businesses/customs-schemes-licences-framework/secure-trade-partnership-stp.

续表

国家海关经认证经营者法律制度	适用主体广泛	申请和认证程序清晰	便利化待遇措施多元
日本特例通关制度	进出口企业、保税场所贸易业者、通关业者、货物运输业者、生产制造企业等	申请：特例通关制度适用主体需向海关当局提交相应的申请。审核与确认：对企业的守法情况以及相应的特例通关能力建设情况予以审核	提前办理通关手续，减少申报项目，在企业仓库完成出口申报，简化手续；设置保税场所、减免审批费用，特定制造者资格的获得可以使下游运输、进出口、通关、保税等企业获得特例通关的待遇
新加坡 STP & STP-Plus	该计划向所有供应链利益相关者开放，包括进口商，出口商，制造商，货运代理，仓库经营者，运输商和码头经营者	填写并提交 STP 申请表 填写并提交自我评估清单和相关附件。 提交其他证明文件：会计和公司监管局报告、过去 3 年经审计的财务报表、相关的安全认证以及自我评估清单的指示标签中指定的其他相关文件	降低货物的查验率、被认定为低风险企业、国际互认安排、指定专门的海关联络员、在受管制的航空货运代理制度下被公认是已知的发货人

资料来源：笔者根据万曙春、何力、周阳等学者研究以及新加坡海关官网信息汇总整理。参见万曙春：《欧盟 AEO 立法实践及对我国的借鉴意义》，载《海关与经贸研究》2017 年第 4 期；何力：《日本海关法原理与制度》，法律出版社 2010 年版，第 153 ~ 162 页；周阳：《试论美国海关贸易便利化制度的特点——以美国海关 C-TPAT 制度为视角》，载《上海海关学院学报》2010 年第 2 期；周阳：《美国海关 C-TPAT 措施的法律分析》，载《世界贸易组织动态与研究》2004 年第 7 期；*Secure Trade Partnership (STP) & STP-Plus*, Singapore Customs, https://www.customs.gov.sg/businesses/customs-schemes-licences-framework/secure-trade-partnership-stp。

（二）海关经认证经营者法律制度具有多元的法律价值

海关经认证经营者制度是新型海关监管模式和关企关系的典型制度代表。应该来讲，该制度既有益于海关高效履职，有益于国家进出口安全保障，有益于全球供应链安全，也有益于企业降低贸易通关成本。海关经认证经营者制度的国际法价值，是各世界海关组织成员包括我国在内，以国内法将该制度“本土化”并获得海关和企业有效实施的重要价值基础和保障。

第一，海关经认证经营者制度有益于海关高效履职。海关机关是国家货物进出境的法定监管机关。一方面,海关机关负有监管进出境货物在税收、贸易、环保、卫生、公共和国家安全等方面的合法性的法定职责,即依法维护贸易安全;另一方面,海关机关负有服务贸易商、简化监管流程、推进贸易便利化的法定职责,即依法推进贸易便利。前者是基础性职责,是海关设置的本位性职责;后者是新型职责,是在前者职责的基础上不断完善的方向性职责。

海关经认证经营者制度将保障贸易安全的法定职能前置化、关企合作化;将贸易便利作为一种奖励措施,作为对合作保障贸易安全的企业的法定回馈。海关在企业实际进出口前,通过对企业信用信息的分析评估,认证企业能够保障贸易安全。在企业实际进出口的过程中,仅保留必要的保障贸易安全的惯常性监管措施,这相当于企业和海关合作保障贸易安全,或者说企业为海关分担了维系贸易安全的法定职责。对海关而言,这大大降低了海关维系贸易安全的执法成本。与此同时,海关则对相应的企业给予便利化的监管措施,如简化其相关单证要求,降低货物查验的频次,提供快捷高速的通关通道以及经认证经营者国际互认优待,等等。

第二,海关经认证经营者制度有益于国家进出口安全的保障。如美国的C-TPAT计划,即尤为凸显了国家贸易安全保障的核心职能。① 国家进出口安全(贸易安全)可以包括税收安全、贸易管制安全、环境卫生安全和公共及国家安全。也就是说,进出口贸易应当在国家税收、贸易管制、环境卫生、公共安全以及国家安全几个方面符合一国国内法的相关规定。海关经认证经营者制度一是降低了海关贸易安全的执法成本,提升了贸易安全的保障效率;二是在便利化监管措施的激励下,更多的进出口企业将努力依法依规从事进出口业务并力争符合海关的认证标准成为经认证企业,从而保障进出口安全在更大的范围内实现。

第三,海关经认证经营者制度有益于维系全球供应链的安全。世界海关组织的《标准框架》以及《经认证经营者指南》关注的全球贸易安全实际上也是覆盖全球的供应链安全,以海关专有的贸易监管职权防范并遏制诸如恐怖

---

① 参见周阳:《试论美国海关贸易便利化制度的特点——以美国海关C-TPAT制度为视角》,载《上海海关学院学报》2010年第2期。

主义、假币、毒品等利用全球供应链肆意蔓延。其一,海关经认证经营者制度有利于建立起关企合作的新型海关—商界关系,使两者由传统的斗争、互相防范关系转化为互相信任关系、信息互通关系。这种海关—商界关系在企业主体方面、进出口领域方面以及关境数量方面均在全球范围内不断扩大。由此,海关与企业可以联合起来共同防范和打击不法企业混迹全球供应链进行的非法商品流动和非法贸易往来。其二,海关经认证经营者制度在国际海关合作的基础上开展经认证经营者互认机制。国际互认能够保障全球供应链上的经认证企业同时得到更多关境上主管海关的认可,增强了全球供应链在各国主管海关面前的透明度和可控程度,最终保障了各国海关对全球贸易安全的维系。

第四,海关经认证经营者制度有益于降低进出口商的贸易成本。据统计,即便贸易商的进出口完全合法合规,大量的海关单证、商业单证以及其他法律凭证材料和烦琐的查验、税收程序,依然会显著地提升其贸易成本。① 海关的通关监管是进出口贸易商贸易活动中的最大成本和阻碍。海关经认证经营者制度中,经认证企业通过守法信誉度的提升以及贸易安全机制的搭建,在海关的信赖之下获得相对便利的监管待遇,简化单证、简化流程、降低查验频次从而高效快捷通关,极大地降低了因通关程序较烦琐而形成的巨大成本。②

(三)我国海关经认证经营者法律制度进一步拓展完善的具体设想

1. 将海关经认证经营者制度升级为国家法律制度

海关经认证经营者法律制度是关企合作、建立关企之间互信互赖伙伴关系的重要通关便利化法律制度,能够最大限度地应对关企之间地位不平等、信息不对称等问题,对于增进通关便利具有重要意义。因此,海关经认证经营者法律制度不应仅作为一项由海关系统自己主导的海关总署部门规章和海关企业信用管理体系下的一项对企业的具体行政管理制度,而应当将其提升至国家法

---

① 参见王淑敏、冯明成:《〈贸易便利化协定〉与〈京都公约〉(修订)比较及对中国自由贸易港的启示》,载《大连海事大学学报(社会科学版)》2019 年第 2 期。

② See Houe T., Murphy E., *The AEO status as a source of competitive advantage*, European Business Review, Vol. 30, p. 591 – 606(2018).

律层面并作为国家法律对通关便利化法律制度的一项具体制度安排。

具体来讲,第一,在我国《海关法》专章设立海关通关便利化法律制度的过程中,应设专门章节建立海关经认证经营者法律制度,将现行的《海关注册登记和备案企业信用管理办法》以及《海关高级认证企业标准》的具体认证指标等制度因素纳入国家法律的规范范畴。第二,将关企平等合作的制度理念和价值精神,作为通关便利化法律制度的主要原则之一。第三,具体明确海关经认证经营者认证的主体适用范围、认证的基本法律程序、经认证企业依法可以获得的便利优惠以及经认证经营者认证的后续监管和动态调整。第四,对于经认证经营者法律制度的实施和发展,《海关法》可对行政法规以及海关总署的部门规章等立法作必要的授权,但应明确授权的具体事项、时限和范围,对于成熟后的制度机制应当尽快转化为《海关法》对经认证经营者制度的具体规范。

2. 进一步拓展我国海关经认证经营者法律制度的主体适用范围

当前我国海关经认证经营者法律制度的主体适用范围,根据海关总署《关于公布〈海关高级认证企业标准〉的公告》(2022 年第 106 号),主要包括报关企业、外贸综合服务企业、跨境电子商务平台企业、进出境快件运营人、物流运输企业、检验检疫企业等。结合《标准框架》的要求以及域外国家海关经认证经营者法律制度的主体适用范围实践,我国海关经认证经营者法律制度的主体适用范围还可进一步向供应链上的其他企业类型如制造业等扩展。

《海关法》在专设章节规定了海关通关便利化法律制度—海关经认证经营者法律制度的基础上,对于经认证经营者制度进一步扩大适用范围,可以授权海关总署在实践中进一步探索并以公告形式发布认证标准,但应对授权明确具体,同时明确在条件成熟时将有关的扩大主体范围上升为《海关法》规范。另外,在扩大主体适用范围的过程中,可以参考日本特例通关制度中的“特定制造业者制度”范例,对于经认证的制造业企业,可以对经营其生产制造产品的仓储、运输、保税、进出口以及报关企业,无论是否认证为经认证经营者,均可享受经认证经营者的便利化待遇,以使海关经认证经营者制度可以在供应链上普及化。①

---

① 参见何力:《日本海关法原理与制度》,法律出版社 2010 年版,第 161 页。

3. 优化我国海关经认证经营者法律制度的便利化待遇

优化经认证企业的便利化待遇有助于推进海关企业对经认证经营者身份的认可度和接受度。当前我国海关给予经认证企业的便利化待遇主要包括:一是进出口货物平均查验率低于实施常规管理措施企业平均查验率的20%,法律、行政法规或者海关总署有特殊规定的除外;二是出口货物原产地调查平均抽查比例在企业平均抽查比例的20%以下,法律、行政法规或者海关总署有特殊规定的除外;三是优先办理进出口货物通关手续及相关业务手续;四是优先向其他国家(地区)推荐农产品、食品等出口企业的注册;五是可以向海关申请免除担保;六是减少对企业的稽查、核查频次;七是可以在出口货物运抵海关监管区之前向海关申报;八是海关为企业设立协调员;九是经认证经营者互认国家或者地区海关通关便利措施;十是国家有关部门实施的守信联合激励措施;十一是因不可抗力中断国际贸易恢复后优先通关;十二是海关总署规定的其他管理措施。(《海关注册登记和备案企业信用管理办法》第30条)

在此基础上,可以结合国际实践以及《标准框架》附件四的优惠条件,(见表5-2)首先,对于声誉良好的经海关认证的企业给予一定的通关费用减免;其次,对于税费的逾期缴付,只进行利息的增收,不进行处罚或要求违约性赔偿;再次,贸易中断和威胁警戒水平升级的情况下,提供优先通关程序;复次,在需要关闭和再启港口或边境的紧急情况下提供优先程序;最后,提供电子信息化远程清关服务。

表5-2 《标准框架》附件四中的为经认证经营者获得的便利

贸易便利措施种类	具体措施安排
加速货物放行、减少中转时间和降低储存成本的相关措施	1. 减少货物放行过程中的数据冗余
	2. 加速运载货物的处理和放行
	3. 货物安保查验的简化
	4. 当需要查验时优先使用非侵入式查验技术
	5. 对于声誉良好的经认证经营者给予一定的费用减免
	6. 当有明确的担保需求时,保持海关办公的持续开放

续表

贸易便利措施种类	具体措施安排
为经认证的参与者提供有价值信息的接口	1. 其他经认证的参与者的名称和联系方式(经这些参与者同意)
	2. 实施《全球贸易安全与便利标准框架》的国家清单
	3. 已得到承认的安全标准和最佳实践清单
贸易中断和威胁警戒水平升级情况下的特别措施	1. 统一威胁警戒升级情况下海关优先程序
	2. 在需要关闭和再启港口/边境的紧急情况下的优先程序
	3. 针对紧急情况后受影响国家出口的优先性
在新的货物放行程序中首先考虑	1. 基于账户的程序优先于逐笔交易的清关
	2. 简化的后补报关单或后补清关手续
	3. 自我审查的适用或减少审计项目
	4. 促进后补报关单或后清关需求的解决流程
	5. 根据海关对于违约赔偿或非刑事行政处罚的评估(针对欺诈行为除外),可以采取可接受的暂缓放行措施
	6. 进出口商业货物无纸化流程的普及
	7. 对国家海关机构裁定优先响应
	8. 远程清关流程的适用
	9. 在启动海关非刑事行政处罚(针对欺诈行为除外)手续启动之前提出纠错和进行披露
	10. 对于税费的逾期缴付,只进行利息的增收,不进行处罚或要求违约性赔偿

资料来源:笔者根据北京睿库贸易安全及便利化研究中心《世界海关组织贸易安全与便利标准框架(中译本)》整理,载 https://www.re-code.org/upload/file/20180717/1531796239670095219.pdf。

4. 完善我国海关经认证经营者制度的国际互认合作

关企合作的伙伴关系的核心在于建立一个国际化的企业识别系统,为其在全球的供应链中发挥作用提供一个安全保障。[①] 由此,经认证经营者的国际互认是海关经认证经营者制度的生命线。也可以说,建立海关经认证经营者法律制度的最终落脚点,应当致力于推进经认证经营者国际互认,在世界范围内筛选出值得世界海关信赖的贸易企业,不仅有利于全球供应链的安全保障,也是每一关境实施贸易安全深度防御的重要保障。美国海关就曾表

① 参见何力:《世界海关组织及法律制度研究》,法律出版社 2012 年版,第 215 页。

示,C-TPAT 计划的第三个目标就是借助国际社会的合作与协调,使 C-TPAT 的核心思想国际化,通过与供应链上的所有国内外供应商建立联系,来确保整条供应链安全。[1]

从世界海关组织的角度来讲,《标准框架》搭建经认证经营者制度的法律价值,除了提供国际统一的经认证经营者制度范本,为各成员国和地区设计实施该制度提供国际法依据,以及协调各国经认证经营者认证标准的统一以外,最终还是为了推进各成员国和地区海关在国际统一的经认证经营者认证机制、标准的基础上进行经认证经营者国际互认,促使各成员国和地区海关对那些能够在全球供应链不同环节上提供高度安全保障的企业进行共同识别认证,以实现世界海关联合保障全球供应链安全,并实现全球安全与便利的协调发展。

为此,我国的海关经认证经营者制度在建设发展过程中,应当高度重视该制度的国际互认合作。首先,推进我国海关企业和相关自然人的信用认证和管理体系建设,形成对海关企业和相关自然人信用信息的高效管控。其次,参照《标准框架》适度细化内部控制、财务状况、守法规范、贸易安全四类标准每项具体指标的操作要求和内容。再次,参照《经认证经营者指南》完善我国海关经认证经营者认证的法律程序,强化负责认证的海关人员的职业技能和专业知识培训,建立完善的认证准备程序、现场程序、验证报告程序、后续评估监督和动态调整程序。最后,参考欧盟、美国等对域外企业进行经认证经营者认证的制度经验,探索经认证经营者域外认证机制,为我国经认证经营者的国际互认奠定基础。

---

① 参见周阳:《试论美国海关贸易便利化制度的特点——以美国海关 C-TPAT 制度为视角》,载《上海海关学院学报》2010 年第 2 期。

第四节　减轻我国海关通关便利化法律制度变迁的路径依赖

路径依赖的原有方向的扭转，往往要借助外部效应，引入制度体系的外生变量。[①] 减轻我国海关通关便利化法律制度变迁中明显的路径依赖，核心是通过制度变迁内外环境的调整完善，尽量突破制度框架下海关系统等既得利益体系叠加自我强化因素对制度变迁路径依赖的影响，逐步摆脱不利的制度因素对制度变迁的束缚，积极发挥良性制度因素对制度变迁的促进，最大化地释放制度发展活力。

一、创造通关便利化法律制度变迁的国内良性环境

为通关便利化法律制度变迁创造国内良性环境，就是要积极完善法律体制机制，发展关企平等型法律关系建设，推进海关建设法治化、行政服务化发展，为通关便利化法律制度的未来发展提供更多选择空间和更大的制度活力。

（一）完善我国海关通关便利化法律制度的立法体制

第一，着力解决我国以《海关法》为代表的一系列规范通关便利化法律制度的国家法律滞后、笼统、模糊，特别是对海关系统本身的部门规章以及行政规范性文件法源下沉过于严重的问题，增强国家法律对通关便利化法律制度设计安排的基本部署，从国家法律的层面建设海关通关便利化的法治化。

第二，增强国家法律对行政法规，特别是海关总署部门规章、行政规范性文件的授权约束和立法监督。为妥善解决国家法律上收对海关通关便利化法律制度建设主导权后，法律的稳定性与海关制度发展的前沿性、变动性之间的矛

---

① 参见朱京安：《中国外贸法律制度变迁研究：以制度主义为视角》，人民出版社2008年版，第271页。

盾关系,同时为应对国家法律的宏观性同海关通关便利化法律制度的专业性之间的矛盾,应当将国家法律对下位法源的授权机制发展成为一项制度变迁中的重点法律机制。海关总署领导全国海关进行通关便利化法律制度的细化、完善、拓展以及边际创新,甚至对既有制度的重大变革性创新,必须获得国家法律层面上的制度性授权,必须在法律而非政策的明确、具体而非概括、笼统的授权下开展制度创新,避免海关系统过于先入为主,以自身为本位的惯性思维和路径依赖的理念模式对制度变迁的方向形成"锁定"影响。

第三,无论是国家法律抑或法规、总署的部门规章,甚至海关总署的行政规范性文件,都必须巩固和发展通关便利化的制度理念。具体而言,一是要打破传统计划经济体制行政主导理念模式对制度发展的影响。[①] 二是树立明确清晰的"便利化"制度发展理念。特别是自 20 世纪末世界范围内以及我国国内的海关现代化改革以后,为妥善解决与日俱增的贸易监管压力同有限的海关资源之间的冲突,促进海关对国际供应链安全的高效保障,便利化成为海关通关发展的制度建设的主导方向。这里的"便利化"是一种通关便捷高效的状态,从形式上讲,是通关的单证更加简化、流程更加精简、职能更加整合,进出境物流管控更加科学;从实质上讲,是海关的通关监管权力得以规范和约束,海关同贸易商在清晰、透明的制度规则框架下完成通关活动。三是加强海关的管理型理念进一步向服务型理念转化,发展关企合作的平等通关法律关系,增进贸易商企业对通关制度设计安排的参与,推进海关通关便利化法律制度成为"海关和贸易商共同接受安排的法律制度"而非"海关强制灌输给贸易商"的法律制度,由此增进制度平等、透明,避免海关行政地位过于优越导致出现更多的关企对抗和摩擦。

(二)完善我国海关通关便利化法律制度的法律实施体制

首先,强化对高素质海关通关执法人员的选拔和培训。在制度变迁的过程中,不同的制度安排和制度环境下,执法者的执法意识和执法思维也会发

---

① 参见朱京安:《中国外贸法律制度变迁研究:以制度主义为视角》,人民出版社 2008 年版,第 271 页。

生渐进式的改变。[①] 当我们随着外贸环境的发展变化不断创新发展我国的海关通关便利化法律制度时,执法者对于新制度的执法理念和执法习惯是否与新制度的内在要求相契合,是否能高效地转变自身旧制度思维,对于制度的高效变迁而言尤为重要。为此,我们需要不断选拔、培养高素质的海关通关执法人员,以确保执法人员素质同创新的制度之间相适应。具体而言,一是强化选拔同海关通关便利化法律制度实施相适应的专业人才,如海关专业、贸易专业、法学专业等人才从事制度的设计实施工作。二是加强对海关通关执法人员的知识性专业培训,辅助海关执法人员对新制度的制度理念、制度模式、制度规则和制度标准与时俱进地清晰掌握。三是加强对海关通关执法人员的业务性技术培训,辅助海关对新型通关便利化法律制度所需的财务、风险管理、人工智能、互联网计算机等新型业务技术充分掌握。海关通关便利化法律制度不断创新、不断走向制度的便捷高效,制度内核中不断融合制度主义与法治主义的内在价值已是当前和未来海关贸易管理势不可挡的发展趋势,强化对高素质执海关通关法人员的选拔和培训、确保执法人员的执法能力和素质同制度发展要求相适应刻不容缓。

其次,可以探索建立海关通关执法人员的优胜劣汰机制。对于能够适应制度创新理念和模式,能够准确高效实施通关便利化法律制度的执法人员应当提拔重用,对于跟不上形势发展需要、制度思想观念陈旧的执法人员应当逐渐淘汰调离岗位,从而增进人才资源的良性竞争,实现通关便利化法律制度执法队伍的新陈代谢。简言之,建立新陈代谢机制、畅通出口是建立海关执法人员淘汰机制的重要内容。[②] 具体而言,一是建立完善海关通关执法人员的业务与知识能力考核标准,对执法人员组织定期绩效考核。二是探索建立海关执法人员的岗位动态调整机制,对于绩效考评合格及以上的执法人员,可以择优提拔或留任岗位;对于绩效考评不合格的执法人员,则应设立观察期并对长期不合格人员调离岗位。应避免个别执法人员基于“铁饭碗”思维对自身的执法业务能力提升问题过于消极。

---

① 参见袁庆明:《新制度经济学》,中国发展出版社2006年版,第165页。

② 参见李秋林:《国家统一司法考试制度实施中应重视解决合格人员的资格准入问题——关于吉林省取得法律职业资格人员择业的情况调查》,载《中国司法》2004年第5期。

（三）推进海关通关监管公权力的“服务化”转变和发展

我国海关通关便利化法律制度良性变迁的一个重要方向，是要突破海关对通关便利化法律制度下通关法律关系的行政本位地位，避免海关对通关监管过于主导把控，以至于带来权力寻租、贸易商权利难以充分保障、关企对抗冲突增加等提升制度成本的问题。突破海关对通关监管的绝对把控，转变关企之间贸易商单纯服从、对海关权力无法充分约束的直观的法律形式，需要构建新型的关企平等法律关系。法律关系是法律规范调整社会关系的产物。[①] 平等型海关通关法律关系的建立，一方面有赖于通关便利化法律制度规范本身的平等化塑造，另一方面有赖于海关与贸易商企业之间的通关关系更加朝向互信互赖的方向发展。但是，无论是纸面上的制度规范的平等化塑造，抑或制度规范运行过程中关企关系更加平等、双方更加互信，从本质上讲，除贸易商主体需要不断增强其权利意识、主体意识，积极参与到制度变迁的规范塑造与规范实施中以外，一个关键因素还在于海关通关监管权力的“服务化”转变。可以说，在海关通关监管法律关系的属性方面以及关企的地位平等化发展方面，海关权力的价值核心问题都是重要的变量因素。

海关通关监管权力的“服务化”转变，是海关通关监管权力从一般传统意义上的贸易管理权向贸易服务权的转变。这种海关监管权力的“服务化”转变以及由此引起的公权力从管理向服务的嬗变，必将引起海关通关监管过程中的“非强制性权力增长”。[②] 但是需要强调的是，海关通关监管权力的“服务化”转变，并非海关监管权力不再具有强制性，而是强调海关通关监管权力尽管具有强制性基础，但不应过分恪守公权力强制的发展方向，并不必以强制性为其一成不变的本质属性，海关监管权力应当更多地追求作为一种贸易服务权，体现为贸易商对通关监管服务的可接受性。[③] 由此一来，尽管海关的通关监管公权力仍然是一种公权力，仍然可能具有强制性的基础，但是并不必过分地追求秉承并强化强制性色彩，转而强化对贸易商的服务，则有助于逐渐

---

① 参见舒国滢主编：《法理学导论》（第2版），北京大学出版社2012年版，第147页。

② 参见[日]室井力主编：《日本现代行政法》，吴微译，中国政法大学出版社1995年版，第13页。

③ 参见叶必丰：《行政法的人文精神》，湖北人民出版社1999年版，第187页。

摆脱关企之间的不平等的、对抗的敌对立场角色关系,[①]由此降低制度变迁过程中的制度成本。

二、积极开展通关便利化法律制度创新的国际对标合作

海关通关便利化法律制度的国际对标合作,可以引入新的制度理念和制度模式,突破传统理念对制度变迁路径的束缚;可以增进海关通关信息的跨境互通,约束通关便利化法律制度变迁过程中的高成本;可以塑造双多边国际海关通关便利化规则框架,优化国际、国内通关便利化法律制度的法源结构,由此减弱我国海关通关便利化法律制度变迁中源自理念、既得利益以及国际合作不足等因素对制度变迁的路径依赖影响。

(一)我国通关便利化法律制度创新发展的国际对标

世界贸易组织、世界海关组织均对通关便利化法律制度的国际协调和国际标准化作出了系列安排,这是我国当前通关便利化法律制度国际对标的重要依据和参照。

1. 我国海关通关便利化法律制度同世界贸易组织的国际对标

当前,世界贸易组织对于海关通关便利化法律制度的塑造,主要包括三个层面,第一,《1994 年关税与贸易总协定》第 20 条“一般例外”条款(d)项,要求海关措施(通关措施)的采取原则上不得形成对贸易的武断、不合理的差别待遇或对贸易的变相限制。这是该协定对包括通关在内的海关措施进行原则性的规范塑造,要求通关措施不能成为一种旨在故意扭曲贸易的措施。第二,《海关估价协定》、《原产地规则协定》以及《实施卫生与植物卫生措施协定》等,是对通关中具体海关措施的专项协调协定,具有约束通关贸易壁垒的积极意义。但总体来讲,世界贸易组织以上两个层面的关于海关通关便利化法律制度的规范塑造较为分散、原则和抽象,[②]各成员的规范塑造权保留较

① 参见[德]福斯多夫:《当代服务主体之行政》,陈新民译,台北,三民书局 1993 年版,第 66 页。

② 参见王淑敏、冯明成:《〈贸易便利化协定〉与〈京都公约〉(修订)比较及对中国自由贸易港的启示》,载《大连海事大学学报(社会科学版)》2019 年第 2 期。

大,对于协调世界范围内的通关便利化法律制度具有局限性。①

应当讲,世界贸易组织对通关便利化法律制度规范塑造的集大成者,应当数2017年正式生效的《贸易便利化协定》。作为第三个层面,世界贸易组织《贸易便利化协定》对各世界贸易组织成员的海关通关便利化法律制度建设和实施提出了一系列具有代表性的要求(见表5-3),是我国未来海关通关便利化法律制度创新发展的重要方向。

表5-3　《贸易便利化协定》海关通关便利化法律制度代表性要求及主要对应条款

代表性通关便利化法律制度要求	协定的对应条款
通关过程中应当保障信息公开的透明化、便捷化、公平化和易获取,减少行政信息壁垒对成员间贸易成本的增加	第1条:信息的公布与可获性
对贸易相关方应提供必要的时限和方式,保障其可以知悉通关法律法规的审议修订工作并适度参与评议	第2条:评论机会、生效前信息及磋商
建立实施关上税收及其他通关监管事项的"预裁定"制度,分解进口货物实际通关过程的监管成本	第3条:预裁定
规范关上规费征收权力和违法行为处罚权力,避免海关权力滥用给进出口贸易增加额外的行政成本	第6条:关于对进出口征收或与进出口和处罚相关的规费和费用的纪律
在海关担保制度保障基础上,推行"货物流"和"信息流"、"财务流"相分离的通关监管模式	第7条:货物放行与结关(第1款抵达前业务办理;第3款将货物放行与关税、国内税、规费及费用的最终确定相分离)
根据风险管理原则,合理分配海关监管力量,重点监管高违法风险货物	第7条:货物放行与结关(第4款风险管理)
建立经认证的经营者制度,设立相应的法律标准,区分海关企业不同信用等级的差异化通关待遇并开展国际互认合作	第7条:货物放行与结关(第7款对经认证的经营者的贸易便利化措施)
推进边境监管部门的联合执法,降低分头执法增加的行政成本,提升监管效率	第8条:边境机构合作

① 参见何力:《世界海关组织及法律制度研究》,法律出版社2012年版,第172页。

续表

代表性通关便利化法律制度要求	协定的对应条款
根据“比例原则”适当减少通关过程中的手续和单证要求，设立“单一窗口”提升手续单证的提交和审核效率	第10条：与进口、出口和过境相关的手续（第1款手续和单证要求；第4款单一窗口）
加强海关的国际合作，推进各成员海关间的信息互通和执法互助，协同落实对供应链上下游进出口贸易商的守法管理和违法惩戒	第12条：海关合作

2. 我国海关通关便利化法律制度同世界海关组织的国际对标

世界海关组织关于通关便利化法律制度的国际协调可以分为两个方面。

第一，《经修订的京都公约》对海关程序简化的国际协调。《经修订的京都公约》主约共5章20条，主要对公约的组织机构和运行进行基本规定。公约的总附约和专项附约则对海关制度的简化和协调分别进行一般和具体专项的规定。总约分10章，分别是总则、定义、通关及其他海关手续、税费、担保、海关监管、信息技术应用、海关与第三方关系、海关提供的信息及作出的决定和裁决、海关事务申诉。专项附约共9个，分别是货物抵达关境、进口、出口、海关仓库和自由区、转运、加工、暂准进口、违法行为、特别制度。[①]《经修订的京都公约》作为国际范围内协调海关通关制度的技术性、业务性法律制度公约，对我国的未来的制度创新发展具有不容忽视的导向性。

第二，以《标准框架》为代表的一系列建议书、指南等对通关便利化法律制度中海关合作的国际协调。《标准框架》着眼于三大支柱，即海关与海关的合作，海关与商界的伙伴关系以及海关与其他政府机构的合作。首先，在海关与海关的合作方面，《标准框架》提出一体化供应链管理、货物查验权、现代技术在查验设备中的应用、风险管理系统、选择分析和布控、提前电子信息、布控和交流、绩效管理措施、安全评估、工作人员的廉政、出口安全查验11项实施标准。其次，在海关与商界伙伴关系方面，《标准框架》提出伙伴关系、安全、资质认证、技术、交流、贸易便利6项标准。最后，在海关与其他政府和政

① 参见李延等主编、海关总署国际合作司主编：《关于简化和协调海关制度的国际公约（京都公约）总附约和专项赴约指南》，中国海关出版社2003年版，第1~9页。

府内部机构间的合作方面,《标准框架》提出相互合作,合作安排/程序、安全措施的协调、国家管理措施的协调、贸易的再启动和延续措施、相互合作、合作安排或协议的形成(各国政府)、安全项目的协调、跨境管理措施的协调、建立互相合作、合作安排或协议的形成(世界海关组织)11 项标准。

总体来讲,我国海关通关便利化法律制度未来的变迁发展在向世界贸易组织和世界海关组织对标的过程中,第一,应当强调进一步简化和约束海关单证、精简流程以及整合口岸管理职能,推进口岸部门合作;第二,应当强调进一步优化进出境物流的科学管理,以"前推后移"的思路和风险管理减少海关措施对贸易物流的阻碍;第三,应当进一步强调对海关权力的规范和约束,避免权力滥用导致通关成本的增加;第四,应当进一步推进关企平等化发展,建立以平等为基础的关企伙伴关系;第五,应当进一步发展海关国际合作,[1][2]扫除海关合作中的制度性障碍和壁垒,进一步约束制度成本。

(二)我国同其他国家地区海关通关便利化法律制度的国际合作

应当讲,在世界经济一体化以及海关法全球化的背景下,溯源于协调各国、关境地区的国际海关法对于各国的海关法以及海关制度的协调作用力越发增强,各国海关法和海关制度正不断面向国际海关法深度融合。[3] 在国际海关法视野下,增进国家和地区间海关通关便利化法律制度国际合作与政策协调,[4]将海关法和海关通关便利化法律制度"走出去"面向世界"汲取营养、相互协调",是世界海关法律制度发展的主要趋势,更是我国在制度主义指导下打破海关通关便利化法律制度变迁明显路径依赖的重要思路。

当前,世界范围内的海关国际合作具有主体混合化、层次多级化以及模式多样化的特点。[5] 结合世界范围内国际海关合作的主流趋势,我国应在以下几个方面重点强化海关通关便利化法律制度的国际合作。

---

① 参见何力:《世界海关组织及法律制度研究》,法律出版社 2012 年版,第 175 页。

② See Gong Baihua, *The Establishment of WTO Regulations on Cross-Border E-Commerce*, Journal of WTO and China, Vol. 13, p. 59 – 76(2016).

③ 参见朱秋沅:《国家海关法研究》,法律出版社 2011 年版,第 44 页。

④ 参见曲博:《国际经济合作的国内制度分析》,载《世界经济与政治》2007 年第 1 期。

⑤ 参见朱秋沅:《国家海关法研究》,法律出版社 2011 年版,第 63 ~ 76 页。

1. 我国同“一带一路”共建国家的海关通关便利化法律制度国际合作

通过加强与“一带一路”共建国家海关等部门的国际合作，增进彼此交流互信，有利于我们更好地维护贸易安全与便利、促进货物顺畅流动和人员自由流动，推动打造“一带一路”共建国家间互联互通大通道，加快区域贸易便利化进程，维护“一带一路”建设安全。①

我国同“一带一路”共建国家通关便利化法律制度的国际合作，具体来讲，第一，以“信息互换、监管互认、执法互助”的3M② 海关合作理念为支撑，构建沿线国家海关合作的顶层设计，增进沿线海关之间信息交换的网络化发展，协调边境管理，建立海关跨境执法合作的常态化机制。③ 探索合作搭建“一带一路”共建国家之间的海关信息共享平台，在世界海关组织《经修订的京都公约》和世界贸易组织《贸易便利化协定》的框架下，统一沿线国家海关信息数据标准，约束海关信息跨境流动的成本。第二，围绕“大通关”建设开展“一带一路”海关国际合作，强化搭建新亚欧大陆桥经济走廊、中蒙俄经济走廊、西亚经济走廊以及中国—东南半岛经济走廊等四条战略通道的通关便利化制度合作框架，④突出重点率先实现跨区域海关执法与进出境监管互助互认的制度对接，然后逐步向“一带一路”共建国家复制推广。第三，强化“一带一路”共建国家联合监管（统一载货清单）、跨境运输、口岸快速通关“绿色通道”和风险管理等互联互通海关合作，⑤将成熟的海关合作项目尽快上升为长效机制并以双多边协定方式进行确认固定，同时与各国国内海关法、海关通关便利化法律制度相对接。第四，增进“一带一路”共建国家的海关经认证经营者国际互认，在《标准框架》的基础上，结合我国与沿线国家制度实践，进一步优化、协调和对接经认证经营者认证标准、认证程序和便利化待遇措施，

---

① 参见胡克宏：《新时代全方位深化海关国际合作的思考》，载《中国海关》2020年第12期。

② 3M具体指“信息互换”（Mutual Exchange of Information）、“监管互认”（Mutual Recognition of Controls）和“执法互助”（Mutual Assistance of Enforcement）。3M是“三互”的英文首字母。

③ 参见王珉：《丝绸之路经济带海关国际合作法律机制的构建》，载《东北亚论坛》2017年第6期。

④ 参见王菲易：《“一带一路”战略与海关国际合作：对接发展的障碍、框架与对策》，载《海关与经贸研究》2016年第3期。

⑤ 参见王菲易：《中国海关参与“一带一路”战略的路径研究：“新功能主义”的视角》，载《上海对外经贸大学学报》2016年第5期。

提升沿线国家整体的经认证的企业素质和关企合作水平，加速形成“一带一路”共建国家之间区域性的海关体系与受信贸易商企业体系紧密合作系统。第五，推进“一带一路”共建国家加入联合国《集装箱关务公约》并在公约基础上推广中欧“安智贸”海关合作计划[①]模式，集装箱贸易信息在沿线国家进出境过程中，一次提交完成全部监管工作，提升沿线国家海关合作的实质水平。

2. 我国同欧美日等发达国家贸易伙伴的海关通关便利化法律制度国际合作

加强我国同欧美日等主要发达国家贸易伙伴的海关通关便利化法律制度合作，对接发达国家海关制度模式，有利于我国海关通关制度的多样化创新并不断释放制度活力，也有利于我国对外贸易的扩大发展。

第一，加强我国同欧盟海关的国际合作。结合《欧盟海关法典》在吸收私主体参与海关治理以及关企合作方面的突出进步，[②]一方面，进一步提升我国与欧盟海关经认证经营者认证标准和程序的对接，推进中欧之间更广范围的关企合作互认安排，推进中欧间海关经认证经营者的域外认证合作。另一方面，在中欧海关合作过程中，应当推行更多中欧间关企合作的自治性计划安排，允许中国与欧盟企业根据自身发展情况自愿参与到中欧合作的通关便利化体系中，允许中欧企业在一定程度范围内自主设计参与中欧通关便利化体系的方式以及权利义务安排，发挥中欧海关合作过程中的企业自主性，增进中欧范围内关企的平等化发展，突破我国通关便利化法律制度中长期以来关企不平等的路径依赖问题。

第二，加强我国同美国海关的国际合作，主要是推进中美之间海关经认证经营者的国际互认安排。美国的 C-TPAT 计划作为世界范围内具有代表性的海关经认证经营者制度，对我国海关经认证经营者法律制度发展具有较强的启示。为不断扩大我国海关经认证经营者国际互认安排占贸易出口总值的覆盖率，系统性提升我国进出口贸易的便利化水平，我国应当重点推进同

---

① 中欧“安智贸”海关合作计划，全称“中欧安全智能贸易航线试点计划”，是在世界海关组织《标准框架》的基础上，通过中欧海关合作、关企合作，为实现对海运集装箱及箱内货物全程监控，建立安全、便利、智能化的国际贸易运输链而实施的国际海关合作计划。

② 参见欧阳曦：《“一带一路”建设中的海关法律合作——基于对欧盟海关法律模式的反思与借鉴》，载《求索》2018 年第 1 期。

美国这样的主要贸易伙伴的经认证经营者国际互认安排。具体来讲，一方面，我国应对标世界海关组织《标准框架》扩大经认证经营者制度的适用主体范围并细化认证标准和程序，同时推进我国和美国经认证经营者认证标准、程序以及便利化待遇的对接，强化经认证经营者事后监管的国际合作；另一方面，在中美当前贸易摩擦与冲突较多的背景下，应当通过开展国际对话增进互信，为海关经认证经营者制度以及更广范围的海关合作提供积极的双边环境。

第三，加强我国同日本的海关国际合作。双边海关合作是日本海关法以及海关国际合作富有特色的发展方向之一。[①] 强化我国同日本的海关国际合作，一方面有助于增进中日之间的通关便利促进两国贸易往来，另一方面有助于促进我国同世界范围内更广泛的国家和地区开展更深层次的海关合作。具体而言，第一，在中日海关经认证经营者互认方面，将我国海关认证企业范围进一步向供应链上端延展，探索对生产企业的认证并同日本"特例通关制度"中的"特别制造业认证"相对接，同时探索中日之间的经认证经营者域外认证，实现中日之间更广泛的关企合作互认安排。第二，在《中国日本海关合作与互助协定》的基础上，结合世界海关组织《标准框架》、世界贸易组织《贸易便利化协定》的要求，进一步提升中日间的海关信息共享合作，探索构筑中日海关信息平台并与"互联网＋海关"以及"跨境电商平台"等进行对接，实现中日间海关信息尤其是跨境电商领域中海关信息的实时对接，进一步增进中日通关便利。第三，结合《中国香港海关与日本海关互助合作安排》《中国澳门海关与日本海关互助合作安排》的经验范例，推进我国当前自贸港区建设中的海关通关便利化制度同日本海关的国际合作，如联合便利化防控走私的海关合作以及自贸港区与日本进出境启运地提前申报的海关合作等，以自贸港区的合作经验为试点并逐步向全国范围推广。

① 参见杨敬敏：《日本双边海关合作发展历程及实践经验》，载《海关与经贸研究》2019年第5期。

结语 回顾与展望

自20世纪末海关现代化改革以来,特别是在党的十八届三中全会强化部署全面深化改革以来,我国海关通关便利化法律制度在政策、立法、海关执法和企业守法等方面均取得了长足的进展;全国通关一体化、关检融合、跨境电商零售贸易通关、“两步申报”通关等新样态法律制度不断供给;现代科学技术、风险管理理念和高效物流管控同法律制度不断融合;法律制度的理论体系、规范体系和实践体系日臻完善。我国海关通关便利化法律制度已逐步成长为一套以现实贸易需求为导向、协调贸易安全、兼顾贸易便利的开放发展式的法律制度。然而在制度主义的视角下,当前我国海关通关便利化法律制度仍存在三个层面的制度困境有待进一步突破:其一,在宏观的制度供给层面,相较于快速发展的国际贸易环境和制度需求,我国的海关通关便利化法律制度供给仍相对不足;其二,在微观的制度成本层面,我国的海关通关便利化法律制度仍存在设计实施成本偏高的问题;其三,在历史观的制度变迁层面,我国的海关通关便利化法律制度变迁长期存在较为明显的路径依赖现象,束缚了制度活力的进一步释放。这三个层面的制度困境具有相互交叠、相互激化的逻辑联系和制度效应,对于我国海关通关便利化法律制度的功能发挥和良性发展具有明显的负面影响。正值“世界百年未有之大变局”,我国作为世界贸易组织、世界海关组织“双成员”以及全球货物贸易第一大国，无论是当前逆全球化、单边主义和保护主义抬头的世界经贸趋势，抑或我国深化贸易体制改革、构建国际国内“双循环”相促进发展格局的需要，均对我国海关通关便利化法律制度冲破制度困境、不断创新发展提出了重要要求。

为此，我国应当以法治主义为核心、以制度主义为抓手，对海关通关便利化法律制度三个层面的制度困境开展系统性击破。首先，不断增强法律制度供给，优化制度法源结构和职能分工，加强国家法律对通关便利化法律制度的主导以及对下位法的约束，明确制度供给的“便利化”价值导向，强化制度的透明度保障安排，探索建立“自下而上”的海关通关便利化法律制度供给新模式。其次，不断降低法律制度设计实施成本，建立完善海关通关便利化法律制度设计实施的贸易商参与机制，强化完善海关通关便利化法律制度的法解释学发展，打造以“单一窗口”制度为代表的海关口岸合作机制，发展完善我国海关经认证经营者法律制度。最后，不断减轻路径依赖对制度变迁的影响，引入制度变迁的国内国际外生因素，构建我国海关通关便利化法律制度良性变迁的国内环境，同时积极开展法律制度的国际对标合作，通过与国际组织以及域外重要经济体开展法律制度对标合作，为我国海关通关便利化法律制度发展提供更多的良性选择和更大的创新空间。

实际上，解决我国海关通关便利化法律制度当前和未来发展中的制度困境，根本上还是要不断解决海关贸易安全保障职能同贸易便利服务职能的协调问题，不断解决海关与贸易商之间通关关系的行政不平等向平等合作的发展问题，不断解决海关权力尤其是海关的制度塑造权力的规范和约束问题。

第一，贸易安全保障职能应当始终是海关的核心职能，更应当是通关便利化法律制度永恒不变的制度底色。贸易安全是贸易便利的基本前提，没有安全的便利如“无源之水”“无本之木”。因此，海关通关便利化法律制度在未来不断协调贸易安全与贸易便利关系的过程中，应当始终以贸易安全保障为基础，在确保安全的前提下，通过不断优化制度安排约束贸易成本，不断减少、避免因保障安全而采取的海关措施对贸易产生不必要的影响。

第二，海关与贸易商之间的通关合作将是我国海关通关便利化法律制度长期发展的重要方向。围绕关企合作，未来的海关通关便利化法律制度应当着重发展完善海关廉政建设、海关信息透明度保障建设、企业诚实信用建设、行业协会功能建设和关企交流培训建设等，将海关与贸易商打造为供应链上互信互赖的共生性伙伴因素。

第三，强化对海关的制度塑造权力的规范和约束是通关便利化法律制度发挥功能的关键保障。发挥法律制度功能约束通关成本需要不断规范约束海关权力的行使，特别是要不断规范和约束海关对法律制度塑造权力的行使，强化国家法律对海关塑造制度权力的约束和监管，避免出现海关系统过度自我授权以及由此导致的海关权力的系统性膨胀。

总体来讲，我国海关通关便利化法律制度是一项系统的并且伴随外贸发展不断完善的法律制度。本书选取制度主义的理论工具，通过供需理论、成本理论和变迁理论，较为系统地检视分析了我国海关通关便利化法律制度当前以及长期存在的制度困境并依托制度主义的理论工具提出了相应的完善方案，对海关通关便利化法律制度的学术研究而言是一种新的思路和新的尝试。我国海关通关便利化法律制度研究涉及领域、学科十分广泛，未来笔者将继续循沿制度主义理论的研究范式，对我国海关通关便利化法律制度的其他问题作更多的考察和探讨。